DIE SCHÖPFUNGSMYTHEN

W0045814

DIE SCHÖPFUNGSMYTHEN

ÄGYPTER, SUMERER, HURRITER, HETHITER, KANAANITER UND ISRAELITEN

MIT EINEM VORWORT VON

MIRCEA ELIADE

PATMOS VERLAG

DÜSSELDORF

Berechtigte Übertragung aus dem Französischen
unter Zugrundelegung der deutschen Textausgaben
von Dr. Elisabeth Klein
unter Mitarbeit von Dr. Wolfgang Schenkel
und Prof. Dr. Otto Roessler
Der Titel der Originalausgabe lautet:
La naissance du monde
© 1959 Éditions du Seuil, Paris

Die Deutsche Bibliothek – CIP-Einheitsaufnahme

Die **Schöpfungsmythen** : Ägypter, Sumerer, Hurriter, Hethiter,
Kanaaniter und Israeliten / mit einem Vorw. von Mircea Eliade.
[Berecht. Übertr. aus dem Franz. unter Zugrundelegung der
dt. Textausg. von Elisabeth Klein unter Mitarb. von Wolfgang Schenkel
und Otto Roessler]. – 3. Aufl. – Düsseldorf : Patmos-Verl., 1998
(Patmos Paperback)
Einheitssacht.: La naissance du monde <dt.>
ISBN 3-491-69014-5

© 1964 Benziger Verlag, Neuauflage 1991
ppb-Ausgabe 1998
© 1998 Patmos Verlag Düsseldorf
Alle Rechte, einschließlich derjenigen
des auszugsweisen Abdrucks sowie der fotomechanischen
und elektronischen Wiedergabe, vorbehalten.
Umschlagbild: Grabstele der Dame Taperet.
Bemaltes Holz, 22. Dynastie. Louvre.
Druck und Bindung: Lengericher Handelsdruckerei
ISBN 3-491-69014-5

INHALTSVERZEICHNIS

VORWORT

GEFÜGE UND FUNKTION DER SCHÖPFUNGSMYTHEN

VON MIRCEA ELIADE

In der Umgangssprache des heutigen Menschen bedeutet Mythos alles, was im Gegensatz steht zur «Wirklichkeit». Obwohl diese Abwertung ein Erbstück des Illuminismus und des Positivismus ist, wurzelt sie im Christentum. Für die Urchristen war alles, was nicht seine Bestätigung im Alten oder Neuen Testament fand, falsch: es war eine «Fabel». Für den Menschen der «primitiven» und traditionellen Gesellschaftsformen dagegen ist der Mythos die einzig gültige Offenbarung der Wirklichkeit. Er sieht im Mythos den Ausdruck einer *absoluten Wahrheit*, da er eine *sakrale Geschichte* erzählt, das heißt ein Ursprungs-Geschehen, das am Anfang der Zeiten eingetreten ist. Einen Mythos erzählen heißt verkünden, was sich *ab initio* ereignet hat. Dadurch, daß der Mythos einmal «ausgesagt», das heißt geoffenbart ist, wird zu einer absoluten Wahrheit. «So ist es, weil gesagt wurde, daß es so ist», erklären die Netsilik-Eskimos, um die Zuverlässigkeit ihrer sakralen Geschichte und ihrer religiösen Traditionen zu bestätigen. Der Mythos verkündet das Eintreten einer neuen kosmischen «Situation» oder erzählt ein Ursprungs-Geschehnis. Er ist also der Bericht einer «Schöpfung»: man erzählt, wie etwas bewirkt wurde, wie etwas zu *sein* angefangen hat. Daher ist übrigens der Mythos auch verwandt mit der «Ontologie». Er spricht nur von *Wirklichkeiten*, von dem, was *wirklich* geschehen ist, von dem, was voll geoffenbart wurde.

Es handelt sich natürlich um sakrale Wirklichkeiten, denn für die archaischen Gesellschaften ist das Sakrale das eigentlich Wirkliche. Alles zur Profansphäre Gehörende hat nicht teil am Sein, und zwar gerade aus dem Grunde, weil das Profane ontologisch nicht durch den Mythos begründet worden ist.

Dieser Gesichtspunkt des Mythos ist vor allem hervorzuheben: der Mythos offenbart die Sakralität, denn er berichtet von der schöpferischen Tätigkeit der göttlichen oder übernatürlichen Wesen. Mit andern Worten: der Mythos beschreibt die verschiedenen, bisweilen dramatischen Einbrüche des Sakralen in die Welt. Dieser Einbruch des Sakralen ist es, der die Welt wirklich gründet. Jeder Mythos erzählt, wie eine Wirklichkeit zu sein angefangen hat, sei es nun die totale Wirklichkeit, der Kosmos oder nur ein Bruchstück: eine Insel, eine Pflanzengattung, eine menschliche Einrichtung, eine Dynastie. Indem man erzählt, *wie* die Dinge ins Dasein getreten sind, «erklärt» man sie und beantwortet indirekt eine andere Frage: warum sind sie ins Dasein getreten? Das «Warum» ist immer aufs engste verbunden mit dem «Wie». Dies aus dem einfachen Grunde, weil man mit dem Bericht darüber, *wie* etwas geboren wurde, eine Manifestation des Sakralen, die letzte Ursache jeder wirklichen Existenz aufzeigt.

Anderseits stellt jede Schöpfung, da sie ein göttliches Werk ist, auch einen Einbruch schöpferischer Energie in die Welt dar. Jede Schöpfung ist Ausfluß einer Fülle. Die Götter, die Demiurgen, die mystischen Ahnen erschaffen aus einem Übermaß von Macht, aus einer Überfülle von Energie. Die Schöpfung ist Folge eines ontologischen Überflusses. Das ist denn auch der Grund, warum der Mythos, der diese sakrale Ontophanie, diese großartige Manifestation einer Seinsfülle erzählt, zum beispielhaften Muster aller menschlichen Tätigkeiten wird. Denn er allein offenbart das *Wirkliche*, das Überfließende, das Wirkkräftige. «Wir müssen das tun, was die Götter am Anfang taten», besagt ein indischer Text (Çatapatha Brâhmana, VII, 2, 1, 4). «So haben es die Götter getan, so tun es die Menschen», fügt Taittirîya Brâhmana hinzu (I, 5, 9, 4). Hauptaufgabe des Mythos ist es also, die vorbildhaften Muster aller bedeutungsvollen menschlichen Riten und menschlichen Tätigkeiten «festzusetzen»: die Ernährung oder die Ehe ebensowohl wie die Arbeit, die Erziehung, die Kunst oder das Wissen.

HERMENEUTIK EINES POLYNESISCHEN MYTHOS

Das alles wird recht deutlich am Beispiel, das wir nun erläutern wollen. Es handelt sich um einen polynesischen kosmogonischen Mythos[1] und um die Rolle, die er im Leben der Polynesier spielt. Nach diesem Mythos bestanden im Anfang nur die Wasser und die Finsternis. Io, der höchste Gott, schied die Wasser durch die Kraft des Gedankens und seiner Worte und schuf den Himmel und die Erde. Er sprach: «Es sollen die Wasser sich teilen, die Himmel sich bilden, die Erde entstehen!» Diese kosmogonischen Worte Ios, durch die die Welt ins Dasein trat, sind schöpferische, mit sakraler

Kraft geladene Worte. Auch die Menschen sprechen sie aus in all den Umständen, in denen es etwas zu *machen*, zu *erschaffen* gilt. Man wiederholt sie im Ritus der Fruchtbarmachung einer unfruchtbaren Gebärmutter, im Ritus der Heilung von Körper und Geist, aber auch anläßlich des Todes, des Krieges und genealogischer Berichte.

So drückt es ein heutiger Polynesier, Hare Hongi, aus:

Die Worte, durch die Io das All formte – das heißt durch die dieses geschaffen und dazu geführt wurde, eine Lichtwelt hervorzubringen –, dieselben Worte werden verwendet im Ritus der Fruchtbarmachung einer unfruchtbaren Gebärmutter. Die Worte, durch die Io das Licht in der Finsternis erstrahlen ließ, werden verwendet in den Riten, die den Zweck haben, ein trauriges und niedergeschlagenes Herz zu erheitern, Impotenz und Senilität zu beheben, über die verborgenen Dinge und Orte Helle zu verbreiten, die Verfasser von Liedern zu inspirieren, und auch in den Unbilden des Krieges wie auch in vielen andern Situationen, die den Menschen zur Verzweiflung treiben. Für alle derartigen Fälle bedient sich dieser Ritus, der Licht und Freude verbreiten soll, der Worte, mit denen Io die Finsternis besiegt und zerstreut hat.

Dieser Text ist bemerkenswert, trotz einer gewissen gespreizten Schwerfälligkeit. Er stellt ein unmittelbares Zeugnis ersten Ranges dar für die Bedeutung des kosmogonischen Mythos in einer traditionellen Gesellschaft. Wie wir soeben gesehen haben, dient dieser Mythos als Vorbild für jede Art von «Schöpfung»; ebensowohl bei der Zeugung eines Kindes wie bei der Klärung einer verworrenen militärischen Situation oder der Wiederherstellung eines von Melancholie und Verzweiflung bedrohten seelischen Gleichgewichtes. Daß sich der kosmogonische Mythos auf die verschiedensten Gebiete anwenden läßt, scheint uns besonders aufschlußreich und bedeutsam. Der Mensch der traditionellen Gesellschaften fühlt die grundlegende Einheit aller Arten von biologischen, psychologischen oder historischen «Werken» oder «Formen». Ein unglücklicher Kriegsverlauf ist zu vergleichen mit einer Krankheit, einem niedergeschlagenen, betrübten Herzen, der Unfruchtbarkeit einer Frau, dem Mangel an Inspiration bei einem Dichter und jeder andern entscheidenden Krisensituation, die den Menschen zur Verzweiflung treibt. Und alle diese negativen und verzweifelten, anscheinend ausweglosen Situationen werden verändert durch das Aufsagen des kosmogonischen Mythos, vor allem durch die Wiederholung der Worte, durch welche Io das All hervorbrachte und das Licht in der Finsternis erleuchten ließ. Mit andern Worten: die Kosmogonie bildet das Musterbeispiel jeder schöpferischen Situation: alles, was der Mensch macht, wiederholt irgendwie die eigentliche «Tat», die archetypische Handlung des Schöpfergottes: die Erschaffung der Welt.

Wie wir gesehen haben, wird der kosmogonische Mythos auch bei Anlaß des Todes ausgesprochen; denn auch der Tod bildet eine neue Situation, die man in richtiger Weise gut auf sich nehmen muß, um sie schöpferisch zu machen. Man kann beim Tod «versagen», wie man eine Schlacht verliert oder wie man das seelische Gleichgewicht und die Lebensfreude verliert. Es ist auch bezeichnend, daß Hare Hongi unter den verhängnisvollen und negativen Situationen nicht nur die Impotenz, die Krankheit und die Senilität aufzählt, sondern auch den Mangel der Dichter an Inspiration, ihre Unfähigkeit, die Dichtungen oder die genealogischen Berichte in angemessener Weise abzufassen oder vorzutragen. Daraus folgt zunächst, daß die Polynesier die dichterische Schöpfung jeder andern wichtigen Schöpfung gleichstellen, aber auch – da Hare Hongi die genealogischen Berichte erwähnt – daß das Gedächtnis der Dichter an sich schon ein «Werk» darstellt und daß die Ausführung dieses «Werkes» durch den feierlichen Vortrag des kosmogonischen Mythos gesichert werden kann.

Man versteht, warum dieser Mythos für die Polynesier eine solche Zauberkraft hat. Die Kosmogonie ist Musterbeispiel jeder Art des «Machens»: nicht nur weil der Kosmos der geistige Archetypus sowohl jeder schöpferischen Situation wie jeder Schöpfung ist – sondern auch weil der Kosmos ein göttliches Werk ist; er ist somit schon in seinem Aufbau geheiligt. Im weiteren Sinn ist alles heilig, was vollkommen, «voll», harmonisch, fruchtbar ist, mit einem Wort: alles, was «kosmisiert» wurde, alles, was einem Kosmos gleicht. Etwas machen, erarbeiten, errichten, erschaffen, aufbauen, formen, gestalten – all dies will besagen, daß man etwas ins Dasein führt, daß man ihm «Leben» gibt und schlußendlich, daß man ihm eine Ähnlichkeit mit dem eigentlichsten harmonischen Organismus, dem Kosmos verleiht. Nun aber ist der Kosmos, sagen wir es noch einmal, das beispielhafte Werk der Götter, er ist ihr Meisterwerk.

KOSMOGONISCHE MYTHEN
UND ORIENTIERUNGSRITEN

Es ist für uns heutige Menschen kaum möglich, die ungeheure Bedeutung abzuschätzen, welche die Orientierung im Raume für den Primitiven hatte. Die Orientierung, das heißt letzten Endes die Teilung des Raumes in vier Himmelsrichtungen, war gleichbedeutend mit einer Gründung der Welt. Die Homogenität des unbekannten Raumes war in gewissem Maße dem Chaos gleichgestellt[2]. Die Erlangung eines «Zentrums» durch die Kreuzung zweier gerader Linien und die Projektion der vier Horizonte in den vier Hauptrichtungen stellte eine wahrhafte «Schöpfung der Welt» dar. Der Kreis – oder das von einem Zentrum aus konstruierte Viereck – war eine *imago mundi*. Man darf indes nicht vergessen, daß alle diese Methoden der Orientierung und der Gründung der Städte und Dörfer letzten Endes von einer Kosmogonie abhängen, und diese ihrerseits ist verquickt mit einem kosmogonischen Mythos. Wir werden weiter unten einige Beispiele anführen. Vorläufig wollen wir eine Tatsache festhalten: der Mensch der primitiven und traditionellen Gesellschaften schafft sich seine eigene Welt – das Gebiet, das er besetzt, sein Dorf, sein Haus – nach einem Idealbild, demjenigen der Götter als der Schöpfer des Universums. Das will natürlich nicht heißen, daß der Mensch sich für den Göttern ebenbürtig hält – sondern nur, daß er nicht in einem «Chaos» leben kann, daß er das Bedürfnis empfindet, sich immer in einer organisierten Welt zu Hause zu sein –, und deren Vorbild ist der Kosmos.

Ein Beispiel mag es uns noch begreiflicher machen, wie notwendig es für den primitiven Menschen war, sich immer in einem Kosmos zu befinden – und in welch wirklicher existentieller Gefahr er war, wenn er aus irgendeinem Grunde aus dem Kosmos ausgestoßen wurde und keine Orientierung mehr fand, das heißt sich im «Chaos» verirrt sah. Es handelt sich um ein Ritual der Achilpa-Australier, ein Ritual, dem ein Ursprungsmythos zugrunde liegt[3].

Dieser Mythos besagt: Am Anfang der Zeiten hat ein göttliches Wesen, Numbakula, das Gebiet der späteren Achilpa «kosmisiert», es hat ihren Stammvater erschaffen und ihre Einrichtungen gegründet. Aus dem Strunk eines Gummibaums hat Numbakula einen heiligen Pfahl, *Kauwa-auwa*, geformt, und nachdem er ihn mit Blut bestrichen hat, ist er an ihm hinaufgeklettert und im Himmel verschwunden. Dieser Pfahl stellt die kosmische Achse dar, denn um ihn herum wird das Gelände bewohnbar, wandelt es sich also zu einer «Welt» um. So hat auch der heilige Pfahl eine sehr große Bedeutung: auf ihren Wanderungen führen ihn die Achilpa mit sich herum und bestimmen die einzuschlagende Richtung nach seiner Neigung. Das erlaubt es den Achilpa, trotz ihres ständigen Ortswechsels immer in «ihrer Welt» zu sein und gleichzeitig in Verbindung mit dem Himmel zu stehen, in den Numbakula verschwunden ist. Zerbräche man den Pfahl, würde dies die Katastrophe bedeuten; es bedeutete gewissermaßen das «Ende der Welt», die Rückkehr ins Chaos. Spencer und Gillen berichten eine Legende, nach welcher der Stamm, wenn der sakrale Pfahl einmal zerbrochen ist, der Angst anheimfällt: seine Angehörigen irren einige Zeit planlos umher, setzen sich schließlich auf die Erde nieder und überlassen sich dem Tode[4].

Dieses Beispiel zeigt großartig sowohl die kosmogonische Funktion des Ritualpfahles wie seine soteriologische Rolle: denn einerseits ist der Pfahl ein Abbild des Pfahles, den Numbakula für die Kosmisierung der Welt verwendete, und anderseits glauben die Achilpa, dank ihm mit dem himmlischen Bereich in Verbindung sein zu können. Nun ist aber die menschliche Existenz nur möglich dank dieser ständigen Verbindung mit dem Himmel. Die «Welt» der Achilpa wird nur insofern wirklich *ihre* Welt, als sie den von Numbakula organisierten und geheiligten Kosmos wiedergibt. Man kann nicht ohne eine vertikale Achse leben, welche die «Öffnung» gegen das Transzendente sicherstellt und gleichzeitig die Orientierung ermöglicht: in andern Worten: man kann nicht im «Chaos» leben. Ist der Kontakt mit dem Transzendenten unterbrochen und das Orientierungssystem zerschlagen, dann ist die Existenz in der Welt nicht mehr möglich – und die Achilpa überlassen sich dem Tode.

Man könnte unzählige Parallelen zu diesem australischen Ritus anführen. Die Deutung des sakralen Pfahles als eines kosmischen Pfeilers ist gesichert durch andere australische Riten um einen Aufstieg in den Himmel anhand von Bäumen oder Pfählen. Diese Riten werden ihrerseits bestätigt durch zahlreiche Mythen oder Legenden von Aufstiegen an Bäumen, Lianen, auf spiralförmigen Bergpfaden, auf Regenbogen usw. Man findet entsprechende mythisch-rituelle Komplexe in Melanesien, in Indonesien, in den beiden Amerika, nicht zu reden von Nord- und Zentralasien, wo man glaubt, die Schamanen würden mittels eines Baumes oder eines Pfahls, der gleichbedeutend ist mit dem Baum der Welt, also der kosmischen Achse, in den Himmel klettern[5].

Dieser australische mythisch-rituelle Komplex stellt eines der ältesten erhaltenen Dokumente dar über die Notwendigkeit des primitiven Menschen, in einem Kosmos zu leben, das heißt in einem organisierten Raum, der einen Mittelpunkt hat und infolgedessen eine Öffnung nach oben, die die Verbindung mit der himmlischen Welt ermöglicht. Dank diesem Mythos und den Ritualen, denen er Gültigkeit gibt, ist es den Achilpa möglich, auf ihren ständigen Wanderungen der Unermeßlichkeit des unbekannten Raumes die Stirn zu bieten. Der Mythos hilft den Achilpa, sich in neuen Situationen zurechtzufinden, indem er ihnen eine beispielhafte Lösung anbietet, die in jeder Sachlage gültig ist – ausgenommen in der Katastrophe.

Wenn man das Verhalten des Menschen der primitiven Gesellschaften gegenüber einem unbekannten Territorium näher untersucht, so stößt man immer auf eine quälende Hast, es in einen Kosmos umzugestalten durch die symbolische Wiederholung der Kosmogonie. In einer früheren Arbeit haben wir einige Beispiele angeführt[6]. Erinnern wir uns an einige von ihnen: Als die skandinavischen Siedler von Island Besitz ergriffen und es urbar machten, waren sie sich bewußt, daß sie einen primordialen Akt ausführten: die Umwandlung des Chaos in den Kosmos durch den göttlichen Akt der Schöpfung. Und im vedischen Indien wurde von einem Territorium ebenfalls dadurch Besitz ergriffen, daß man einen dem Agni geweihten Feueraltar errichtete; die Errichtung eines solchen Altars war nur die mikrokosmische Nachahmung der Schöpfung.

Auf diese Weise ging das soeben besetzte Gebiet vom chaotischen Zustand in den organisierten Zustand über; es wurde «kosmisiert».

Die Besitznahme eines unbekannten oder fremden Gebietes, die Errichtung eines Dorfes, die Aufstellung eines Heiligtums oder einfach eines Hauses – sie alle stellen symbolische Wiederholungen der Kosmogonie dar. Wie das ganze sichtbare Universum sich von einem Mittelpunkt aus entwickelt und sich gegen die vier Hauptrichtungen ausbreitet, so entsteht auch das Dorf um eine Kreuzung. In Bali wie auch in gewissen Gebieten Asiens sucht man, wenn man an den Bau eines neuen Dorfes herangeht, eine natürliche Kreuzung, bei der sich zwei Wege rechtwinklig schneiden. Die Teilung des Dorfes in vier Sektoren entspricht der Teilung des Universums in vier Horizonte. In der Mitte des Dorfes läßt man oft einen Platz leer: hier wird sich später das Kultgebäude erheben, dessen Dach symbolisch den Himmel versinnbildet (in gewissen Fällen wird der Himmel durch den Gipfel eines Baumes oder durch das Bild eines Berges bezeichnet[7]), am andern Ende befindet sich die Welt der Toten, versinnbildet durch gewisse Tiere (Schlangen, Krokodile usw.) oder durch Ideogramme der Finsternis[8]. Die kosmische Symbolik des Dorfes wird wieder aufgenommen in der Konstruktion des Heiligtums oder des Kulthauses. In Waropen in Neu-Guinea befindet sich das «Haus der Männer» in der Mitte des Dorfes: sein Dach stellt das Himmelsgewölbe dar, die vier Wände entsprechen den vier Richtungen des Raumes.

Man ist nicht überrascht, entsprechende Vorstellungen im alten Italien und bei den alten Germanen zu finden. Es handelt sich, im ganzen gesehen, um eine archaische und sehr verbreitete Idee: die Stadt ist eine *imago mundi*, ihr Aufbau ahmt deshalb die Kosmogonie nach. Der römische *mundus* war ein in vier Teile geteilter Kreisgraben; er war gleichzeitig Abbild des Kosmos und Musterbeispiel für die menschliche Siedlung. Man hat, zu Recht, die Ansicht vertreten, die *Roma quadrata* sei nicht so zu verstehen, daß sie eine viereckige Gestalt gehabt habe, sondern daß sie viergeteilt gewesen sei[9]. Der *mundus* war offenbar dem *omphalos*, dem Nabel der Welt gleichgesetzt: die Stadt lag in der Mitte des *orbis terrarum*. Es konnte nachgewiesen werden, daß sich die Bauweise der germanischen Dörfer und Städte aus ähnlichen Vorstellungen erklären[10]. In den verschiedensten kulturellen Zusammenhängen finden wir immer wieder das gleiche rituelle Motiv: sich in einem Land niederlassen, bedeutet soviel wie eine Welt gründen. In andern Worten: der Mensch besetzt allmählich immer weitere Zonen des Planeten und «kosmisiert» sie nach dem Musterbeispiel, das der kosmogonische Mythos geoffenbart hat. Dank diesem Mythos wird auch der Mensch zu einem Schöpfer. Auf den ersten Blick wiederholt er nur immer wieder die gleiche archetypische Geste, in Wirklichkeit aber erobert er unermüdlich die Welt, er organisiert sie, er wandelt die natürliche Landschaft in einen kulturellen Lebensraum um. Hierin ruht das große Geheimnis des kosmogonischen Mythos: er treibt den Menschen dazu zu erschaffen, er eröffnet seinem schöpferischen Geist ständig neue Perspektiven, auch wenn der Mythos dadurch, daß er sich als unerreichbares Vorbild darbietet, scheinbar die menschliche Initiative lähmt.

In allen traditionellen Gesellschaften bedeutet einen Raum kosmisieren soviel wie ihn heiligen, da der Kosmos, als göttliches Werk, schon in seiner Struktur geheiligt ist. In einem Kosmos leben bedeutet vor allem in einem geheiligten Raum leben, der die Möglichkeit bietet, mit den Göttern in Verbindung zu stehen. Wir haben gesehen, daß der heilige Pfahl der Achilpa sowohl die Öffnung gegen das Transzendente bedeutet wie auch die Verbindung mit dem Himmel, in den Numbakula verschwunden ist. Nun wiederholt sich die Kosmisierung und also die Heiligung des Raumes durch irgendein rituelles Vorgehen der Orientierung in gleicher Weise auch bei der Errichtung eines Hauses. Die Kosmisierung läßt sich auch schon in der Art erkennen, wie ein Haus errichtet wird. Bei einer großen Zahl archaischer Völker, besonders bei den Jägern und halbnomadischen Hirten, schließt das Haus einen Symbolismus ein, das es zu einer *imago mundi* macht. Bei den Nomaden bedeutet der Stab, der das Zelt trägt, die kosmische Achse; bei den Seßhaften übernimmt der Mittelpfeiler oder das Abzugsloch für den Rauch diese Rolle[11]. Wir haben es hier mit der Symbolik des «Mittelpunkts der Welt» zu tun: nachdem wir es schon in mehreren früheren Werken behandelt haben, kommen wir hier nicht mehr darauf zurück[12]. Wir können somit schließen: so wie die besetzte Gegend, die Stadt oder das Dorf das Universum wiedergibt, so wird auch die Wohnstätte eine *imago mundi*, dank der rituellen Orientierung und dem Symbolismus des Mittelpunktes.

DAS KOSMOGONISCHE EI

Wir werden später noch auf einige Rituale der Konstruktion zu sprechen kommen, die zu einem ganz andern Typus des kosmogonischen Mythos gehören. Für den Augenblick möchten wir die strukturelle Analogie zwischen den Riten der *orientatio* und der «Kosmisierung» eines Gebietes und den kosmogonischen Mythen aufzeigen, nach denen vor der Schöpfung ein «Chaos» bestand. Im polynesischen Mythos gab es nur die anfänglichen Gewässer, die in die Finsternis getaucht waren. Aus der «Unermeßlichkeit des Raumes», in der er sich befand, drückte Io den Wunsch aus, aus seiner Ruhe herauszutreten – und sogleich erschien das Licht. Nach einem Zuni-Mythos [13] bestand am Anfang nur Awonawilono, der Schöpfer. Er war ganz allein über den Großen Wassern. Er verwandelte sich in die Sonne, und er brachte aus seiner eigenen Substanz zwei Keime hervor, mit denen er die Wasser durchsetzte. Ein Schaum zeigte sich auf den Wogen, aus dem sich später der Vater-Himmel und die Mutter-Erde herausbildeten.

Im einen wie im andern Fall geht das ursprüngliche Chaos zu Ende im Gefolge eines durch den «Gedanken» oder durch die Entscheidung des Schöpfers hervorgebrachten Lichtes. Nun ist, wie wir sagten, die Homogenität des unbekannten Raumes für den Primitiven eine Art «Chaos», dem er durch ein Rituale der «Kosmisierung» (*orientatio*, symbolische Wiederholung der Kosmogonie usw.) ein Ende setzt.

In den entwickelteren Kulturen wird das Chaos durch eine Vielzahl von Bildern ausgedrückt: die in Finsternis getauchten Wasser, eine formlose Masse, ein vermengtes Ganzes, in dem eine Abgrenzung nicht möglich ist, das kosmogonische Ei, ein Meerungeheuer, ein Urriese usw. Gewisse dieser Bilder gehören strukturell zusammen in dem Sinne, daß sie miteinander oder abwechselnd gebraucht werden und damit noch besser die trostlose Einförmigkeit, die Totalität, die ursprüngliche Unbestimmtheit zur Geltung bringen.

Nach einem japanischen Mythos «waren am Anfang Himmel und Erde, Izanagi und Izanami, nicht getrennt. Zusammen bildeten sie ein Chaos, das einem Ei glich, in dessen Mitte sich ein Keim befand. Als Himmel und Erde auf diese Weise noch vermischt waren, gab es noch nicht die beiden Prinzipien des Männlichen und Weiblichen. Man könnte somit sagen, das Chaos stelle eine vollkommene Ganzheit dar und damit auch die Androgynie. Die Trennung zwischen Himmel und Erde bezeichnet zugleich den Schöpfungsakt an sich und das Zerbrechen der anfänglichen Einheit[14].»

Dieses Chaos, das einem Ei glich und in dem Himmel und Erde miteinander verschmolzen waren, findet man in vielen Mythologien (China, Indien, Indonesien, Polynesien, Afrika usw.). In den sibirischen und indonesischen Mythologien legt das Höchste Wesen, unter der Form eines Vogels, auf die Urgewässer das Ei, aus dem später die Welt entsteht. In den orphischen Kosmogonien wurden Aither und Chaos durch Chronos (die Zeit) gezeugt, aus dem Chronos bildete sich ein silbernes Ei, aus dem Phanes (= Eros) hervorging. Diese Vorstellung ist östlichen Ursprungs. Nach den phönizischen Überlieferungen, wie sie uns Sanchunjaton und Mochos überliefert haben (siehe jedoch Seite 181), war Chaos das Urprinzip. Indem er sich mit dem Geist vereinigte, brachte es das Verlangen hervor. Seinerseits verband sich das Verlangen mit dem Chaos und dem Geist und zeugte den Mot. Dieser gebar ein Ei, das im Keim das ganze Universum enthielt. Das Ei zerbrach in zwei Stücke: eine Hälfte wurde der Himmel, die andere Hälfte die Erde.

Aber das Ei ist nur einer der bildhaften Ausdrücke für das Ganze. Ein anderes typisches Bild ist die uranfängliche Unordnung. Nach der sumerischen Tradition waren Himmel und Erde zu Beginn vermischt – und Enlil trennte sie voneinander. Ein drittes Bild des Urchaos schließlich ist die neptunische Unermeßlichkeit, die durch ein Seeungeheuer vom Typus Tiâmat personifiziert ist: nachdem Gott es niedergeworfen hatte, bildete er (in Mesopotamien Marduk) aus seinem Körper das Universum (siehe Seite 128). Im großen ganzen kann man im antiken Nahosten zwei Auffassungen über das Urchaos unterscheiden: die erste stellt die Ausgangslage als einen Urozean dar, in dem ein Ei oder ein Seeungeheuer entsteht; die zweite als eine absolute Totalität, in welcher Himmel und Erde verschmolzen sind. Im ersten Fall kommt die Schöpfung durch die Teilung des Eis oder durch die Zerstückelung des Seeungeheuers zustande; im zweiten Fall durch die Trennung von Himmel und Erde.

Die Bilder des Eis und der Urtotalität können auch gedeutet werden als Bezeichnung für die Situation, die der Unterscheidung der Geschlechter vorausging: die Androgynie oder Bisexualität (vgl. den japanischen Mythos). Diese geschlechtliche Bedeutung der Urtotalität wird in den späteren Spekulationen eine wichtige Rolle spielen, wenn die Totalität und die Vereinigung der Gegensätze zur vorbildhaften Formel der Vollkommenheit werden. Sie ist aber bereits in den archaischen Kulturzuständen bezeugt: die Götter oder die mythischen Ahnen der Menschheit sind androgyn, und viele der Riten verfolgen die symbolische Androgynisation des Menschen. In allen diesen Beispielen wird die ursprüngliche Einheit noch gewertet als Fülle, die noch nicht vom Wirken der Zeit beeinträchtigt ist (die Zeit beginnt mit der Schöpfung).

Es kommen aber durch die Art, wie die Trennung von Himmel und Erde oder die Zerteilung des Seeungeheuers vor sich geht, neue Elemente hinzu; neu ist an ihnen vor allem, daß es sich um eine Schöpfung durch den Willen eines höchsten Wesens (Io, Awonawilono) handelt. In gewissen Fällen wird die Trennung Himmel/Erde bewirkt durch einen jungen Gott und auf eine brutale Weise (Polynesien, Mikronesien) oder gar auf wilde Art (vgl. die Kastration des Uranos in der von Hesiod überlieferten Tradition). Was den andern Vorgang betrifft, das heißt die Beendigung des «Chaos» vor allem durch Zerstückelung, sind zwei verschiedene Typen zu unterscheiden: 1. die freiwillige (oder als solche gedachte) Aufopferung eines Urwesens (das bisweilen anthropomorph ist: Purusha), 2. der siegreiche Kampf gegen ein Seeungeheuer, das schließlich zerschlagen wird.

Die bekanntesten Beispiele des ersten Typus sind: Ymir aus der germanischen Mythologie (Urriese, aus dessen Körper Odin, Vili und Ve die Welt herstellen), Purusha und Prajâpati aus der indischen Mythologie, P'an-Ku in China. Man findet dasselbe Motiv in Iran, aber gänzlich neu gedeutet und in die mazdaistische

Theologie einverleibt. Nach dem *Großen Bundahishn*[15] wurde das Weltall im Leibe Ohrmazds geboren: nachdem es zunächst die Form eines Spermatropfens hatte, entwickelte es sich wie ein Embryo während 3000 Jahren und wurde schließlich durch den Gott zur Welt gebracht. Nach dem pehlevischen *Rivayat* des *Dâtastân îdenîk*[16] wurde das Weltall im Leibe Ohrmazds gezeugt, es wurde in gewisser Weise identisch mit ihm, da der Text im einzelnen anführt, daß der Gott den Himmel aus seinem Haupte erschuf, das Wasser aus seinen Tränen, die Pflanzen aus seinen Haaren, das Feuer aus seinem Geist.

Obwohl sich diese Schöpfungsmythen in etwas verschiedener Richtung entwickelt haben, so haben sie doch wesentliche Züge gemeinsam. Der wichtigste ist, daß der Ur-Makranthropus sich selbst von einem Ei oder einem Keim ableitet. Dies ist deutlich ausgedrückt in den Mythen von P'an-ku und von Prajâpati, aber man findet es auch in der Tradition, die durch den *Großen Bundahishn* überliefert ist, in dem das Universum sich anfänglich unter der Gestalt eines Spermatropfens im Innern Ohrmazds zeigt. Das Gold-Embryo, *hiranyagarbha*, der indischen Tradition kann in gleicher Weise als der vom höchsten Wesen in die Urgewässer gelegte Keim (Sperma) verstanden werden. Damit ist gesagt, daß die Schöpfung der Welt wie eine Embryologie beginnt und mit der Tötung des Makranthropus endet, der auch in seinem erwachsenen Stadium noch etwas Embryohaftes an sich hat. Die Bilder des Samens, des Eis und des Fötus überlagern oder ergänzen sich gegenseitig. Ymir seinerseits erscheint als ein nicht ganz ausgebildeter Riese, eine Art theriomorpher Fötus. Die schöpferische Tat der drei Götter hatte gerade darin bestanden, daß sie ihre noch nicht unterscheidbaren unausgebildeten Glieder voneinander trennten.

Ein anderes, allen diesen Mythen gemeinsames Merkmal besteht darin, daß der Kosmos, der ja sich letzten Endes von einem Makranthropus übernatürlicher Herkunft, wenn nicht von Gott selbst (Iran) herleitet, noch an der Sakralität teilhat. Das Universum stellt den Leib eines übernatürlichen Wesens dar. Es ist dies eine andere Art, zu sagen, daß die Welt sakral ist: nicht als göttliches Werk – wie es der Fall war in den Mythen vom Typus *creatio ex nihilo* –, sondern in seiner eigenen Substanz. Der Mythos der Umwandlung eines göttlichen oder halbgöttlichen Wesens in den Kosmos oder in eine bestimmte Klasse kosmischer Wesen oder Gegenstände wird dann einen ungeheuern Erfolg erleben, wenn dieser Mythos den Ursprung der Menschen und der nährenden Pflanzen erklären soll.

Strukturell kann die Tötung des Ur-Makranthropus als ein Blutopfer verstanden werden. Es ist wahrscheinlich, daß der Mythos von Purusha ein altes Menschenopfer widerspiegelt. In jedem Fall spielt der Gedanke, daß die Opferhandlung rituell die Erschaffung der Welt wiederholt, das heißt den «Tod» und die Wiederbeseelung Prajâpatis in sich schließt, im Brahmanismus eine wichtige Rolle.

SCHÖPFUNG DURCH ZERTEILUNG

Für den zweiten Typus der Kosmogonie, die Zergliederung eines Urwesens, liefert uns das *Enuma elisch* das klassische Beispiel: indem Marduk das Seeungeheuer Tiâmat niederschlug, spaltete er es, und die beiden Hälften seines Leibes bildeten den Himmel und die Erde. Wir haben es hier mit einem andern mythischen Bericht zu tun: es handelt sich nicht mehr um eine freiwillig auf sich genommene Opferung, sondern um den Streit zwischen zwei Kämpfern, die zwei entgegengesetzte Prinzipien verkörpern. Im *Enuma elisch* ist das kosmogonische Thema Teil einer politischen Ideologie geworden: die Erhebung Marduks in den Rang des höchsten Gottes. Der Text, so wie er uns heute überliefert ist, ist das Ergebnis einer Umdeutung, die die politische Verherrlichung Babylons zum Ziele hatte. Aber das Thema des Kampfes zwischen einem Sonnen- oder atmosphärischen Gott und einem ophidischen Monstrum ist alt, und er ist im Nahen Osten und in Indien ziemlich verbreitet. Wir werden darauf noch zurückkommen.

Hier sei nur festgehalten, daß der Kampf zwischen Tiâmat und Marduk, oder genauer der Kampf zwischen zwei Göttergenerationen, den Ursprung des Kosmos erklärt, so wie er heute ist, und daß er auch den Ursprung des Menschen erzählt. Indessen kann man nicht sagen, daß vor der Zergliederung Tiâmats eine gewisse «Welt» nicht existiert habe. Am Anfang häufte Tiâmat alle bildhaften Ausdrücke des Chaos auf sich: sie war zugleich Urmeer, weiblicher

Drachen, androgynes Wesen, Ungeheuer und Embryo (vgl. S. 122). Aber eine erste Schöpfung war die Folge ihrer Vereinigung mit Apsu gewesen, und drei Göttergenerationen hatten das Licht der Welt erblickt. Ansâr und Kisâr, «Totalität des Himmels» und «Totalität der Erde» waren bereits geboren. Infolgedessen bestand bereits eine Art embryonaler «Welt». Wohl verstanden, dies war noch nicht unsere Welt, es war aber auch nicht die undifferenzierte Einheit des Urchaos, des Chaos der Zeit vor der ersten Hierogamie von Tiâmat und Apsu.

Das *Enuma elisch* offenbart uns somit, wie aus einer präexistenten, larvenhaften und chaotischen Wirklichkeit *unsere* Welt geschaffen wurde. Der Text sucht zu erklären, wie es zur gegenwärtigen Situation gekommen ist. Eine Situation, die man um jeden Preis aufrechtzuerhalten sucht, indem man jedes Neujahr den Sieg Marduks über Tiâmat und seine Gruppe von Ungeheuern wieder vergegenwärtigt[17].

In Mesopotamien ist die Welt, so wie der Mensch sie kennt und wie er sie sich wünscht, das Ergebnis einer Auseinandersetzung zwischen den Vertretern zweier kosmischer Prinzipien: der Wasser und des Sonnengottes. Der Mythos des Kampfes zwischen einem Kämpfer-Gott und einem Drachen ist im Nahen Osten, in Griechenland und in Indien bezeugt. Sie haben nicht die gleiche Bedeutung wie im *Enuma elisch*; diese ist von Fall zu Fall verschieden, auch wenn sie im Innersten die gleiche bleibt. Es handelt sich hier nicht mehr um einen kosmogonischen Kampf, sondern um eine Schlacht, durch die die Welt von der Drohung der unterirdischen Wasser befreit werden soll (der sumerische Gott Ninurta gegen das Ungeheuer Asag) oder von der Trockenheit (Indra gegen Vritra), oder es handelt sich um einen Krieg um die Universalherrschaft (Zeus gegen Typhon). Wahrscheinlich beziehen sich andere derartige Mythen – die vom Zweikampf des Re gegen den Drachen Apopi, des kanaanäischen Baal gegen den Drachen Yam, des hethitischen Gottes der Atmosphäre gegen den Drachen Illuyankash[18] usw. berichten – auf ähnliche Situationen: die Rettung der Welt vor einem Unheil (Überschwemmung, Dürre), durch das sie ins Chaos zurückzufallen droht, und Wiederherstellung der «normalen Situation» unter der Herrschaft eines Herrscher-Gottes.

Unter einem gewissen Gesichtspunkt sind alle diese Mythen «kosmogonisch», denn sie berichten, wie die Welt vor dem Rückfall ins Chaos gerettet wurde. In Babylon, in Kanaan, bei den Hethitern und bei den Ägyptern wurde der Kampf zwischen dem Gott und dem Drachen während der Neujahrszeremonien durch zwei Gruppen von Spielern mimisch dargestellt[19]. Die rituelle Vergegenwärtigung des mythischen Ereignisses sicherte das Weiterbestehen der Welt.

Um die Rolle des Drachens in den Mythologien und den Kosmogonien zu verstehen, muß man sich ein sehr verbreitetes mythisches Thema vor Augen halten: den Antagonismus zwischen dem Gott des Lichtes und den Wesen, die die Finsternis verkörpern, der Unterwelt, allgemein dem Präformalen. Der Mythos des Zweikampfes zwischen dem Vogel (Sinnbild der Sonne) und der Schlange ist in einem weiten Gebiet bezeugt (Germanen, Nordeurasien, Zentralasien, Indien, Indonesien, Melanesien, Amerika). Dieser Mythos erfüllte eine wesentliche Aufgabe bei den ersten systematischen Spekulationen: er drückt den Antagonismus zwischen zwei gegensätzlichen Prinzipien aus (Nacht/Tag, virtuell/tatsächlich, Frau/Mann), aber auch ihre Komplementarität. (Tatsächlich dient das mythische Doppelwesen Vogel-Schlange als Ausdruck des Gedankens der kosmischen Totalität und der *coincidentia oppositorum*.) Wie die Schlange versinnbildet der Drache die Wasser, die Finsternis, das «Chaos» und, in den orientalischen philosophischen Spekulationen, das nicht Manifestierte, das vor der Schöpfung unzerteilte «Eine».

Der Kampf zwischen dem Drachen und dem Sonnen- oder Luftgott kann somit bedeuten: entweder 1. den Übergang vom Virtuellen zum Formellen: die Kosmogonie; oder 2. den Kampf um die Herrschaft über die Welt; oder schließlich 3. den Konflikt zwischen zwei Ordnungen der Dinge (ethnische oder geschichtliche Konflikte). In all diesen Fällen ist der Gedanke der «Schöpfung» unter einer mehr oder weniger deutlichen Form gegenwärtig. Als Symbol des Präformalen wird der Drache als der wahre «Meister des Ortes» betrachtet, als der Autochthone par excellence, gegen den die Eroberer kämpfen müssen, bevor sie ein Gebiet besetzen und es organisieren (das heißt es «formen», «kosmisieren»). In gewissen Mythen und Legenden, die den Kampf schildern zwischen einem aus der Fremde gekommenen Helden und dem Drachen, der der absolute Herrscher eines Landes ist, drückt sich die Auseinandersetzung zwischen den autochthonen – oder den Vertretern der alten Ordnung der Dinge – und den siegreichen Eindringlingen aus, welche schließlich eine neue Ordnung begründen (neuer Staat, neue Dynastie, neue Gesellschaftsordnung usw.). Auch wenn diese Mythen und Legenden wahrscheinlich historische Auseinandersetzungen widerspiegeln, bewahren sie noch eine kosmogonische Struktur: mit dem Sieg über den autochthonen Drachen ist der Sieg über die Vertreter einer früheren Ordnung gemeint, die dem «Chaos» gleichgesetzt werden kann. Indem man ein Land erobert, «erschafft» man es wieder, da man ihm eine neue «Form» gibt.

Der wichtigste vedische Mythos preist den Sieg Indras über den Drachen Vritra, der sich der Wasser bemächtigt hatte und sie in den Bergschluchten gefangen hielt. Indem er Vritra schlägt, befreit Indra die Wasser und errettet die Welt von der Dürre, das heißt verhütet den Rückfall in das Chaos. Schon im Rig Veda (IV, 19, 3) erscheint Vritra als ein Symbol des Amorphen und des Nicht-Manifesten: er ist nicht geteilt, nicht erweckt, schlafend usw. In den späteren Spekulationen versinnbilden Vritra oder die Schlange Ahi Budhnyia nicht nur das Nicht-Manifeste, sondern auch das «Nächtliche», «Unsichtbare», «Verborgene» der Götter. Es ist ein bildhafter Ausdruck, wenn gesagt wird, die Gottheit schließe, durch ihre eigene Seinsweise, die *coincidentia oppositorum* in sich.

BLUTOPFER UND SCHÖPFUNG

Wir werden noch einige rituelle, unblutige Anwendungen des kosmogonischen Mythos untersuchen, besonders die «Kosmisierung» von Territorien, Dörfern und Behausungen durch die Riten der *orientatio*, die einen bewohnten Raum zur *imago mundi* umwandelt. Auch die andern Typen kosmogonischer Mythen, die um die Opferung eines Urwesens kreisen, sind geeignet, in den Konstruktionsriten ausgesprochen zu werden. So bezeichnet zum Beispiel in Indien, bevor man den ersten Stein eines Hauses setzt, der Astrologe den Fundierungspunkt, der sich über der Schlange befindet, welche die Welt trägt. Der Baumeister schneidet einen Pfahl und gräbt ihn genau am bezeichneten Punkt in den Boden, um damit das Haupt der Schlange festzuheften. Dann wird ein Grundstein über dem Pfahl gesetzt. Der Stein befindet sich somit genau im «Mittelpunkt der Welt». Dies ist der Ritus, dank dem jedes indische Haus sinnbildlich in den Mittelpunkt des Universums zu liegen kommt. Dieser Ritus ist jedoch nichts anderes als die Wiederbelebung des kosmogonischen Mythos. Denn indem man den Pfahl in das Haupt der Schlange setzt und sie «fixiert», ahmt man die Urhandlung Indras nach, als dieser «die Schlange in seiner Höhle schlug» (Rig Veda, VI, 17, 9), als sein Blitz «ihm das Haupt abschlug» (Rig Veda, I, 52, 10). Die Schlange ist Vritra. Sie zu köpfen bedeutete soviel wie einen «Schöpfungs»akt ausführen[20].

Bei diesem Beispiel handelt es sich um einen symbolischen Mord. Aber es gibt Konstruktionsopfer, in denen ein Mensch tatsächlich geopfert wurde. Der Ritus lebt nach in der Bestattung eines menschlichen Bildnisses oder des «Schattens» eines Menschen auf den Fundamenten, und er ist noch zu erkennen in den zahllosen Formen des Substitutionsopfers (Opferung eines Tieres über dem Fundament oder beim erstmaligen Eintreten in das Haus[21]). Der Sinn aller dieser Riten und Gebräuche scheint ziemlich klar: das Haus oder das Dorf stellen die «Welt» dar, in der man zu leben sich entschlossen hat. Um die Stabilität und den Fortbestand dieser Mikrokosmen sicherzustellen, muß man das kosmogonische Werk der Götter nachahmen. Durch die bei der Grundlegung vollzogene Opferhandlung beseelt die Seele des Geopferten den Bau. Der «gewaltsame Tod», das heißt die rituelle Tötung eines Opfers, hat schöpferischen Charakter. Das geopferte Wesen nimmt einen neuen Leib an: es ist das Gebäude selber, das es durch seinen gewaltsamen Tod «lebendig» und somit dauerhaft gemacht hat.

Das mythische Thema einer durch das Opfer eines Urwesens hervorgerufenen «Schöpfung» begegnet uns in ungezählten Zusammenhängen. Nicht nur der Kosmos wird durch eine solche Opferhandlung geschaffen, auch die Nährpflanzen, die Menschenrassen oder die verschiedenen sozialen Schichten. Berühmt sind vor allem die Mythen Indonesiens, die uns berichten, daß eine Frau oder ein Mädchen (Hainuwele) geopfert wurde, damit aus ihrem eigenen Körper die verschiedenen Arten der Nahrung hervorgebracht werden[22]. In Neu-Guinea, in Melanesien und in Polynesien handelt es sich im allgemeinen um ein männliches mythisches Wesen[23]. Sehr wahrscheinlich setzt sich diese Auffassung in den Gesellschaften der Paläokultivatoren durch, aber der Gedanke der «schöpferischen Opferung» läßt sich schon in archaischeren Kulturstufen erahnen.

Dieser Typus des Mythos offenbart den Menschen das Geheimnis der Umwandlung des Opfers in das Werk, für das es geopfert wurde. Denn das Geopferte besteht weiter im Werk, das aus seiner Opferung entstanden ist. P'an-ku, Ymir, Purusha leben weiter in der Substanz und im Aufbau des Kosmos; Hainuwele führt ihr Leben in der Kokosnuß weiter; die auf dem Fundament Geopferten leben weiter in den Konstruktionen, die sie «beseelt» haben. Aber in einem jeden dieser Fälle handelt es sich um eine neue «spiritualisierte» Weise des Seins, das heißt um das Sein als «Werk», als «Schöpfung». Indem es den Körper wechselte, hat das Opfer auch seine Seinsweise gewechselt.

DAS KOSMOGONISCHE UNTERTAUCHEN

Ein anderer kosmogonischer Bericht enthält folgende Elemente: zu Anfang bestanden nur die Wasser; Gott befahl einem amphibischen Lebewesen, zum Grunde des Ozeans zu tauchen und ihm eine Handvoll Erde zu bringen; beim dritten Untertauchen gelang es dem Tiere, ein wenig Lehm zu bringen, und mit diesem winzigen Teilchen schuf Gott die Erde. Es handelt sich sehr wahrscheinlich um einen sehr alten kosmogonischen Mythos, denn er ist sehr weit verbreitet[24]. In den verschiedenen Varianten, die man bei den austroasiatischen Völkern Indiens (Santali, Munda, Birhor, Garo, Sema-Naga usw.) zusammengetragen hat, läßt Gott ein Wassertier untertauchen (Krabbe, Krebs, Schildkröte usw.). In den Überlieferungen, wie sie die Ramayana (XI, 110, 3) und die Pruana (Vishnu Purana, I, 4 usw.) berichten, taucht Brahma unter der Gestalt eines Ebers selbst auf den Grund des Ozeans. Das Motiv der untertauchenden Fische findet sich auch in Indonesien, sogar bei der Urbevölkerung (Semang). In Mikronesien hingegen unterliegt das Thema des kosmogonischen Untertauchens einem Prozeß der Auswaschung, es vermischt sich mit andern mythischen Motiven und verschwindet schließlich ganz.

Das Eintauchen auf den Grund der Urgewässer spielt eine Hauptrolle in den Kosmogonien Sibiriens (Samojeden, Jurak usw.) und Nordamerikas (Yuki, Maidu usw.). Gott wendet sich nicht mehr an Wasser- oder amphibische Tiere, sondern an Tauchvögel. In Sibirien wie auch in Zentralasien bildet das Thema des Eintauchens jedoch einen Teil einer «dualistischen» Kosmogonie. Gott schwebt nicht als einziger über den Wassern. Er begegnet einem «Menschen» oder einem «Teufel» und befiehlt ihm, unterzutauchen und ihm eine Handvoll Erde zu bringen. Der Teufel versucht die Erde für sich allein zu behalten oder ist, nachdem die Schöpfung einmal von Gott vollendet wurde, bemüht, sie zu zerstören. Es gelingt ihm, das «Böse» in die Welt einzuführen, und aus diesem Grunde verflucht ihn Gott. Daher erweist er sich als Feind Gottes sowohl wie der Menschen.

Der «dualistische» kosmogonische Mythos, der im äußersten Osten Sibiriens bezeugt ist (Samojeden, Tschuktschen, Jukagiren), ist in Zentral- und Nordasien außerordentlich verbreitet, sowohl bei den Türken (Altaiern, Tatar-Lebed usw.) wie bei den Mongolen (Mongolen und Burjaten). Man begegnet ihm ferner bei den ugrischen Völkern des europäischen Rußland (Ostjaken, Vogulen, Tscheremissen, Mordwinen usw.) und, in Vermischung mit christlicher Folklore, in der Ukraine, in Polen, bei den Balten, Finnen, Rumänen und Bulgaren[25].

O. Dähnhardt und Uno Harva glaubten, dieser Mythos sei das Ergebnis einer Verquickung zweier verschiedener Motive: des Themas der Urgewässer, das aus Indien stammt, und des dualistischen Gedankens, der iranischer Herkunft ist. Die Vermischung habe sich in Iran vollzogen; von hier aus habe sich der Mythos auf dem Wege über häretische christliche Sekten in Zentralasien, Sibirien und schließlich in Nordamerika ausgebreitet. Es ist hier nicht der Platz, eine solche Hypothese eingehend zu diskutieren. Erwähnen wir, daß der Mythos in Iran nicht bezeugt ist, also da, wo nach

Dähnhardt die Verbindung der beiden Motive hätte stattfinden müssen. Außerdem muß man sich folgender Tatsachen bewußt sein: 1. daß das «dualistische» Element nicht organisch abhängt vom Thema des kosmogonischen Untertauchens; 2. daß es unklug ist, jede Form von Antagonismus vom iranischen Dualismus abzuleiten. Schon auf Kulturstufen, die merklich älteren Datums sind als der iranische Dualismus, sind mehrere Formen von Antagonismus bezeugt (Konflikt Licht/Finsternis, Mondmythologien usw.). Es ist kennzeichnend, daß das Thema des Gegensatzes zwischen zwei übernatürlichen Wesen, obwohl es schon lange in vielen nordamerikanischen Mythen auftritt, nie in den Mythos des kosmogonischen Untertauchens einbezogen wurde.

Es ist somit wahrscheinlich, daß bereits in einem ziemlich weit zurückliegenden Zeitpunkt der alte Mythos des kosmogonischen Untertauchens in Zentralasien in einem «dualistischen» Sinne abgewandelt wurde. Unter dieser Form wurde er in Europa durch die Finno-Ugrier eingeführt (mit Ausnahme der Ungarn, bei denen uns dieser Mythos nicht begegnet). Die Verbreitung des Mythos in Richtung Zentral- und Donau-Europa wurde wahrscheinlich beschleunigt durch die mongolischen Invasionen.

In den zentralasiatischen Varianten erscheint der «Dualismus» weniger betont als in den Varianten Osteuropas. Das trifft besonders für die Mongolen zu: Gott hat nicht eigentlich einen «Gegner», sondern einen Diener, den er schickt, in seinem Namen auf dem Grunde der Wasser Lehm zu holen. In gewissen osteuropäischen Varianten weiß Gott nicht, daß das Wesen, das ihm auf den Wassern begegnet, der «Teufel» ist. Mit diesem Motiv soll nicht sosehr auf die Unwissenheit angespielt werden, die Gott an den Tag legt, als auf die Tatsache, daß er nicht verantwortlich ist für die Entstehung des Übels. Nach andern Varianten bildet sich der Satan aus dem Speichel Gottes oder aus seinem Schatten oder sogar aus seinem Gefühl der Einsamkeit. «Wenn ich einen Gefährten hätte, würde ich die Welt machen!» ruft Gott aus, indem er auf die Wasser spuckt (mordwinische Variante). So wird der Teufel geboren[26]. Seine Rolle in der Veränderung der menschlichen Situation und der Umwandlung der Welt überhaupt bildet den Ausgangspunkt einer reichen christlichen und sektiererischen Folklore.

Aus der äußerst komplexen und noch ziemlich unbekannten Geschichte des kosmogonischen Tauchens sei hier die Tatsache festgehalten, daß diese Darstellung «dualistischen» Entwicklungen Raum ließ, gerade weil es nicht Gott selber war, der Lehm aus dem Grund des Meeres holte, sondern einer seiner Diener und Helfer. Von einem bestimmten Zeitpunkt an glaubte man den Ursprung des Übels damit erklären zu können, daß die Schöpfung selbst Peripetien erfuhr. Auf diese Weise war dem Schöpfergott die Verantwortung abgenommen, und gleichzeitig hatte man eine einleuchtende Erklärung zur Hand für das Aufkommen und den Fortbestand des Übels in der Welt.

SCHÖPFUNGSMYTHEN
UND URSPRUNGSMYTHEN

Der Struktur nach sind die Ursprungsmythen – das heißt die Mythen, welche berichten, wie etwas zum Sein gekommen ist – den kosmogonischen Mythen gleichzusetzen. Da die Schöpfung der Welt *die* Schöpfung par excellence ist, wird die Kosmogonie zum Urbild jeder Art «Schöpfung». Dies will nicht besagen, daß der Ursprungsmythos das kosmogonische Vorbild nachahmt oder kopiert, denn es handelt sich nicht um eine geplante und systematische Widerspiegelung. Aber jede neue Erscheinung – ein Tier, eine Pflanze, eine Einrichtung – schließt das Bestehen einer Welt in sich. Selbst wenn erklärt werden soll, wie es von einem andern Stand der Dinge aus zur gegenwärtigen Situation gekommen ist (zum Beispiel wie der Himmel sich von der Erde entfernt hat oder wie der Mensch sterblich geworden ist), war die «Welt» schon da, obwohl ihr Gefüge noch ein anderes war, obwohl sie nicht *unsere* Welt war. Jeder Ursprungsmythos berichtet und beweist eine «neue Situation» – neu in dem Sinne, daß sie nicht *seit dem Anfang der Welt* bestand. Die Ursprungsmythen führen den kosmogonischen Mythos weiter und ergänzen ihn: sie berichten, wie die Welt umgewandelt wurde, wie sie reicher oder ärmer wurde. Dies ist der Grund, warum gewisse Ursprungsmythen mit einer Skizze einer Kosmogonie beginnen. Die Geschichte der tibetischen Dynastien beginnt damit, daß sie daran erinnert, wie der Kosmos aus einem Ei entstanden ist.

Letzthin hat Professor R. Pettazzoni die Ansicht vertreten, man müsse im kosmogonischen Mythos so etwas wie eine Variante des Ursprungsmythos sehen. «Es folgt daraus, daß der Schöpfungsmythos gleicher Art ist wie der Ursprungsmythos (...) Unsere Untersuchung hat uns erlaubt, den Schöpfungsmythos aus seiner splendid isolation zu entreißen, er ist nun nicht mehr ein *hapax genomenon*, er reiht sich ein in eine zahlreiche Klasse ähnlicher Tatsachen, die Ursprungsmythen[27].» Aus eben erwähnten Gründen scheint es uns schwierig, seinen Standpunkt zu teilen. Eine neue Sachlage setzt immer einen früheren Zustand voraus, und dieser ist letzten Endes die Welt. Aus dieser anfänglichen «Totalität» entwickeln sich die spätern Abwandlungen. Das kosmische Milieu, in dem man lebt, so beschränkt es auch sein mag, bildet die «Welt»; ihr «Ursprung» und ihre «Geschichte» gehen jeder andern Sondergeschichte voraus. Der mythische Gedanke des «Ursprunges» ist eingeschlossen in das Geheimnis der «Schöpfung». Ein Ding hat seinen «Ursprung», weil es geschaffen wurde, das heißt: weil eine Macht sich in der Welt deutlich manifestiert hat, ist ein Ereignis eingetreten. Kurz gesagt: der *Ursprung* eines Dinges bezeugt die *Schöpfung* dieses Dinges.

Daß der kosmogonische Mythos nicht eine bloße *Variante* der *Gattung* Ursprungsmythos ist, wird durch die Tatsache bewiesen, daß die Kosmogonien als Muster für alle Arten von «Schöpfung» dienen. Man vergleiche dazu all die Beispiele, die wir später anführen werden. Noch mehr: wenn man die Geschichte einer völkischen Gruppe, einer Einrichtung oder eines Heilmittels erzählt, wenn man zur Initiation oder zur Inthronisation eines neuen Königs schreitet oder zu einer Zeremonie, die eine bedrohte Ernte retten soll, oder zur Initiation eines Medizinmannes und einer Heilung – so beginnt man mit dem Vortragen des kosmogonischen Mythos. Wir haben an anderer Stelle diesen mythisch-rituellen Komplex behandelt, und es erübrigt sich hier, darauf zurückzukommen[28].

Es genügt, daran zu erinnern, daß der kosmogonische Mythos eine Hauptrolle spielt in den Riten der periodischen Erneuerung des Kosmos (das heißt der jährlichen Wiederverwirklichung der

Schöpfung) und folglich in der Entwicklung der mythischen Idee der kreisförmig verlaufenden oder umkehrbaren Zeit. Entsprechende Auffassungen haben, erweitert und in ein System gebracht, in den großen östlichen Kulturen weitergewirkt. Die chinesischen Methoden der «Rückkehr zum Ursprung», zum ursprünglichen Zustand, der der Schöpfung voranging; die indischen Wege der «Rückkehr zur Gebärmutter» oder des «rückwärts Wiederkehrens», das heißt die Zeit rückläufig (*pratiloman*, «gegen den Strich») zu durchlaufen, um zu dem paradoxen Zeitpunkt zurückzukommen, vor dem die Zeit nicht existierte, weil nichts sich manifestiert hatte [29] – alle diese therapeutischen und soteriologischen Methoden leiten sich letzten Endes von der Gewißheit ab, daß man die Kosmogonie wiederholen, daß man im Ritus die Schöpfung der Welt noch einmal beginnen konnte.

Anderseits sind die ersten ontologischen Spekulationen und allgemein das Aufkommen der großen östlichen Metaphysiken dadurch möglich geworden, daß seit Jahrtausenden die Menschen zu wissen glaubten, wie sie sich zu Zeitgenossen des Weltanfangs machen konnten. Im ganzen gesehen beruhen die von den ersten Philosophen ausgearbeiteten kosmogonischen Systeme auf einer uralten Tradition. Die Ionier setzten die Orientalen fort und diese die «Primitiven». Man muß indessen präzisieren: das philosophische Denken, das Nachdenken über die letzte Wirklichkeit ist nicht nur aus einer verstandesmäßigen Neugier, die ersten Ursachen zu kennen, entsprungen – sondern aus der «rituellen Vertrautheit» mit den Weltanfängen, aus der Gewißheit, daß die zwischen dem Schöpfungsaugenblick und dem gegenwärtigen Augenblick verflossene Zeit kein unüberwindliches Hindernis darstellte, denn diese Zeitspanne konnte aufgehoben oder übersprungen werden. Weil man glaubte, man könne *wirklich, existentiell* zum Beginn der Welt gelangen, hat man von einem bestimmten Zeitpunkt an angefangen, systematisch über die Beschaffenheit dieses ersten Zustandes der Dinge nachzudenken, wobei man bestrebt war, das Geheimnis des Seins unter der Gestalt der Welt zu durchdringen, so wie es sich zum erstenmal geoffenbart hatte.

ÄGYPTISCHE SCHÖPFUNGSMYTHEN

VON SERGE SAUNERON UND JEAN YOYOTTE

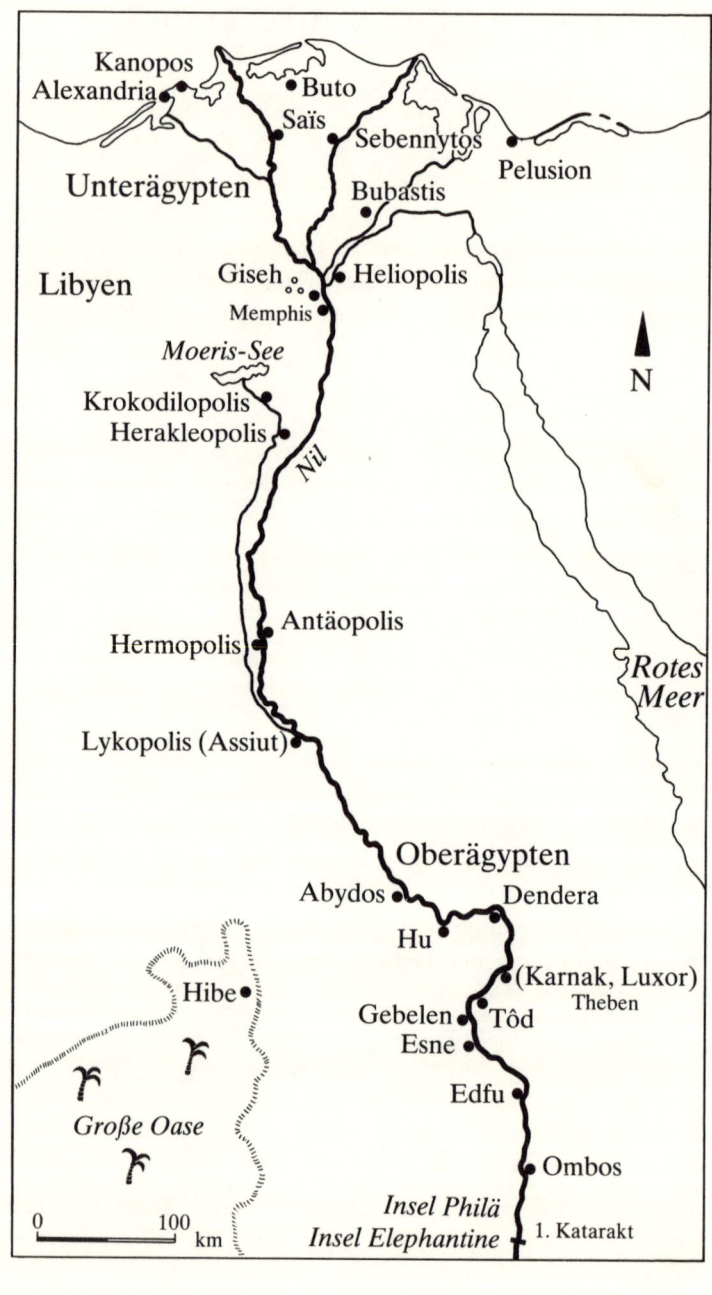

Kanopos
Alexandria
Buto
Saïs
Sebennytos
Pelusion
Unterägypten
Bubastis
Libyen
Giseh
Heliopolis
Memphis
Moeris-See
Krokodilopolis
Herakleopolis
Nil
Antäopolis
Hermopolis
Lykopolis (Assiut)
Oberägypten
Abydos
Dendera
Hu
(Karnak, Luxor)
Theben
Gebelen
Tôd
Esne
Edfu
Ombos
Insel Philä
Insel Elephantine
1. Katarakt
Hibe
Große Oase
0   100 km
N
Rotes Meer

I. GRUNDZÜGE
DER ÄGYPTISCHEN KOSMOGONIEN

Jeder weiß, daß das Ägypten der Pharaonen als Nation, als Staat, als Zentrum einer fortgeschrittenen Kultur nicht auf einmal entstanden ist. Im Laufe einer langen Vorgeschichte, die man nur erahnt, hat sich die ägyptische Welt tatsächlich langsam konstituiert aus Menschengruppen ohne politische Bindung und von sehr unterschiedlichen Sitten: aus Jägern der Wüste, Nilschiffern, Hirten aus den Marschländern. Als diese Völkergruppen, deren jede ihre eigenen Riten und Mythen besaß, sich endlich zu einem einzigen Staat geeint hatten – es war zu Anfang des 3. Jahrtausends v. Chr. –, stellte die traditionelle Religion des Königreichs ein Nebeneinander der den Urgemeinschaften eigentümlichen Grundvorstellungen dar. Mit der Zeit führte die gegenseitige Einwirkung jeder dieser Lehren auf die anderen ziemlich bald zu gelehrten und verwickelten theologischen Systemen. Denn für das ägyptische Denken gab es nichts, das ein- für allemal auszuschließen gewesen wäre: man begriff sehr wohl, daß ein und dieselbe Realität sehr unterschiedlicher Mythen von mannigfaltigen Bildern her erfaßt werden konnte. Keine Glaubensauffassung machte die anderen notwendig unannehmbar.

Deshalb gab es in der religiösen Literatur Ägyptens keinen einzigen amtlich verbürgten Bericht über das «Erste Mal» der Welt. Man kannte eine Anzahl verwandter oder voneinander abweichender Überlieferungen, die in ihrer Vielfalt eine Menge ursprünglich autonomer theologischer Lokalformen widerspiegelten und in die ein besonderer Schöpfungsbericht eingefügt war. In jeder Stadt spielte der große Lokalgott, der ehemalige Stammesgott der an diesem Ort eingesessenen prähistorischen Völkerschaft, die Rolle des Weltschöpfers. Während des langen historischen Werdens der beiden Länder, Ober- und Unterägypten, die unter der Macht eines Pharao geeint wurden, bereicherten sich diese örtlichen Weltentstehungslehren gegenseitig, ohne jedoch auf ihr ursprüngliches Sondergut zu verzichten.

Daher kommt es, daß die kosmogonische Literatur der Ägypter auf den ersten Blick so verwirrend ist... Und bevor wir diese tausendfach schillernde Literatur angehen und uns vielleicht im Labyrinth ihrer vielförmigen dichterischen oder gelehrten Überlieferungen verirren, müssen wir die Grundzüge der kosmogonischen Systeme des alten Ägypten freilegen und sowohl ihre gemeinsamen Aspekte als auch ihre spezifischen Richtungen klar hervorheben[1]. Dann wird, was dem Menschen des 20. Jahrhunderts als wilde Systemlosigkeit erschien, ihm zweifellos zu einem auf seine Art sinnvollen Ausdruck einer anderen Denkart und zur Verwirklichung einer anderen Weltsicht.

Die uns überkommenen, von der Schöpfung sprechenden Texte gehören allen Perioden der pharaonischen Geschichte an, angefangen vom Alten Reich bis zu der Zeit, da Ägypten römische Provinz war. Sie sind die direkten, materiellen Zeugen einer sich über dreitausend und mehr Jahre erstreckenden theologischen Arbeit. Man hat überdies Gründe anzunehmen, daß die ältesten der in den Pyramiden der V. und VI. Dynastie aufgezeichneten Texte (2600–2300) als mündliche Tradition aus dem 4. Jahrtausend vor unserer Zeit von vorgeschichtlichen Ägyptern herstammen und daß sie von Glaubensvorstellungen der Urzeit ausgehen.

Unsere «Schöpfungsberichte» entstammen den Überlieferungen verschiedener Heiligtümer wie zum Beispiel aus Heliopolis, Memphis, Hermopolis, Theben, Esna und anderen Städten. In historischer Zeit, als die ersten religiösen Schriftstücke erscheinen, sind die Mythen, die in unvordenklichen Zeiten noch im Reinzustand vorhanden gewesen sein mochten, bereits miteinander verkoppelt. Beim Durchgehen der weiter unten übersetzten Urkunden wird man feststellen, wie sehr die Geschichten, in denen die Weltentstehung in den verschiedenen Städten erzählt wurde, sich bis in die Einzelheiten unterschieden, aber auch wie ähnlich sie oft von Stadt zu Stadt waren, so daß sich aus dieser Nebeneinanderstellung von Auszügen ein klares Bild wohl kaum gewinnen läßt. Wir müssen also, über die (relativ späten) synkretistischen Systeme und die (ziemlich frühen) wechselseitigen Einwirkungen einer Lokalreligion auf die andere hinausgehend, ein wenig im Abstrakten zu bestimmen suchen, was für jede dieser Theologien charakteristisch war, bevor die geschichtlichen Verhältnisse ihre ursprüngliche Strenge trübten[2].

Kurz, die von der Schöpfung sprechenden Urkunden sind in sich selbst von einer verwirrenden Vielfalt: es sind Hymnen auf die Götter, Begräbnisformeln, die verfaßt wurden, um den Toten das Fortleben zu garantieren, indem man sie mit den Göttern identifizierte, Fragmente von Zaubersprüchen, Ritualsprüche, Weihtexte und Titulaturen höherer Gottheiten, in denen die Vorzüge einer Stadt und ihres Schutzherrn gepriesen wurden usw. Diese Urkunden sind aber, mit einer einzigen Ausnahme («Das Denkmal memphitischer Theologie», Urk. 22), keine lehrhaften Darlegungen, die einzig zu dem Zweck verfaßt worden wären, die Weltentstehung zu erzählen. Wir stehen vor einer Fülle von Anspielungen oder kleinen, in die verschiedensten Kontexte eingefügten Darlegungen. Ein bis ins einzelne genaues und methodisches Verzeichnis der unzähligen ägyptischen Quellen, die sich auf die ersten Tage der Welt beziehen, bleibt noch zu erstellen. Die weiter unten vorgelegte Sammlung ist weit entfernt davon, erschöpfend zu sein; sie möchte einfach die bekanntesten und ausführlichsten Dokumente zusammenstellen und außerdem einige andere charakteristischen Texte anführen.

Die drei Städte, deren Weltentstehungssysteme vom 3. Jahrtausend an am einflußreichsten waren, sind *Heliopolis*, «die Sonnenstadt», *Memphis*, die Hauptstadt der Pyramidenbauer, und *Hermopolis* in Mittelägypten, die Stadt des Gottes Thot, des Schutzherrn der Gelehrten. Diese drei Hauptstädte haben einen tiefgehenden Einfluß aufeinander ausgeübt. Vor allem aber hatten ihre Lehren einen sehr weiten Strahlungsraum, und in den übrigen Zentren des Landes (in Krokodilopolis, Theben, Edfu usw.) finden wir kaum Kosmogonien, die, in ihren jüngeren Formen, nicht aus jenen ihre wesentlichen Elemente entlehnt hätten. Die auf das «Erste Mal» bezüglichen Texte werden hier also in geographischer Ordnung gebracht, entsprechend ihrer Abwandlung in jeder der drei großen Städte, Heliopolis, Hermopolis, Memphis. Damit auch die anderen Systeme Erwähnung finden, führen wir einige auf die Kosmogonien von *Theben* und *Esna* bezügliche Texte an, für die ein sehr reiches Belegmaterial vorhanden ist.

II. DIE WELT VOR DER SCHÖPFUNG

Nach den mythologischen Beschreibungen der Weltentstehung sind die auf Grund der Tat einer zeitlosen Gottheit geschaffenen Dinge nicht aus dem *Nichts* hervorgegangen[3]. Die Texte lassen uns die vorherige Existenz eines Chaos erraten, einer «früheren Welt», könnte man sagen, die schon den ganzen «Rohstoff», der für die Schöpfung gebraucht wird, enthielt, aber in latentem Zustand oder in einer anderen Anordnung. Besser noch, der machterfüllte Demiurg ist wie versenkt in dieses Chaos; er muß sich seiner selbst erst bewußt werden, bevor er zur Existenz erwacht und sich ans Werk begibt.

Wie wurde diese chaotische Welt charakterisiert? Zahlreiche, aber sehr kurze Texte spielen darauf an, und es ist überraschend festzustellen, daß die Ägypter sie oft als die Abwesenheit (oder die Kehrseite) der Elemente definierten, die ihrer Meinung nach die geschaffene Welt ausmachen. Das Chaos kann nicht erklärt werden, es hat mit nichts Ähnlichkeit, es ist gewissermaßen das «Negativ» des Seienden. So sagt ein Vers der *Pyramidentexte*, wenn er den verstorbenen König vergöttlichen will, indem er ihn dem Demiurgen gleichsetzt:

«*(Dieser König wurde geboren), als der Himmel noch nicht entstanden war, als die Erde noch nicht entstanden war, als die Menschen noch nicht entstanden waren, als die Götter noch nicht geboren worden waren, als (selbst) der Tod noch nicht entstanden war*[4].»

Weiter unten findet sich eine Reihe ähnlicher Definitionen des anfänglich Nichterschaffenen. Aber dieses Nichterschaffene hatte wenigstens eine konkrete Form.

Zur Zeit des Pharao Osorkon III. (8. Jh. v. Chr.) erreichte die Nilüberschwemmung eine seit Menschengedenken noch nie dagewesene Höhe. Diese Sintflut war wie eine Rückkehr zu den ersten Zeiten: «Der Nun stieg wieder empor in (...) dieses ganze Land, er schlug gegen die beiden Gebirgshänge wie in den Urzeiten. Das Land war seiner Macht wie der eines Meeres ausgeliefert...[5]» Der einzige beschreibbare Aspekt des Chaos, das Vorhandensein einer grenzenlosen Wasserfläche, welche die Keime der harrenden Schöpfung enthält, der *Nun*, ist der einzige Zug, der allen ägyptischen und auch vielen anderen Kosmogonien völlig gemeinsam ist. Das Auftreten des Demiurgen vollzieht sich in den verschiedenen Überlieferungen auf verschiedene Weise: Emportauchen eines Hügels, Ausschlüpfen aus einem Ei, Entfaltung einer Lotosblüte, geheimnisvolles plötzliches Aufstehen eines Gottes, aus dem alles hervorgeht. Aber der alles umschließende und scheinbar unfruchtbare Ozean, der früher ist als jede Kundgebung des Lebens und der Bewegung, ist die von allen Schulen anerkannte, fortdauernde und gemeinsame Grundgegebenheit.

Das ist nicht verwunderlich. Ebensowenig, daß nach den meisten theologischen Vorstellungen das erste geschaffene Ding, das in Erscheinung trat, eine Art Insel war, ein Erdhügel, der aus dem präexistenten Meer hervorging. Es hätte wenig Wahrscheinlichkeit für sich, hierbei anzunehmen, daß die Ägypter die Entstehung ihrer Welt aus rein abstrakten Spekulationen abgeleitet hätten. Tatsächlich scheinen sie das erweiterte Bild eines konkreten Phänomens auf den Anfang des Weltalls übertragen zu haben: die allmähliche Bildung des Niltals, *ihres* Wohnsitzes. Die Prähistoriker können auf den Terrassen der libyschen und arabischen Steilhänge die Etappen verfolgen, in denen die Ureinwohner der Hochebenen langsam ins Tal hinabsteigen. Zu ihren Füßen hatten die Menschen jahrhundertelang den Anblick eines schmutzigen, reißenden Stromes, eines wahren wandernden Meeres, mit wilden Wirbeln und tödlichen Strudeln, den Nil, der sich ein Bett durch das Massiv des afrikanischen Kontinents grub. Nach Beendigung dieses gigantischen Vorgangs wurde der Nil zu einem Fluß mit einem Jahresrhythmus von steigenden und fallenden Wassern. Zu der Urlandschaft, die aus Felsen und fließendem Wasser bestand, kam ein neues Element hinzu: die auftauchenden Schlammablagerungen, welche die Flut nach der Überschwemmung an den Ufern und in der Mitte des Wasserlaufs hinterließ, und die Sandbänke, die ihre Ausläufer markierten. Neben dem ruhig gewordenen Strom entstand das Marschland, eine unsichere Zone, halb Wasser, halb Erde mit üppig wucherndem Gebüsch, das von Vögeln und kleinem Getier wimmelte. Als Mahnung an die lange «Genesis», deren letzte Etappen die Menschen verfolgt hatten und von der die späteren Generationen eine verschwommene Erinnerung bewahrt hatten, sollte die Nilüberschwemmung dem Land alljährlich seine ursprüngliche Form wiedergeben: die Form eines ungeheuren Meeres, aus dem nur die Dörfer und Dämme hervorragten. Kaum waren die Wasser zurückgetreten, so begann das ganze, mit einer Schlammschicht gleichmäßig überzogene Tal zu grünen und sich mit allen Formen des Lebens zu bedecken.

Wenn man sich diese Naturvorgänge vergegenwärtigt, wird man zweifellos geneigter sein, anzunehmen, daß die Ägypter sich die Erschaffung der Welt als ein fernliegendes und verallgemeinertes Gegenstück zu dem immer wiederkehrenden Auftauchen des Landes aus dem Nil vorstellten. Die pharaonische Gesellschaft war eine ausgesprochene Agrargesellschaft, und selbst die gelehrtesten Priester wandten, wenn sie die göttlichen Dinge bedachten und beschrieben, den Wortschatz der Ackerbauern an. Wenn die Ägypter die erste Wiege der Sonne als eine Lotosblüte (Seerose) oder als das Ei eines Wasservogels verstanden, wenn sie die Urgötter mit Köpfen von Amphibien und Reptilen darstellten, so hatten sie den Anblick des Marschlandes im Sinne, die beginnende Ablagerung einer Alluvialebene. Wenn sie aus dem Auftauchen einer Insel den ersten Akt der Schöpfung machen, wenn sie dem Schlamm eine wesentliche Bedeutung bei der Bildung des Bodens zuschreiben (Urk. 26a), so wandeln sie das von der Vorgeschichte bis in die modernen Zeiten unaufhörlich wiederkehrende Bild von der Entstehung «neuer Länder» um, das Bild frischer Lehminseln und in den Flußwindungen hängen gebliebener Sandbänke, eben dieser «neuen Länder», die der Fellach im Herbst nach dem Fallen des Nils vorfand, des immer wiederkehrenden Nun. Wenn sie die Existenz eines Urwassers, des Nun, als «Vater der Götter» postulierten, verallgemeinerten sie im selben Zuge auf kosmischer Ebene die Erinnerung an die Zeiten, wo das ganze Tal noch nicht mit Erde ausgefüllt war, wo der Nil «gegen die beiden Gebirge schlug», wo ganz Ägypten mit Ausnahme der Thebais ein Marschland war, wo von den Teilen des Landes, die vom Mörissee stromabwärts liegen (Faijûm), «noch nichts hervorragte», wie man dem Herodot erzählte[6].

Für die ägyptischen Kosmographen bleibt, nunmehr an die Peripherie unserer Welt zurückgedrängt, der Nun: das ungeheure Wasserreservoir, dessen Ausläufer die Meere sind, aus dem der Nil mit seinen Fluten hervorströmt, aus dem der Zuwachs der Nilschwelle auf Antrieb des Gottes *Hapi* (die Verkörperung der Überschwemmung) entsteht, aus dem auch das Quellwasser und das Regenwasser kommt[7]. Im Saharaklima Ägyptens, wo das Leben nur dank der Nilschwelle bestehen kann, ist es einleuchtend, daß eben dieses Wasser des Nun die unabdingbare Voraussetzung des Lebens an sich ist. Von da bis zu dem Gedanken, es sei der Urquell des Lebens, war nur ein Schritt, und dieser Schritt wurde gemacht. Nachdem der Nun einst das Chaos der harrenden Formen gewesen war, ist er, eingedämmt auf den Umkreis der chthonischen Polder und in Gestalt des Nils in ein Flußbett geleitet, nicht nur der große Schöpfer des materiellen Reichtums des Landes (was ja nur die Feststellung eines offenkundigen Tatbestandes war), sondern auch der immerwährende Vorrat an Lebenskräften, aus dem alle verfallenden Wesen wieder neues Leben gewinnen können. Der Nun ist der große Ozean, der die Erde umgibt und der sich in die Unterwelt und in den blauen Himmel hinein erstreckt; auf ihm segelt die Sonnenbarke während des Tages. Ist das Gestirn über die Himmelsgewässer gefahren und zum geschwächten Greis geworden, so findet es nachts die erneuernden Kräfte wieder, die es bei Tagesanbruch jugendlich erscheinen lassen und sieghaft wie beim «Ersten Mal»... Einst aber waren die Wasser des Nun, die jetzt vom Lichtgestirn besucht werden, in Finsternis[8] getaucht: bevor das Wesen sich erhoben hatte, dessen Wärme die zweite Quelle des Lebens ist, in dessen Helligkeit die Dinge der Welt gesehen und wahrhaft erkannt werden können: die Sonne, *Re*.

Die ägyptischen Schriftdenkmäler schildern also die Weltentstehung als das Werden des Universums, in dem wir sind und das so ist, wie wir es sehen – nicht aber als ein bloßes Hervorgehen aus dem Nichts: das Wasser war schon da! Das Wasser war früher als der Schöpfer aller Dinge – die Sonne in Heliopolis, die Erde in Memphis –, und nach der hermopolitanischen Überlieferung war es sogar früher als das Kollegium der dunklen Götter, das die Geburt des Gestirns vorbereitet hatte[9].

Konnte man unter solchen Umständen den Gott Nun, die Personifizierung des Urozeans, nicht als den ersten, aus sich selbst existierenden Gott und als den Urheber der Schöpfung ansehen? Diese doppelte Frage hat der Ägypter sich gestellt. Eine Glosse (Urk. 2) stellt die beiden Lehren über die Identität «Dessen, der aus sich selbst entstand», nebeneinander: ist es der Nun, dem man den Beinamen «Vater der Götter» zu geben pflegte, oder die Sonne, von der man in Heliopolis behauptete, sie sei ihr eigener Schöpfer und stehe am Anfang aller Dinge? In einem mythologischen Bericht, dem *Buch von der Himmelskuh*[10], redet Re den Gott Nun so an: «O du, der Älteste der Götter, aus dem ich hervorging!» Und Nun antwortet ihm: «Mein Sohn Re, du, der Gott, der größer ist als sein Vater und als seine Schöpfer...» (die «Schöpfer» sind die Acht Götter, die nach der Kosmogonie von Hermopolis die Geburt der Sonne geheimnisvoll vorbereitet hatten).

Letztlich scheint der Titel «Vater der Götter» das zeitliche Vorher des Nun auszudrücken. Die Vaterschaft des Ozeans scheint sich in den meisten Mythen auf die passive Rolle einer Wiege zu beschränken, in der die erste tätige Kraft sich spontan erzeugte (als chthonischer Ptah oder Re). Schließlich versuchte man die Schwierigkeit zu überwinden, indem man annahm, Nun wäre einfach die alte Form des Demiurgen; in Memphis war Ptah-Nun sehr früh eine Hypostase des großen Ptah (Urk. 22, 1). Ein schöner Hymnus bekennt später in einer Anrede an den Sonnengott von Heliopolis: «Du bist Nun, der Alte[11].»

III. DER DEMIURG

Der Ägypter nimmt also an, daß die Grundgegebenheiten der jetzigen Welt, die Götter und Gestirne, der Himmel, die Erde, das Totenreich und die unter dem Himmel lebenden Wesen, kurz alles, was zur menschlichen Existenz gehört, mit Ausnahme des Wassers, einen Anfang hatten. Von Dem, der diesen Anfang setzte, haben die zeitlich und räumlich so reich gestreuten Texte uns keine gemeinsame, allgemein gültige Erklärung hinterlassen, nicht einmal die Möglichkeit, eine für unsere kartesianische Logik befriedigende Erklärung daraus abzuleiten. Es wäre ein eitles Bemühen, einen ägyptischen «Begriff» vom Demiurgen, dem unerschaffenen Schöpfer, in einigen Sätzen zusammenfassen zu wollen. Gewiß, es gab ein

Wesen, das die Entstehung unseres Alls in Gang setzte; dieses Wesen deckt sich aber nicht in allen Lehren mit dem Schöpfer aller Dinge, und seine wandelbare und vielgestaltige Persönlichkeit ließ (und läßt) sich in dem dichten Gewirre voneinander abweichender Traditionen und konvergierender Systeme nicht erfassen.

Zumindest kann man feststellen, daß alle Systeme, so wie sie zu uns gelangt sind, der Sonne, jener starken ägyptischen Sonne, die schrecklich und wohltätig zugleich ist, eine Hauptrolle in der Schöpfung zuschreiben; daß dieser Lichtgott alles durch sich selbst erschaffen und geordnet hat; oder daß er aus seiner Substanz eine mehr oder weniger lange Hierarchie kosmischer Gottheiten hervorgehen ließ, die einzelne Teile der Schöpfung bewirkten; oder daß er es übernahm, Wesen zu beleben, die ein anderer Schöpfergott gebildet hatte. In den Schilderungen über die Rolle der Sonne lassen sich bequem drei ursprünglich sehr verschiedene Richtungen heraussondern. Die erste (memphitische) ist für das Gestirn am wenigsten schmeichelhaft: seine Rolle wird darauf beschränkt, fortdauernde Leuchte für die Welt zu sein, während die aus dem Nun emporgetauchte Urerde der Weltschöpfer ist. Die zweite (heliopolitanische) Richtung macht aus der Sonne den absoluten Weltschöpfer (der Erdgott ist nur ihr Enkel). Diese beiden entgegengesetzten Thesen lassen eine gemeinsame Grundwahrheit erkennen: der höchste Schöpfer, Herr seiner Stadt, Ägyptens und der Welt, ist von niemandem ausgegangen, er ist im wahren Sinne *autogen*. Hierin unterscheiden sich die memphitische und die heliopolitanische Richtung von der dritten (provinziellen); diese nimmt an, der Demiurg, hier also die Sonne, sei von einem göttlichen, vor ihm aus dem Nun hervorgegangenen Wesen, zur Welt gebracht worden, von einem «Protodemiurgen» also, der einigen Überlieferungen zufolge einen Teil der Schöpfung bereits erstellt hat.

1. Der aus sich selbst entstandene Demiurg

Mit der Entstehung des Demiurgen verhält es sich nach heliopolitanischer Anschauung, die von alters her von den Memphiten geteilt wird und dann von Theologengenerationen bereichert und ausgelegt wurde, folgendermaßen: Nachdem der flüssige Nun als absolut gesetzt worden war, als vor jeder Schöpfungsgeschichte bestehend, fand am Tage des «Ersten Mal» ein geheimnisvolles Ereignis statt, das unerklärliche Auftauchen des Schöpfergottes. Die weiter unten angeführten Texte enthalten eine Fülle von Anspielungen auf dieses grundlegende Ereignis. Der Demiurg ist «aus sich selbst entstanden», da ist kein Leib, der ihn getragen hat, kein Vater, der ihn gezeugt hat, kein Gott, der bei seiner Geburt dabei war. Er wird definiert als der *Einsame*, der *Einzige*, ohne Familie, ohne Zeugen; daher sein völliges Geheimnis.

Die Sätze, die von der Entstehung des Demiurgen sprechen, wie übrigens auch jene, die das Werden der geschaffenen Dinge beschreiben, verwenden gewöhnlich das Wort *cheper*, das einem Begriff des ägyptischen Denkens entspricht, der schwer zu erfassen und noch schwieriger zu übertragen ist. Je nach dem Kontext, in dem das Wort vorkommt, ist der moderne abendländische Mensch gezwungen, das Wort auf sehr verschiedene Art zu übersetzen: «entstehen» oder «sein», «existieren»; oder auch «werden (zu)», «sich verwandeln (in)», «sich (in einer Gestalt) zeigen». Das Substantiv «*cheperu*» wird bald durch «Wesen, Gestalt», bald durch «Verwandlung» wiedergegeben[12]. Nur eine bessere Kenntnis des tieferen Sinnes der Wurzel «*cheper*», der je nach dem Zusammenhang statisch oder dynamisch sein kann, wird uns ermöglichen, die wahren metaphysischen Vorstellungen der Ägypter in bezug auf die Entstehung des Schöpfers (und der Geschöpfe) zu bestimmen. Wir werden bemerken, daß die langen kosmogonischen Abhandlungen des *Papyrus Bremner Rhind* (Urk. 12) die Ausdrücke *cheper* und *cheperu* mit einer verwirrenden Spitzfindigkeit gebrauchen und mißbrauchen. Arbeitshypothetisch läßt sich zumindest sagen, daß *cheperu* gleichzeitig «Werden» und «Verwandlung» bedeutet, wenn es auf den Weltschöpfer angewandt wird, nicht ein wirkliches Entstehen *ex nihilo*, sondern vielmehr die Verwirklichung einer bereits virtuell bestehenden Wesenheit, und daß das *cheperu* des Urgottes die Annahme einer greifbaren und aktiven «Existenzform» dieses Gottes darstellt. Diese Schlußfolgerung scheint bestätigt durch die im Text enthaltenen Anspielungen auf die «Schlaftrunkenheit», auf den Zustand der «Trägheit», in der sich der Gott befand, als er noch mit dem Nun verwoben war. Wenn aber der Urozean sein Ort war, so war er doch nicht sein Daseinsgrund. Die Entstehung der gegenwärtigen Welt beginnt damit, daß der Gott sich seinen eigenen Leib bildet und sich seiner selbst bewußt wird ohne das Hinzutreten einer äußeren Hilfe.

2. Das memphitische Thema: «Die Erde, die sich erhebt»

Die memphitische Lehre war von jeher ausgesprochen «chthonisch». Der Primat der Erde wird immer laut verkündet, selbst in den gelehrten Systemen, die versucht haben, die lokalen Vorstellungen und die Lehren von Heliopolis und Hermopolis miteinander zu versöhnen. Der große Stadtgott ist *Ptah*, auch *Ta-tenen*, «die Erde, die sich erhebt», genannt[13]. Ptah, wörtlich zweifelsohne «der Bildhauer», ist der Begründer der Künste und des Handwerks, der Schutzherr der Bauten, der Bildhauerei, der Goldschmiedekunst. Wie der Gott *Chnum* – zweifellos infolge «synkretistischer Verschmelzung» – wird er zuweilen als Töpfer beschrieben, der die Lebewesen bildet (siehe weiter unten S. 61 ff.). Vor allem aber wird er als Bildner bezeichnet, der den Leib des Pharao aus Metall gegossen hat oder den von Chnum gebildeten königlichen Leib mit den Lebensfarben verschönert. Als Ta-tenen ist Ptah der Erdboden, der am Anfang der Schöpfungsgeschichte steht, der Herr aller Werkstoffe (Urk. 22, 9) und aller lebenswichtigen Pflanzen. Er richtet den Himmel auf und hält ihn an seinem Platz. Wenn er sich mit dem Nun identifiziert, bewirkt er die Nilschwelle (Urk. 24). Die Sonne endlich ist nur ein Teil des memphitischen Gottes (Urk. 22) oder gar «das Werk seiner Hände» (Urk. 23); sie begnügt sich damit, Lichtquelle zu sein.

3. Das heliopolitanische Thema: «Die Sonne und ihre Kinder»

Die These, die aus der Sonne – *Re*, *Atum*, *Chepri* oder auch *Re-Harachte* genannt[14] – den aus sich selbst entstandenen Weltschöpfer macht, gehört zu den ältesten, denn sie stellt den seit dem 3. Jahrtausend hergebrachten Grundgedanken des heliopolitanischen Systems dar (Urk. 1). Im Lauf der Geschichte werden die höchsten Gottheiten in den großen Provinzstädten mit Re, dem Herrn von

Heliopolis, identifiziert: der dunkle *Amun*, Schutzherr von Theben, das um 2000 v. Chr. aus einem kleinen Marktflecken zur Hauptstadt wird; *Chnum*, der schöpferische Widder, der Hauptgott von Assuan, Esne und anderen Orten; das Krokodil *Sobek*, das Kind des Wassers, das auf einer kleinen Sandinsel zur Welt kommt und hauptsächlich in Sumenu (bei Gebelên) und Krokodilopolis (im Faijûm) verehrt wurde. *Amun-Re*, *Chnum-Re*, *Sobek-Re* usw. werden der «aus sich selbst entstandenen Sonne» so sehr angenähert, daß die Attribute, die diesen Gottheiten von den Urmythen her zukamen, von der heliopolitanischen Auffassung des Demiurgen in den Hintergrund gedrängt wurden, ja fast in Vergessenheit gerieten und die dem Herrn von Heliopolis eigenen Erscheinungsformen und Schöpfungsweiser auf sie übertragen wurden. Die Lehre der Sonnenstadt ist also vorherrschend in den zahlreichen synkretistischen Hymnen, die vom Neuen Reich (ca. 1500 v. Chr.) an bis in römische Zeit (3. Jh. unserer Zeit) gesungen werden, um die Götter zu grüßen, die durch Kontaminierung Sonnengötter geworden waren[15]. Diese Lehre wird in den Schulen, die das Gestirn für irgend jemandes Sohn halten, mit Hilfe von gelehrten Spekulationen, die das Paradoxe abzuschwächen bemüht sind, beibehalten.

Obwohl die Heliopolitaner überzeugte Verehrer eines einzigen, aus sich selbst entstandenen Weltschöpfers waren, der höchster Herr ist und Prototyp des Pharao, ließen sie in ihrem Schöpfungsbericht noch andere Götter als Re-Atum-Chepri handelnd eingreifen. Die Götterhierarchie, von der oft die Rede ist, bereitet jedoch keineswegs die Geburt dieses Schöpfergottes vor: er ist aus sich selbst entstanden. Wir begegnen ihm in den ältesten Spuren heliopolitanischer Theologie, die sich in den Pyramiden- und Sargtexten finden (Urk. 1–2) und deren Grundgedanken in Texten aus allen Zeiten immer wieder auftauchen. Eine Gruppe von neun Göttern, die *Neunheit*, verwandelt die Elemente des Kosmos in Fleisch und Blut. Die Neunheit ist ein integrierender Bestandteil des Sonnenkörpers (Urk. 11, 27e). Man hat eine stufenförmig aufgebaute Demiurgie vor sich: nacheinander offenbaren sich *Atum* (die Sonne), dann *Schu* (Luft und Licht) und *Tefnut* (die Feuchtigkeit?), danach die Kinder dieses Paares: *Geb*, der Erdgott, dem manche Überlieferungen die Erschaffung der Minerale und Pflanzen zuschreiben, und *Nut*[16], die Göttin des Himmels, «welche die anderen Götter zur Welt brachte». Diese anderen Götter sind *Osiris, Isis, Seth* und *Nephtys*, die Helden der berühmten Osirissage. Wenn sie zu Re-Atum, Schu und Tefnut, Geb und Nut hinzukommen, machen sie die Neunheit vollständig. In der alten Form der heliopolitanischen Theologie jedoch stellten die vier Kinder der Nut im Unterschied zu den fünf ersten Göttern nicht Teile des physischen Universums dar, und nach den klassischen Mythen arbeiteten sie am Schöpfungswerk nur indirekt und ergänzend mit (siehe S. 62). Die ganze Neunheit aber, als ein Leib verstanden, ist eine Erscheinungsart des Demiurgen.

Tatsächlich ist die einzige dieser Personen, die eine wirklich aktive Rolle bei der Schöpfung spielt, Schu, die lichterfüllte Luft. Er ist es, der die Erde und den Himmel (Geb und Nut) voneinander trennt, der die Grundpfeiler des Alls, die acht *Hehu* aufstellt und das Himmelsgewölbe emporhebt. Er ist ein echter Demiurg, der hervorgegangen ist aus einem Demiurgen, der ebenso alt ist wie er und ihm wesensgleich ist; er ist der Hauch Atums, die Lebensluft als dynamische Kraft des Alls[16a]. Von der ihm beigesellten Zwillingsschwester Tefnut ist wenig gesagt. In der ursprünglichen Verarbeitung des Mythos war sie zweifellos das weibliche Gegenstück des Schu (daß man sie aber mit der Feuchte der Luft identifiziert, ist eine pure Mutmaßung der Ägyptologen). Auf jeden Fall betonten die Theologen die enge Zusammengehörigkeit des Paares Schu-Tefnut mit Atum: es ist mehr als sein Kind dem Fleische nach, sogar mehr als eine doppelte Emanation dem Geiste nach: denn «Ich war einer und wurde Drei» (Urk. 6, 12).

4. Mythen aus der Provinz: «Der Protodemiurg»

Parallel zu dem in den alten Metropolen, Heliopolis und Memphis, anerkannten Prinzip, das den Weltschöpfer als aus sich selbst entstehend zeigt, nahm eine «provinzielle» Richtung, die ebenso viele Varianten haben konnte, als es Städte gab, mit den Heliopolitanern an, die Sonne sei der Haupturheber der gegenwärtigen Welt, wobei sie aber von der Voraussetzung ausging, jene sei von einer Gottheit, die aus dem Urgewässer entstanden war, geschaffen worden.

Diese Lehren, welche die Existenz eines präsolaren Demiurgen bestätigen, gehören aller Wahrscheinlichkeit nach zum ältesten pharaonischen Glaubensgut. So hat man Grund, anzunehmen, daß ein archaischer Mythos eine Urkuh auftreten ließ, die aus dem Nun hervorging, um die Sonne zu gebären. Einer der Weltentstehungsberichte von Esne und verschiedene, in den Texten verstreute Anspielungen sprechen tatsächlich von «der Kuh Ahet, die den Re gebar» und von der gesagt wird, sie wäre «seine Mutter seit dem ,Ersten Mal'»[17]. In historischer Zeit verschmolz die Gestalt dieser Ahet mit einer anderen Urkuh, *Mehet-uret* (wörtlich: «die große Schwimmerin»), gräzisiert Methyer[18]. Sicher ist jedenfalls, daß in Saïs die Göttin *Neith*, die erlauchte Schutzherrin der Deltahauptstadt, der Kuh Ahet so nahe angeglichen wurde, daß sie in der Überlieferung als die Mutter des Sonnengottes und als erste Urheberin der Schöpfung galt[19]. Diese Rollen spielt sie in den theogonischen Systemen von Esne sogar noch zu Beginn unseres Zeitalters[20].

Aber das bekannteste, wenn nicht deutlichste Beispiel für eine Lehre, die einen «Protodemiurgen» eingreifen läßt, ist die von Hermopolis: die Leute dieser Stadt und nach ihnen die Gelehrten von Krokodilopolis und Theben als ihre geistigen Erben, versteifen sich auf die Behauptung, die Sonne, so wichtig sie auch wäre, sei nicht das Erste gewesen, vielmehr wäre sie von einem unzertrennlichen Kollegium von vier göttlichen Paaren, den Acht, der *Achtheit* gezeugt worden; diese habe eine Pflanze (oder ein Ei) befruchtet, damit das Licht werde[21].

IV. KOSMOGONISCHE SYSTEME

So stellen sich die Ägypter im wesentlichen die Person des Schöpfers vor. In manchen Punkten stimmen ihre Vorstellungen überein, in anderen streben sie auseinander. In einem politisch und moralisch geeinten Ägypten bereiteten diese konkurrierenden Lehren selbst denen Schwierigkeiten, die geneigt waren, ein und dieselbe Realität in vielfältigen Zugriffen zu fassen («a multiplicity of approaches» in der Formulierung von H. Francfort). Um die in gleich ehrwürdigen Überlieferungen enthaltenen Grundgedanken in Übereinstimmung zu bringen, begannen die Priester der verschiedenen Städte zu systematisieren. Sehr früh bemühte man sich, die wichtigsten Lehren (Memphis, Heliopolis und Hermopolis) wenigstens teilweise in Einklang zu bringen. Als die ehemals wenig einflußreichen Städte Bedeutung erlangt hatten, genügte es ihrer Priesterschaft nicht mehr, den großen Lokalgott mit Re von Heliopolis zu identifizieren; sie nahmen deshalb die Grundgedanken der größeren Systeme und anderer Städte wieder auf und entwickelten eigene Systeme.

Die Bilanz dieser gelehrten Arbeiten stellt uns vor ein unentwirrbares Gewebe, bei dem die Fäden kreuz und quer laufen. Man hatte es verstanden, die Theologie von Memphis mit der von Heliopolis zu verbinden (Urk. 22); später wurde sie mit der Theologie von Hermopolis verbunden (Urk. 15). Man vermählte den heliopolitanischen Mythos von Schu mit dem hermopolitanischen Thema der Achtheit (Urk. 10). In Hermopolis stellte man die auf die Acht bezüglichen Lokallegenden recht und schlecht neben das Ei und den Lotos und neben die saïtische Überlieferung von Neith-Ahet, der Urkuh [22]. Im Faijûm wurden die Mythen von Saïs (die Kuh) und Hermopolis (die Achtheit) mit den Inhalten von Krokodilopolis (Sobek-Re) integriert. In Theben identifizierte man Amun, Re, Ptah-Ta-tenen, man brachte Amun-Re mit der Achtheit und den in der Lokalmythologie vorkommenden Urschlangen in Verbindung ...Damit wir uns in dem Labyrinth von Spitzfindigkeiten, die der ägyptische Geist erfand, nicht verirren, begnügen wir uns damit, einige bekannte Beispiele von kosmogonischen Systematisierungen anzuführen.

1. Heliopolis und Hermopolis

In Heliopolis, wo die Sonne, der Lokalgott, am Anfang war, wo ihr Licht ursprünglich war, kam es offenbar nie in Frage, Re-Atum-Chepri den Charakter eines aus sich selbst entstandenen Weltschöpfers abzusprechen; das hermopolitanische Thema der Achtheit wurde zwar übernommen, wobei aber die Acht als indirekte Emanationen Atums erklärt wurden: sie waren die Himmelsstützen, die *Hehu*, die aus Schu, das heißt aus der Lichtatmosphäre hervorgegangen waren (Urk. 7, 10).

2. Heliopolis und Memphis

Die Urkunde memphitischer Theologie (Urk. 22, 1) geht von der Annahme aus, der Weltschöpfer Ptah habe sich in acht Hypostasen aufgespaltet, deren bedeutendste Atum ist (Urk. 22, 2). Im Neuen Reich wurde dann das von Heliopolis eindringende System mit dem Sondergut der memphitischen Lehre in Einklang gebracht: zur Zufriedenheit beider Parteien einigte man sich dahin, der Demiurg, die zukünftige Sonne, sei zuerst unter der Gestalt einer «emportauchenden Erde» (Ta-tenen, das heißt Ptah) erschienen und habe sich so seinen eigenen Stützpunkt geschaffen (Urk. 27, c). Man konnte den Schöpfer gleichzeitig als Sonne und als Erde anrufen: «O Re, der du alles, was ist, erschaffen hast, o Ta-tenen, der du den Menschen Leben spendest[23].»

3. Hermopolis und Memphis

Nach einer aus der Spätzeit stammenden memphitischen Systematisierung ließ der Weltschöpfer, der sich zuerst im chthonischen Ptah offenbart hatte, die Achtheit entstehen; diese brachte die Sonne in einer Lotosblüte zur Welt (Urk. 15).

4. Das thebanische System

Obwohl die Thebaner die Erschaffung der Sonne als das Werk der hermopolitanischen Achtheit ansahen, behaupteten sie in der Spätzeit, die Sonne wäre die Tochter eines chthonischen Schlangengottes, *Ir-ta*, «der die Erde schuf» (dem memphitischen Ptah angeglichen). Ir-ta wiederum war das Kind einer geheimnisvollen Urschlange *Kematef*, «der seine Zeit erfüllt hat» (ein Wesen, das unter dem Namen *Kneph* noch den Kirchenvätern bekannt war und nach Aussage der Ägypter den Schöpfer gezeugt hatte). Beide Reptile waren zwei ursprüngliche Erscheinungsformen des großen Amun von Theben[24]. Diese erstaunliche Demiurgenfolge ist offensichtlich das Ergebnis eines Kompromisses zwischen den verschiedenen Sonderüberlieferungen.

Nur in einigen Kompilationen von Esne haben zwei Schöpfergottheiten gleichen Anteil am Schöpfungswerk: Neith erschafft die physikalische, Chnum die biologische Welt[25]. Die Priester halfen sich bei den Synthesen mit zwei Methoden, die beide zum selben Ziel führten: die anderswo anerkannten Demiurgen wurden dem großen Lokalgott unterstellt. Es ist ziemlich schwierig, diese beiden Methoden völlig voneinander zu unterscheiden; die eine, mehr «philosophische», bestand darin, die fremden Demiurgen als Emanationen, Hypostasen des Lokalgottes darzustellen, die andere, «historische», setzte eine Hierarchie von Schöpfern voraus, deren Haupt der Lokalgott war.

Die vielfältigen Überschneidungen solcher Systeme stellten die Theologen jüngerer Epochen vor eine Menge daraus sich ergebender Schwierigkeiten. So lassen sich aus der Sammlung thebanischer Texte zwei sich widersprechende Behauptungen herauslösen: bald ist die Achtheit von der Sonne, bald die Sonne von der Achtheit erschaffen worden (Urk. 28 und Urk. 13). Die Theologen haben es verstanden, die beiden Widersprüche in Einklang zu bringen: «Die Achtheit war deine erste Offenbarung, bis du ihre Zahl vollkommen machtest als der Eine» (Urk. 16 und 26c)[26]. Als wesensgleiches Urbild des Amun-Re konnte das Kollegium der Acht dessen Schöpfer und Geschöpf genannt werden.

Nun war es aber auch eine Erfahrungstatsache, daß jede Geburt die Mitwirkung eines Männlichen und eines Weiblichen erfordert. Atum selbst hatte sich sogleich in ein geschlechtsbegabtes Paar aufgespalten; die hermopolitanische Achtheit bestand aus vier Paaren. Manche Mythologien stellten eine Göttin an den Weltanfang (Ahet, Neith), wo bei anderen eine männliche Gottheit stand. Daraus folgerte man, daß der Demiurg, wer immer es auch war, ein hermaphroditisches Wesen sei. Daher erhielten Ptah (Urk. 25), Chnum (Urk. 30), Amun und die große Neith den gemeinsamen Beinamen «Vater der Väter und Mutter der Mütter»[27].

Diese beiden Beispiele zeigen, wie die Priester bei dem Versuch, die aus dem Synkretismus entstandenen Antinomien aufzulösen, zu Definitionen kamen, die im Schöpfer nur noch eine einzige Gottheit erkannten; letzten Endes waren die unzähligen Überlieferungen nur Varianten, in denen ein und dasselbe Wesen zur Erscheinung kam. Da die ersten aus der Sonne hervorgegangenen Götter in der vorherrschenden heliopolitanischen Lehre gleichzeitig Elemente waren (Luft, Licht, Erde, Himmel), da der Nun selbst nicht anders erklärt werden konnte denn als die erste Form des zeitlosen Gottes (siehe S. 43), führte der Synkretismus zu einer Art Pantheismus. «Du hast den Himmel zur Spannweite deiner Arme erhoben, du hast die Erde ausgedehnt nach dem Maß deines Schrittes», singt ein Hymnus an die aufgehende Sonne[28]. Der Kosmos entspricht also den Dimensionen seines Schöpfers. Man könnte noch viele Hymnen des Neuen Reiches und eine Reihe von Werken aus der Spätzeit anführen, um das pantheistische Endergebnis der auf den Demiurgen bezüglichen Spekulationen zu verdeutlichen. Wir begnügen uns mit einer Art Schlußfolgerung, die in den letzten Zeilen einer schönen Hymne auf den Ur-Amun zu finden ist: «Du bist der Himmel, du bist die Erde, du bist die Unterwelt, du bist das Wasser, du bist die Luft, die zwischen ihnen ist[29].»

V. DER URHÜGEL

Ein fast allen örtlichen Kosmogonien gemeinsames Thema ist das von der erstmalig aufgetauchten Ur-Erde als der ersten geologischen Wirklichkeit des Weltgeschehens. Es handelt sich, wohlverstanden, nicht um das Erscheinen der Erde im allgemeinen, sondern um das Erscheinen einer außergewöhnlichen Insel, die sich als Kernpunkt der Welt in den Nun hineinschob, «als weder der Himmel, *noch die Erde*, noch die Unterwelt entstanden waren». Die Texte sprechen manchmal von dem Überdruß, den der potentielle Demiurg empfand, im flüssigen Element zu schwimmen, von seinem Verlangen, festen Boden zu gewinnen, auf den er sich stellen und wo er sich aus seiner Erstarrung lösen könnte. Ein erster kleiner Lehmhügel (oder ein erster Stein) ist das Werk und der Erscheinungsort des zum Bewußtsein erwachenden Gottes: dort öffnet sich nach der Überlieferung das Ur-Ei, dort wächst der Ur-Lotos in einem Teich, dort geht der Gott in Menschengestalt an Land und bedient sich seines Körpers, um zu erschaffen. Dieses Bild vom Urhügel paßte gut zur Erfahrung des Fellachen, und deshalb hielt es sich erfolgreich in allen klassischen ägyptischen Theologien.

Ausdrücke wie «Sandhügel», «hoher Hügel», «Emporgetauchtes», die das erste Landwerden bezeichnen, sind zahlreich. Es gibt nur wenige bedeutende Orte, die nicht die Ehre für sich in Anspruch nehmen, der erste Erdboden zu sein, der aus dem Nun hervorging, um dem Herrn der Welt als Geburtsstätte zu dienen[30].

Heliopolis weiß also um seinen «Sandhügel» und auch um einen Urstein (das Bätyl *ben* oder *benben*). Hermopolis rühmt sich seines «hohen Hügels», seiner *Feuerinsel*. Ta-tenen, «die Erde, die sich erhebt», ist die ursprüngliche Gestalt Ptahs und der Boden von Memphis: der Gott «hat das feste Land gemacht, um sich darauf zu stellen, beim ‚Ersten Mal‘, als er entstand». Als Theben Hauptstadt geworden war, wurde es natürlich gleichbedeutend mit «dem Hügel, der im Anfang über den Nun gestellt wurde» (siehe Urk. 26a, 28 a–b). Die großen Orte Oberägyptens standen nicht zurück: Esne, Ombos, Elephantine besaßen auch ihren «Hügel», Dendera war «der Hügel der göttlichen Mutter» (die der Urkuh angeglichene Hathor) und «das Reich, wo Re war seit dem ‚Ersten Mal‘». Edfu war der emporgetauchte kleine Hügel Harachtes (der Sonne) oder genauer der Ort, an dem über den Wassern der «Schwimmer» *(etbô)* erschien, dessen Name die Benennung der Stadt Etbô nach der heiligen Etymologie erklärte[31]. Die Insel Philae, um die Pierre Loti trauerte, als sie beim Bau des Staudammes von Assuan wieder in den Nun zurücktauchte, war für ihre Bewohner «die schöne Stadt Philae, die aus dem Nun hervorkam, die sich über die Fluten erhob, die einst entstanden, als noch nichts war, als die Welt in absoluter Finsternis lag[32]». Krokodilopolis, unweit vom riesigen Qârûn-See, den die einheimischen Theologen für eine Erscheinung des Nun hielten, rühmte sich ebenfalls, «Wohnstätte der uranfänglichen Achtheit» zu sein[33]. Als der Arzt Udschahorresne, ein bedeutendes Mitglied der Priesterschaft von Saïs, vom persischen Eroberer Darius (um 520 v.Chr.) günstige Maßnahmen für seine Stadt erwirkte, gewann er diese Vergünstigung, wie er behauptet, «weil er es fertig gebracht hatte, daß Seine Majestät die Größe von Saïs erkannte. Ist es nicht der Wohnort der großen Neith, der Mutter, welche die Sonne zur Welt brachte und der Schöpfung (das «Zurweltbringen») die Weihe gab, als die Schöpfung noch nicht da war[34]»? Es erübrigt sich hinzuzufügen, daß jeder andere bedeutende Ort ähnliche Ansprüche hätte stellen können[35]. Versöhnlich und politisch klug wurde das Thema der urzeitlichen *Reisen* des Schöpfers verarbeitet: Die Kuh Ahet war von Esne nach Saïs spaziert; die in Theben geborenen Acht waren nach Hermopolis geschwommen; der Demiurg hatte «seine Namen vervielfältigt» und war so gleichzeitig an mehr als fünfzehn verschiedenen Orten an Land gegangen oder hatte dort «seinen Sitz errichtet»[36].

VI. ERSCHEINUNGSFORMEN DES DEMIURGEN

Wenn man also den Theologen des pharaonischen Ägypten glauben soll, war der Nun die unorganische und vorzeitliche Form des Schöpfergottes, und der Urhügel war seine erste dynamische Form und die Grundlage, die er sich schuf, um einen Körper anzunehmen. Aber die Wasser und der Hügel waren nur inaktive Vorformen. In welchen beschreibbaren Gestalten ist der aus sich selbst entstandene Gott in dem Augenblick erschienen, da er sich vollendet hatte, um Weltschöpfer zu werden? Auch hier stoßen wir wieder auf eine Menge gleichwertiger Überlieferungen.

Da das Erscheinen des Demiurgen seinem Wesen nach in der Entfaltung des wirklichen Lebens besteht, schildern einige Mythen es als das Resultat eines biologischen Prozesses. So spielen die Themen vom *Ur-Ei* und der Ur-Lotosblume eine Hauptrolle in manchen, mehr naturnahen Darstellungen der Schöpfungsgeschichte. Das Thema vom kosmischen Ei hatte zweifellos mehrere Varianten. Namentlich die nicht kosmogonischen Texte wissen um die Erinnerung an eine dunkle Göttin, die Herrin der Lebenskräfte des Menschengeschlechtes, deren Name, *Qerehet*, nichts anderes bezeichnet als das Ur-Ei[37]. Die Entstehung der Sonne und der Anfang der Dinge aus einem Ei bildeten andererseits einen wesentlichen Bestandteil der Kosmogonie von Hermopolis (Urk. 17–21).

Das Thema der Lotosblüte erscheint laufend in der Ikonographie, und die verschiedensten Schriften legen dem Sonnenschöpfer diese Erscheinungsweise bei[38]. Die verschiedenen, mit Re identifizierten Götter wurden zwangsläufig definiert als «der sich erhob in der großen Lotosblume, die aus dem Nun hervorging», oder auf dem

Kelch der Seerose sitzend oder stehend dargestellt (Amun-Re, Herischef von Herakleopolis, Chnum von Esne, Harpokrates, die Schlangengötter Harsomtus von Dendera und Neferhotep von Hu usw.). Die Lotosblume, die Seerose, die in den schlammigen Gründen ihre Wurzel hat, deren Blumenkrone sich am Morgen über dem Wasser entfaltet, auf dem sie nachtsüber geschlossen lag, war ein großartiges Bild jenes ersten Lebens, das sich über dem ersten, vom Wasser des Nun geschwängerten Schlamm behauptete. Die Grundmauern der Tempel (Dendera, Tôd) und der Fuß der Blütensäulen werden also häufig mit dem Bild des Ur-Lotos, der das Sonnenkind trägt, geschmückt, und die Vignetten, die das 81. Kapitel des *Totenbuchs* illustrieren, «*Spruch, um sich in eine Lotosblume zu verwandeln*», zeigen ebenfalls mit besonderer Vorliebe den leuchtenden Kelch, aus dem das Sein entspringen kann, «eine reine Lotosblume, die aus der feuchten Wiese hervorging»[39]. Das Thema der Lotosblume als Urhülle der Sonne ist ganz besonders in den Texten hermopolitanischer Herkunft entwickelt und scheint auch wirklich aus Hermopolis zu stammen (wo es sich paradoxerweise neben das Thema vom Ur-Ei stellte)[40].

Nach einigen frühen, sehr wenig bekannten Legenden – einige Beinamen und gewisse sekundäre Darstellungen der großen Götter sind praktisch das einzige, was uns davon erhalten ist – soll ein Urgott unter der Gestalt einer *Schlange* erschienen sein[41]: so der rätselhafte *Nehebkau*, ein Reptil mit Menschenarmen, der vielleicht ursprünglich ein Geist der Erdmutter war; *Kematef*, der für die Thebaner der Spätzeit der erste Protagonist der Weltentstehung war[42]; *Ir-ta*, den dieselben Thebaner zum Sohne Kematefs machten, der aber ursprünglich zweifelsohne eine unabhängige Gestalt war und den man bald mit Ptah, bald mit Amun oder Sobek identifizierte; *Harsomtus* von Dendera, eine lange Schlange, die einer auf dem Wasser schwimmenden Lotosblume entspringt[43]; Amun und Chepri selbst wurden zuweilen als Schlangen dargestellt[44].

Wenn diese Schlangen (Nattern, Kobras, Basilisken) wirklich chthonische Urwesen waren, wie die modernen Erklärer durchweg annehmen, müßte man daraus schließen, daß ein sehr alter mythologischer Kern den Urheber der Schöpfung als einen in einem Reptil verkörperten Erdgeist schilderte. In der Tat hatten diese

Urschlangen, soweit man es beurteilen kann, nicht alle denselben Charakter. Da sie den Beinamen «Söhne der Erde» erhielten, sind einige vielleicht Kräfte, die aus dem präexistenten Erdboden ausströmten, aber Ir-ta ist, wörtlich, «der die Erde machte». Harsomtus wird ausdrücklich beschrieben als «die Sonne, die eine schöne kupferne Schlange im Innern der goldenen Lotosblüte war, die aus dem Nun hervorging beim ‚Ersten Mal‘». Nichts rechtfertigt die Annahme, Atum wäre in seiner Stadt Heliopolis paradoxerweise eine Personifizierung der Erde gewesen, bevor er zur eigentlichen Sonne wurde; doch war er vielleicht eine «Wasserschlange», ein Entwurf der Sonne im Nun; denn auch der Aal war sein heiliges Tier[45].

Es gab noch andere tierkultische Themen. Nach einigen soll sich der Demiurg in Gestalt eines Vogels erhoben haben: als «*der große Schreier*», die männliche Nilente, die das Ei zerbricht, in dem sie sich gebildet hat und schreiend emporfliegt (Urk. 27; 17 b–c); als Phönix (Urk. 3), als schöner grauer Reiher, der auf den während der Überschwemmung aus dem Wasser hervorragenden Inseln steht und an die Sonne erinnert, die über das Wasser gleitet[46]; als Chepri (Urk 2), der heilige Skarabäus, dessen Darstellung gewöhnlich den Sonnengott von Heliopolis versinnbildet (Urk. 15) und der andererseits dazu diente, das Verb *cheper* «entstehen» hieroglyphisch zu schreiben[47]. Wir möchten aber darauf hinweisen, daß der Reiher und der Skarabäus hauptsächlich Bilder des täglichen Sonnenaufgangs sind und als Auferstehungssymbole verwandt wurden.

Endlich sind zwei wohlunterschiedene Erscheinungsformen des Hauptschöpfergottes immer unterschichtig in allen Überlieferungen vorhanden, gleich welche mythologische «Fabel» vorherrschend war: entweder ist der Gott die Erde (Typ Ptah), der das flüssige Element bezwingt und Dinge und Lebewesen aus seiner Substanz hervorbringt, oder er ist die Sonne (Typ Re-Atum), deren Licht die Voraussetzung für die ganze sichtbare Schöpfung ist, die plötzliche Flamme, die aus dem Phallus des Atum hervorschlug (Urk. 8) oder aus den beiden Augen des Kindes hervorstrahlte, das auf der «Feuerinsel» aus der Lotosblüte hervorgeht (Urk. 16), die Finsternis zerstreut und, nach den thebanischen Gelehrten, die lehmigen Bestandteile, welche die Erde bilden, zusammenbrennt.

Neben den verschiedenen naturalistischen Bildern stehen kosmogonische Schilderungen, die auszusagen scheinen, der Leib, den der Demiurg sich beim Ersten Mal schuf, sei ein menschlicher Körper gewesen, mit Augen, Mund, Zunge, Herz, männlichem Glied, Armen und Beinen. Diese Erscheinungsform stimmt mit der üblichen Ikonographie überein; sie hat weniger symbolischen Charakter, entspricht vielmehr unstreitig einer antropomorphen Vorstellung des Gottes. Dieselbe Vorstellung findet sich auch in den Schilderungen, die von den Schöpfungsweisen des Demiurgen berichten. Ob diese nun rein materieller oder geistiger Art sind, auf jeden Fall bedarf er eines Körpers, der dem unseren ähnlich ist.

VII. DIE SCHÖPFUNGSWEISEN

Im folgenden werden die verschiedenen Weisen gezeigt, welche die menschenähnliche Gottheit anwandte, um die Götter und die übrigen Wesen ins Dasein zu rufen. Der Einfachheit halber kann man von vornherein zwei Hauptkategorien unterscheiden.

Zur Charakterisierung der ersten führen wir zunächst den alten heliopolitanischen Mythos an, nach dem die ersten Geschöpfe, im vorliegenden Falle das göttliche Paar Schu-Tefnut, aus der Samenflüssigkeit entstanden, die der Demiurg mit seiner Hand erzeugte (Urk. 4)[48]. Danach bringen wir die andere, (in unseren Augen) weniger anstößige Version derselben Überlieferung, wonach das Paar aus dem Speichel (ischesch, tefen) des Demiurgen entstand, ein Thema, das immer wieder in den Texten aller Epochen vorkommt (Urk. 5, 7, 8, 12 usw.). Zu derselben Gattung gehört die ebenfalls erwähnte Geschichte von der Entstehung der Menschen (erme), die durch Metamorphose aus den Tränen (erme) der Sonne hervorgingen (Urk. 12; 28c usw.). Körperlich sind also «die Menschen aus seinen Augen, die Götter aus seinem Munde hervorgegangen»[49]. Bemerkenswert ist die vermittelnde Rolle des theologischen Wortspiels, das eine innere Entsprechung voraussetzt zwischen den Wörtern als deutliche Gliederung der Sprache und der Lebenskraft der durch diese Wörter bezeichneten Dinge[50]. Diese Berichte über die Weltentstehung durch körperliche Emanation schildern die Verkörperung der «Substantive» (Namen) als einen spontanen Prozeß, während die Texte, welche die «Erschaffung durch das Wort» bezeugen, sie der bewußten Initiative Dessen zuschreiben, «der die Namen machte».

Im Zusammenhang mit dieser zweiten Schöpfungsweise durch den Geist und das Wort stehen: die alte memphitische Lehre (Urk. 22), die mit viel Scharfsinn erzählt, wie Ptah in seinem Herzen Wesen ersann, die er erschaffen wollte, und wie er seine Gedanken durch die Zunge wirklich ins Dasein rief; ferner die hübsche Legende von Atum, der acht Luftgeister hervorrief, als er mit dem Urwasser plauderte (Urk. 7); weiter die Geschichte von Neith, die in sieben Reden, einfachen Wörtern oder vollständigen Sätzen, das Universum erschafft[51]; oder das synkretistische Thema von Amun, «der die zukünftigen Dinge verkündet», um sie entstehen zu lassen[52]. Offengestanden, es ist schwierig, eine saubere Grenzlinie zwischen dem physischen Verfahren und der Zuhilfenahme des magischen Wortes zu zeichnen; die Theologen deuteten das erstere sehr bald als das «Symbol» des zweiten. Seit dem 3. Jahrtausend nahmen die memphitischen Priester an, daß «der Same und die Hände des Atum» nichts anderes waren als «die Zähne und die Lippen des Ptah» (Urk. 22, IV). Viel später noch lassen die kosmogonischen Stellen des *Papyrus Bremner Rhind* (Urk 12) die Annahme gelten, der Sonnengott habe, als er Schu-Tefnut (durch Speichelwurf und Masturbation) zeugte, nur den in seinem Herzen ersonnenen Schöpfungsplan ins Werk gesetzt; eine von der heliopolitanischen Lehre abgeleitete Form, deren Echo in einem späten Text in Edfu erscheint, stellt Schu nicht mehr als einen mit dem Speichel des Schöpfers ausgeatmeten Hauch dar, sondern als reine Emanation seiner Lippen und nimmt damit das Thema vom schöpferischen Wort wieder auf[53].

Gegenüber diesen Schöpfungsweisen, auf welche die Kosmogonien schwerlich verzichten können und deren Spur in irgendeiner Form in jeder von ihnen zu finden ist, begegnet man häufig Texten, die den schöpferischen Akt nur durch sehr unbestimmte Ausdrücke definieren: «machen», «herstellen», «hervorbringen», «entstehen lassen» usw. Andere Ausdrücke sind deutlicher: «bauen», «formen», «drechseln», «bilden». Diese Verben stammen aus dem

Wortschatz des Handwerks. Sie werden nicht immer als bloße Metapher gebraucht, sondern haben in den kosmologischen Schilderungen oft einen ganz konkreten Sinn, besonders die drei letzten. Wir können daraus entnehmen, daß es neben der «Schöpfungsweise durch körperliche Emanation» und der durch «das Wort» noch eine dritte Art des schöpferischen Vorgangs gab, «das handwerkliche Verfahren», ein ergänzendes Tun des Schöpfers, das sich praktisch nur mit der Bildung der Lebewesen (und ihrer Erhaltung) befaßt. Weiter oben haben wir gesehen, daß der memphitische Ptah, der Meisterbildner, den Leib des Königs gestaltet und belebt (siehe S. 47). Als Gott des Erdreichs gestattet er den Göttern, sichtbare und wirklich lebendige Körper anzunehmen: ihre Standbilder aus Erde, Holz oder Stein (Urk. 22). Der Gedanke aber, daß Ptah einst der am Anfang tätige Bildner der belebten Welt war, bevor er zur Mutter-Erde und dann zum Schöpfer durch das Wort wurde, ist, so einleuchtend er auch scheinen mag, eine moderne Vermutung.

Dagegen war der Gott Chnum, der in Gestalt eines Widders in fünf bedeutenden Städten Mittel- und Oberägyptens verehrt wurde und im ganzen Land populär war, der eigentliche Meisterschöpfer[54]. Er war der Töpfergott, der herrscherliche Erzeuger der Götter, der Menschen und der Tiere, zu denen auch die Reptile und die Wassertiere gerechnet werden. Chnum, der ungestüme Widder und feinsinnige Gestalter, ist es, der die Kleinen in den Leib der Mütter legt. Auf der Töpferscheibe stellt der Gott das Ei her, das Gefäß oder embryonale Kind, und durchknetet es mit Lebenskeimen. In den Weihinschriften finden sich zahlreiche Anspielungen auf den «Bildner des Fleisches», und auch in den profanen Schriften wird Chnum häufig dargestellt, wie er seine Arbeit an der Töpferscheibe verrichtet, auf der jedes Lebewesen entsteht. Wir konnten aber keine Texte ausfindig machen, die präzis angeben, aus welchem Rohmaterial der Gott seine Geschöpfe bildete[55]. Das Thema vom Töpfer der Töpfer gestattet uns jedoch, mit einiger Wahrscheinlichkeit anzunehmen, daß eine alte pharaonische Überlieferung in uns und unseren Brüdern, den Tieren, Wesen sah, die der tonhaltigen Nilerde entstammen und von den Händen des Chnum geformt worden waren.

Als letzte Schöpfungsweise sei noch die Entstehung der Welt

und des Lebens aus dem Impuls eines *Luftgottes* erwähnt; dieser
wäre entweder eine geheimnisvolle geflügelte Macht, die aus einem
geheimnisvollen, in Hermopolis niedergelegten Ei entstand (Urk.
27) oder der aus dem Munde des Demiurgen hervorgegangene
Hauch, der in Hermopolis durch Schu personifiziert wurde. Wie
dem auch sei, dieser große Gott rühmt sich stolz und mit dogmati-
scher Strenge, «er sei nicht in einem Ei gebildet worden» (Urk. 7).

VIII. DIE VOLLENDUNG DER SCHÖPFUNG

Obwohl die «Urkunde memphitischer Theologie», die synkretistischen Hymnen, die theogonischen Systematisierungen von Esne
ausdrücklich oder implizit den Eindruck erwecken, es habe eine
Zeit der Weltentstehung gegeben, wo all das, was unsere heutige
Welt ausmacht, von einem Demiurgen erschaffen und vollendet
wurde, ist es angebracht zu bemerken, daß viele, den verschiedensten Texten entnommenen «Ursprungsmythen» zu beweisen scheinen, manche Teile des Universums seien irgendwann entstanden,
nicht als unmittelbares Werk des Demiurgen, sondern gelegentlich
und lange nach der eigentlichen Schöpfung. Zweitrangige Gottheiten, Städte und andere topographische Gegebenheiten, der
Mond und manche Sternbilder, bestimmte Pflanzen und Tiere «entstanden» – sei es durch körperliche Emanation oder durch die
Magie des Wortes – in den Jahrtausenden der «göttlichen Dynastie», als die Götter noch im Lande Ägypten wohnten, dort lebten,
sprachen und dort kämpften. Eine Gottheit sprach ein Wort aus,
und irgendeine Stadt war da und «existiert bis auf den heutigen
Tag»; ein verwundeter Gott blutete, und irgendeine Substanz entstand aus seinem Blute. In einer Arbeit über die Entstehung der
Welt können wir nicht die unzähligen Berichte anführen und kommentieren, die uns von solchen besonderen Schöpfungen, plötz-
lichen, spontanen Werken des Re, Schu, Geb, Osiris, Seth usw.,
kurz, der ganzen Neunheit und ihresgleichen erhalten sind. Wir
müßten einen Bogen spannen von der Entstehung der Antilope,
oryx leucoryx, zu der Entstehung der Mennige, von der Geburt der
«schönen Jamutöchter» zu der des Zizyphusstrauches, vom Er-

scheinen der «kahlen Priester» bis zur Entstehung des kleinen Kanals von Tenis in Mittelägypten. Man kann sich die Frage stellen, ob die gelehrten Exegeten von Heliopolis und Memphis nicht dadurch, daß sie seit dem 3. Jahrtausend solche Legenden deuteten – wobei das Prinzip der Phonetik entdeckt wurde –, auf den Gedanken kamen, die Glieder der Neunheit als «Zähne und Lippen» des Weltschöpfers zu definieren, als Hilfsorgane Dessen, der durch die Bewegung seiner Zunge erschuf (Urk. 22, IV)[56].

Auf jeden Fall läßt ein Text in aller Kürze erkennen, wie die Schöpfung sich in der Zeit entfaltet hat: «Die Kinder von Schu und Tefnut aber erschufen Daseinsformen in der Welt in Gestalt von Kindern und Enkelkindern» (Urk. 12)... Doch das ist eine andere Geschichte.

Es wäre unklug, wollte man aus den Quellen einen genauen Schöpfungsplan herauslesen, dem vergleichbar, der den Anfang der Bibel bildet. Machen wir als Beispiel darauf aufmerksam, daß *das Buch von der Himmelskuh* die Erstellung der beiden wesentlichen Elemente unseres Universums, des Himmels und der Sonne, weit nach dem Erscheinen des Demiurgen ansetzt: die ersten Göttergenerationen und sogar die Menschen waren bereits da, ihr Schöpfer aber, die Sonne, wohnte noch auf Erden. Als seine Majestät alt wurde, zettelten sie eine Verschwörung an, und das betrübte Gestirn ließ sich auf dem Rücken seiner Tochter Nut in die Höhe heben. Nut wurde nunmehr in eine Kuh verwandelt, die groß war wie das Himmelsgewölbe, und Schu erhielt den Auftrag, den Körper dieses kosmischen Tieres für immer zu stützen[57].

In dieser Einführung war bisher nichts zu finden, was Auskunft über die Entstehung des Bösen oder das Auftreten der Sünde geben könnte. Auch die weiter unten übersetzten Texte berichten, wie man sehen wird, nur von der harmonischen Gestaltung der Dinge durch eine vollkommene Gottheit. Vor dem Demiurgen gab es weder den «Tod», noch die «Unordnung» (Urk. 1). Die Zeit, wo die acht Uranfänglichen noch auf der Erde waren, wo die Sonne noch in voller Jugendfrische war, «das Zeitalter des Re», war ein goldenes Zeitalter (Urk. 13–14). Die Revolte der Menschen und die ersten mythologischen Kämpfe, so wie sie im *Buch der Kuh* und in vielen anderen Quellen erwähnt werden (beispielsweise Urk. 11), schildern den Einbruch der «Unordnung», des sittlich Bösen und des naturhaft Bösen, in die kosmische Ordnung. Für das alte Ägypten (zumindest für seine bedeutenderen Traditionen) scheint die Entstehung der Sünde und des Leids chronologisch und logisch außerhalb der eigentlichen Schöpfungsgeschichte zu liegen: «(der Gott) befahl gar nichts Fehlerhaftes» (Urk. 28a).

Ein anderer wesentlicher Bestandteil der jetzigen Welt, dessen Konstituierung in die Zeit außerhalb der Schöpfung verlegt werden muß, ist die *menschliche Königsherrschaft* als fortgesetzte Entsprechung der Götterherrschaft und als Eckpfeiler des ägyptischen Kosmos, das «Amt des Atum», das Horus, der letzte Gottkönig auf Erden, den Pharaonen übergab.

Etwas verdient um seiner Originalität willen in dieser Einführung erwähnt zu werden: das Schicksal, das die Schöpfergötter nach Beendigung ihrer Aufgabe hatten. Die Stellungnahme der Theologien zu diesem Thema ist sehr verschieden. Für viele ist der Schöpfergott niemand anders als der höchste Gott der Stadt, der mit der Sonne identifiziert wird. Die Schöpfung ist die erste seiner Großtaten gewesen. Er ist ewig und allmächtig. Für andere hingegen ist die Schöpfung ein Ereignis, das seine eigenen Mitwirkenden hat, deren Tätigkeit sich auf die Einsetzung der hauptsächlichsten Bestandteile der physischen Welt und der ersten Lebewesen beschränkt. Nachdem sie ihre Aufgabe erfüllt hatten, traten sie in den Ruhestand und überließen die Weltregierung den jüngeren Göttern, die aus ihnen hervorgegangen waren. In manchen Fällen sind diese Urgötter sogar gestorben und an einem bestimmten Platz begraben worden. Die lebenden Götter, ihre Söhne und Nachkommen, richteten für sie den Totenkult ein, den man jedem Verstorbenen schuldet. Das ist der Fall bei den Acht von Hermopolis, die nach der späteren thebanischen Theologie nach Dscheme (dem heutigen Medînet Habu) gingen[58] und dort starben. Auch auf dem Berg östlich von Edfu stand der «hohe Tempel», in welchem die für die Welt verantwortlichen göttlichen Erbauer ihren letzten Schlaf schliefen. Das Land nördlich von Esne hatte ebenfalls seinen «Hügel», unter dem neben den Sieben Schöpferworten der Schlangengott Kematef (der sich auch im Hügel von Theben befindet), Atum und seine beiden Zwillinge Schu und Tefnut ruhten[59].

Von allen Verben, die für die Entstehung oder das Wirken des Schöpfergottes verwandt werden, haben die Ägypter kein einziges Substantiv abgeleitet, das «die Erschaffung der Welt» bezeichnet. Die Urgötter, die Protodemiurgen, sind die *Pautiu*, das heißt die «früheren Götter», «die Götter, die (vorher) waren», die vergangenen Wesen, und nur vom aus sich selbst entstandenen Demiurgen heißt es einfach, daß er im Anfang war, bevor irgend jemand außer ihm entstanden war. Der einzige, allen gemeinsame Ausdruck, der für den Tag der Weltentstehung angewandt wird, ist «das Erste Mal», mit anderen Worten: die Morgendämmerung der Welt, in der die Sonne aufgegangen ist. Dieser in den Texten häufig vorkommende Ausdruck ist sehr deutlich: im Denken der Ägypter blieb die Schöpfung nicht bei der Errichtung des Universums stehen; jeder Morgen ist eine Neuschöpfung, eine Bestätigung der Weltentstehung (siehe weiter unten S. 98).

IX. TEXTE HELIOPOLITANISCHER HERKUNFT

Die an der Spitze des Deltas gelegene Stadt Heliopolis liegt etwa zehn Kilometer nordöstlich vom heutigen Kairo. Wie der griechische Name sagt, war es die «Stadt der Sonne», wo der Gott Atum (auch Re und Chepri genannt) verehrt wurde. In seinem Tempel wurde der Phönix und das Bätyl (benben) verehrt, ein Abbild des Ur-Steines, dessen Form später maßgebend für die Obelisken und Pyramiden gewesen ist[60]. Die Sonnentheologie hat im religiösen Leben des Landes eine Hauptrolle gespielt: seit der IV. Dynastie (ungefähr 2700 v. Chr.) ist der König «Sohn des Re», und trotz der Beliebtheit anderer Götter, wie Amun und Osiris, bleibt Re während der ganzen pharaonischen Geschichte der große Nationalgott.

Über die alte heliopolitanische Kosmogonie unterrichten uns die *Pyramidentexte* (etwa 2500–2300), die *Sargtexte* (2300–2000) und das *Totenbuch* (etwa von 1500 an). Diese Begräbnistexte sind Sammlungen magischer Sprüche, die dem Toten ein glückliches Schicksal sichern sollen, namentlich, indem sie ihm Eingang bei den Göttern verschaffen. Man findet darunter Grußhymnen an die Gottheiten und Proklamationen, durch die der Verstorbene sich mit ihnen identifiziert. Die Lehre von Heliopolis, die in diesen alten Sprüchen fast rein erhalten ist – allerdings mehr oder weniger verändert – in den verschiedenen Texten des Neuen Reiches und späterer Epochen, besonders in den kultischen Hymnen noch vorherrschend.

Die Sonnenverehrer stellten an den Anfang der Welt den Gott Re-Atum-Chepri, den einsamen Schöpfer, der durch Masturbation oder, nach einem anderen Mythos, durch Speichelauswurf aus sich ein erstes Götterpaar entließ, Schu (die Lichtatmosphäre) und Tefnut; aus diesem Paar wurden Geb (die Erde) und Nut (der Himmel) geboren, die durch Schu voneinander getrennt wurden (siehe weiter oben S. 49). Eine weiter ausgearbeitete Theologie nahm an, daß aus Schu geheimnisvolle Personen, die sogenannten *Hehu*, entstanden waren. Diese Hehu sind die «unendlichen Räume» (aus einer Wurzel, die sich in den Wörtern «Million», «ewig» findet). Die *Sargtexte*, das *Buch der Kuh* und andere Texte sehen in ihnen vier Doppelwesen, eine «heliopolitanische Achtheit», die als Wächter der Pfeiler gelten, die den Himmel stützen. Die Einführung dieser Urwesen, die «das Unendliche» (Hehu), «den Abgrund» (Nun), «die Finsternis» (Keku) und «die Verirrung» oder «Unschlüssigkeit» (?) (Tenemu) personifizieren, ist den *Pyramidentexten* noch unbekannt und ist wahrscheinlich auf den Einfluß von Hermopolis zurückzuführen (weiter oben S. 51).

1. Aus den Pyramidentexten

1 *Vor der Schöpfung:* «Dieser König wurde im Nun geboren, als der Himmel noch nicht entstanden war, als die Erde noch nicht entstanden war, als noch nichts errichtet worden war, als selbst die Unordnung noch nicht entstanden war[61], als jener Schrecken, der aus dem Auge des Horus entstehen sollte, (noch nicht entstanden war)[62].»

2 *Erscheinen des Demiurgen:* «Gruß dir, Atum; Gruß dir Chepri, Selbstentstandener! Du bist hoch in deinem Namen: ‚Hügel‘. Du entstehst in diesem deinem Namen: ‚Entstehender‘ (Chepri)[63]!»

3 *Der göttliche Speichelwurf:* Atum-Chepri, du warst hoch als Hügel. Du warst erschienen als Benben im Benbenhaus in Heliopo-

lis. Du spiest aus als Schu und warfst Speichel als Tefnut. Du legtest deine Arme um sie mit dem Ka, damit dein Ka in ihnen sei[64].

(Durch dieses Umfangen geht das Wesen [Ka] des Schöpfers auf sie über.)

4 *Der einsame Schöpfer:* «Atum offenbarte sich unter der Gestalt eines Selbstbefriedigers in Heliopolis. Er nahm seinen Phallus in seine Faust: ein Zwillingspaar kam zur Welt, Schu und Tefnut[65].»

5 *Der Gott Schu:* «O Schu, Sohn des Atum, du bist der Große (= der Alte), Sohn des Atum, sein erster Nachkomme. Atum hat dich aus seinem Munde gespien. Er sprach: ‚Erhöhe doch meine Kinder[66]!‘»

2. Aus den Sargtexten

6 *Die wesensgleichen Götter:* «Ich war... der, den Atum bildete, der Erstgeborene in seiner Herrlichkeit, als er Schu und Tefnut gebar, als er Einer war und Drei wurde, als er Geb von Nut trennte, als der Urleib noch nicht geboren worden war...[67].»

7 *Definition des Schu:* «Ich bin es, Schu, das Geschöpf des Atum-Re, als er hier entstand. Ich wurde nicht in einem Leib gestaltet, ich bin nicht in einem Ei gebildet worden durch Empfängnis. Atum spie mich aus als einen Speichelwurf seines Mundes gleichzeitig mit meiner Schwester Tefnut; sie kam nach mir hervor, während ich umhüllt war vom Hauch, der die Kehlen lebendig macht... Ich bin es, Schu, der Vater der Götter... Ich bin es, der die Hehu zeugte, die sich verdoppelten zu Hehu, Nun, Tenemu und Keku... O diese acht Hehu[68], die Atum aus den Säften seines Fleisches hervorgehen ließ, deren Namen Atum gemacht hat, als der Gedankenaustausch zwischen Nun und Atum geschaffen wurde, an jenem Tage, da Re sich mit Nun unterhielt und sprach: ‚Hehu, Nun, Keku und Tenemu!‘»

Es folgt eine Anrufung der Paare der Himmelspfeiler[69].

8 *Andere Definition von Schu:* «Ich war die Seele des Schu, die auf der Flamme ist, das Feuer, das Atum mit seiner Hand erzeugte, als er masturbierte. Ein Speichelwurf fiel aus seinem Munde. Er hat mich ausgespien als Schu, gleichzeitig mit Tefnut, die nach mir hervorkam. Der großen Neunheit, der Tochter des Atum,

welche die (anderen) Götter überstrahlt, ihr wurde ich entnommen, und ich bin gleichzeitig Geb und Nut, die junge lockige Frau, welche die Götter gebar[70].»

9 *Trennung von Erde und Himmel:* «Ich war die Seele des Schu, als er Nut über sich erhob und Geb unter seinen Füßen war. Ich bin es, der sich zwischen sie beide gestellt hat...[71].»

10 *Definition der acht Hehu:* «O diese acht Hehu, *deren zwei eins sind,* die ihr den Himmel mit euren Armen umspannt, die ihr die Erde umfaßt... Schu hat euch erschaffen als Hehu, Nun, Tenemu und Keku[72].»

3. Totenbuch (Anfang des 17. Kapitels)

11 «Ich bin Atum, als ich im Urgewässer allein war. Ich bin Re bei seinem Erglänzen, als er begann zu beherrschen, was er geschaffen hatte. [Glosse] Was bedeutet es? Dieser Re, als er begann zu beherrschen, was er geschaffen hatte, das bedeutet: Re begann als König zu erglänzen, als die ‚Erhobenen des Schu'[73] noch nicht entstanden waren. Er war auf dem Hügel dessen, der sich in Hermopolis befindet, und er vernichtete die Kinder des Aufruhrs (wörtlich: der ‚Schwachen', Name einer Göttin; ihre Kinder galten als Feinde des Sonnengottes) auf dem Hügel dessen, der sich in Hermopolis befindet[74].

Ich bin der große Gott, der von selber entstand. [Glosse]: Was bedeutet es? – Der große Gott, der von selber entstand, das ist das Wasser; das ist das Urgewässer, der Vater der Götter. – Nach anderer Meinung: das ist Re.

Ich bin der, der seinen Namen schuf[75], der Herr der Neunheit. [Glosse]: Was bedeutet es? – Das ist Re, der die Namen seiner Glieder schuf, da entstanden die Götter, die in seinem Gefolge sind[76].»

4. Aus einem magischen Ritual

Der *Papyrus Bremner Rhind* enthält ein langes Beschwörungsritual, das dazu bestimmt ist, die Sonne, mithin die ganze Welt, vor der ungeheuren Schlange Apophis und ihrem Anhang zu bewahren. Das

Manuskript stammt aus dem 4. Jahrhundert v. Chr., doch muß der Text einige Jahrhunderte früher verfaßt worden sein. In zwei Abschnitten dieses Rituals identifiziert sich der Zauberer mit nachdrücklicher Beharrlichkeit mit dem Weltschöpfer, um die ganze Wirkkraft der aus dem Urgott stammenden Wesen gegen den kosmischen Feind aufzubieten. Beide Abschnitte sind Bearbeitungen derselben Abhandlung, «des *Buches zur Erkenntnis der Erscheinungsformen des Re*», das benutzt wurde, um *Apophis zu stürzen*. Die zweite Fassung (XXVIII, 20–XXIX, 6) ist die längere; diese haben wir als Grundtext genommen[77]. Aber nur in der ersten Fassung (XXVI, 21–XXVII, 5) sind die Sätze enthalten, die sich auf die Erschaffung der ersten Lebewesen, der Schlangen, beziehen. Diese Erschaffung geschah, als der Demiurg noch im embryonalen Zustand in den Nun versenkt war. Wir hielten es für gut, dies zu berücksichtigen[78]. Die Deutung der Rede des Weltschöpfers ist eine heikle Sache; noch viel schwieriger ist es, sie ins Deutsche zu übertragen. Sie beginnt mit einer schrecklichen Litanei von Assonanzen, die zweifellos gelehrte metaphysische Spekulationen verdeckt und durch hartnäckig wiederholte Anwendung der Wörter *cheper* und *cheperu* den autogenen Charakter, den Primat des «Entstandenen» über die negativen Kräfte bekräftigt[79]. Dann wird die Entstehungsgeschichte der Neunheit erzählt, die aus dem Demiurgen hervorging und die Erschaffung der Seinsformen vollendete. Es ist bemerkenswert, daß die verschiedenen, dem Gott von Heliopolis zugeschriebenen Schöpfungsweisen hier gleichzeitig dargestellt werden, als ob sie alle eine einzige Tat schilderten, ein sehr charakteristischer Zug der schrittweisen Vergeistigung der ägyptischen Theologie (siehe bereits Urk. 8): Masturbation, Speichelwurf, Erschaffung durch den Geist und das Wort; bei dieser letzten Schöpfungsweise ist der Demiurg niemand anders als der Gott *Heka*, eine Personifizierung der Wortmagie, dessen Stoßkraft dem Zauberer gestattet, die Naturkräfte zu beherrschen[80].

12 «Buch zur Erkenntnis der Erscheinungsformen des Re, um (so) die Schlange Apophis zu stürzen.

Also sprach der Herr des Alls:

Als ich sichtbar geworden war in der Existenz, existierte die Existenz. Ich entstand in der Gestalt des Entstehenden[81], der

beim Ersten Mal entstand. Da ich in der Existenz des Entstehenden entstanden war, existierte ich also. Und so entstand das Entstehen; denn ich war früher als die früheren Götter, denn mein
Name war früher als der ihre, denn ich schuf das Vorzeitalter
ebenso wie die Göttervorfahren [82]. Ich schuf alles, was ich wünsch-
te in dieser Welt, und ich dehnte mich darin aus. Ich knüpfte meine
eigene Hand, ganz allein, bevor sie entstanden, bevor ich Schu
ausgespien und Tefnut als Speichel ausgeworfen hatte. Ich bediente mich meines Mundes, und Magie war mein Name. Ich bin
es, der entstand in meiner Existenzweise als Entstehender. Ich
entstand in der Urzeit, und eine Menge von Existenzweisen entstanden seit (diesem) Anfang; (denn vorher) war keine Existenzweise entstanden in dieser Welt. Ich schuf alles, was ich schuf, als
ich allein war, bevor ein anderer als ich sichtbar geworden war in
der Existenz, um mit mir an diesen Orten zu wirken. Dort schuf
ich die Existenzweisen, aus jener Kraft (die in mir ist). Ich erschuf dort im Nun, als ich (noch) schlaftrunken war und noch
keinen Ort gefunden hatte, um mich aufzurichten.»

Hier die kurze, präzise Fassung: «Zahlreich waren bereits die Existenzweisen, die aus meinem Munde hervorgegangen sind, als
der Himmel noch nicht entstanden war, als die Erde noch nicht
entstanden war, als (selbst) die Schlangen und Reptile an diesen
Orten noch nicht erschaffen worden waren, (denn) ich bildete
einige von ihnen im Nun, schläfrige Geschöpfe, als ich noch keinen Ort gefunden hatte, um mich aufzurichten.»

Fortsetzung der langen Fassung: «Dann erwies sich mein Herz als
wirksam, der Schöpfungsplan lag klar vor mir, und ich schuf
alles, was ich schaffen wollte, als ich allein war. Ich ersann Pläne
in meinem Herzen, und ich erschuf eine neue Existenzweise, und
der aus dem Entstehenden hervorgehenden Existenzweisen waren viele. Ihre Kinder taten sich kund in ihrer Existenzweise als
Kinder [83].

[Ich vereinte mich mit meinem eigenen Leib, so daß sie aus mir
hervorgingen, als ich mit meiner Faust Erregung erzeugt hatte
und mein Verlangen *Wirklichkeit geworden war durch* meine Hand,
als mein Same aus meinem Munde gefallen war. Ich spie aus als
Schu und warf Speichel aus als Tefnut. Ich war entstanden als ein

einziger Gott und siehe, ich war Drei Götter[84]. Schu und Tefnut bebten vor Wonne im Nun, in dem sie waren. Mein Vater, der Schlaftrunkene, war es, *der sie erhob*[85].

Mein Auge brachte sie zu mir zurück nach unendlich langer Zeit, in der sie fern von mir blieben...] Ich weinte Tränen über (sie): was mein Auge so erzeugt hatte, war der Ursprung der Menschen.» (Variante: «ich weinte über sie, und so entstanden die Menschen, die aus meinem Auge kamen...»)

Hier wird erzählt, wie das wandernde Auge der Sonne zur Kobra wurde, die an der Stirn des Gottes erstrahlt, die berühmte Uräusschlange, danach wird die Geburt der beiden folgenden Generationen der Neunheit erzählt! Wir zitieren den Bericht nach der kurzen, ausdrücklicheren Fassung:

«Schu und Tefnut brachten Geb und Nut zur Welt, Geb und Nut brachten aus ihrem Leibe nacheinander Osiris, Hor-Mechenti-irti, Seth, Isis und Nephthys zur Welt, und diese brachten eine Menge (von Dingen) zur Welt.

Ihre Kinder (nun) waren es, die eine Menge von Daseinsformen in dieser Welt schufen in Gestalt von Kindern und Enkeln!»

«Sie sollen in meinem Namen beschwören! Sie sollen ihre Feinde niederwerfen! Sie sollen die Zauberkraft erschaffen, um Apophis niederzuwerfen!»

X. THEMEN DER HERMOPOLITANISCHEN KOSMOGONIE

Hermopolis, das heutige Aschmunên in Mittelägypten, besaß eine sehr urtümliche Kosmogonie, die aber praktisch nur aus den Anleihen, die andere theologische Systeme bei ihr machten, bekannt ist. Während der ganzen Pharaonenzeit war der große Gott der Stadt *Thot;* er war Ibis und Pavian zugleich, ein gelehrter Gott, Herr des Mondes und des Kalenders, der Hieroglyphen und der heiligen Weisheit. Die Griechen identifizierten ihn mit ihrem Hermes (daher der Name Hermopolis). Doch scheint der Kult des Thot erst spät an diesen Ort gelangt zu sein, wo ein sehr altes göttliches Kollegium von acht Göttern, *die Achtheit,* neben ihm verehrt wurde. Man hat übrigens festgestellt, daß die zahlreichen Quellen, die Spuren der hermopolitanischen Kosmogonie enthalten, ausschließlich von den Acht und der Sonne sprechen, von Thot aber nichts wissen. Neben der Gestalt der Achtheit, mit der die Schöpfung begann, entwickelt die Kosmogonie von Hermopolis zwei Themen: das Werden der Dinge aus einem *geheimnisvollen Ei* und das erste Erscheinen der Sonne in der Gestalt eines Kindes, das einer Lotosblüte entspringt.

1. Die Achtheit

Die ältesten Texte, die uns etwas ausführlicher von vier Urwesen erzählen, die sich zu acht Geistern verdoppelten (sie nennen sie *Hehu* und schreiben ihnen die Rolle von Himmelsstützen zu, die aus Schu hervorgeströmt sind), haben heliopolitanisches Gepräge (Urk. 7, 10). In Wirklichkeit jedoch war die Achtheit anfangs eine typische Gestalt des hermopolitanischen Pantheons: gerade sie hatte der Stadt ihren ursprünglichen Namen *Schmun*, «die Acht», gegeben, der kaum verändert in Aschmunên weiterlebt. Einige dort vorgefundene historische Texte bestätigen unmißverständlich, daß «die Acht», Vorfahren aus der Urzeit, Einwohner von Aschmunên waren[86]. Mehr hierüber wüßten wir allerdings nicht, hätten die Gelehrten von Krokodilopolis und Memphis und besonders die thebanischen Theologen der Achtheit von Hermopolis nicht eine beachtenswerte Rolle in ihrer synkretistischen Schau der Schöpfung zuerkannt. So sind es also die Ritualformeln der ptolemäischen Tempel (Urk. 14), ein Versuch memphitischer Kosmogonie (Urk. 15), der hieroglyphische Papyrus von Faijûm[87], einige im Neuen Reich verarbeitete Texte thebanischen Gepräges (Urk. 18 und 19) und die Inschriften, die in der griechisch-römischen Zeit in die Tempel eingemeißelt worden sind, die uns einigen Aufschluß über die Natur der Acht Ahnen von Aschmunên und ihre Rolle bei der Weltentstehung geben[88].

Die Glieder der Achtheit, die durch ihre kollektive Demiurgie in einem unauflösbaren Körper vereint waren, bildeten eine einzige Gottheit, stellten aber vier Wesenheiten dar, die sich schließlich in vier Paare, «ein weibliches auf ein männliches», aufspalteten. Jedes Paar stellte die männlichen und weiblichen Aspekte einer der vier Wesenheiten dar: *Nun* und *Naunet* «das Urwasser», *Heh* und *Hehet* «die räumliche Unendlichkeit», *Kek und Keket* «die Finsternis», *Amun* und *Amaunet* «das, was verborgen ist», das «Unbekannte»; dieses letzte Paar wird von der jüngsten Überlieferung durch *Niu* und *Nit* ersetzt, welche Personifizierungen des «Leeren» sind. Zuweilen werden auch die beiden Formen kombiniert: die Achtheit besteht dann aus Nun, Heh, Kek, Niu, Amun und deren weiblichen Entsprechungen, also aus *zehn* Personen, wobei das Paar Amun-Amaunet – in dem die Thebaner gern ihren großen Gott Amun-Re und seine Gefährtin wiederfinden – von einigen gelehrten Priestern (Prägnostikern!) als eine synthetische Hypostase der Acht verstanden wird, indem es in sich die Summe der acht früheren Formen umfaßt (Urk. 15; siehe auch 19b, 16c, 27c und weiter oben S. 64). Die klassische Ikonographie stellt die Acht als seltsame, menschenähnliche Personen dar, deren Füße mit hundskopfgestaltigen Schuhen bekleidet sind, als Männer mit Froschköpfen und Frauen mit Schlangenkopf. Beurteilt man sie nach ihrer Ähnlichkeit mit Kriechtieren, den Bewohnern schlammiger Gewässer, und denkt man über ihre Namen nach, die an schwere, feuchte, unendliche Finsternis erinnern, so bemerkt man sofort die geheimnisvollen Aspekte eines Chaosmilieu und die embryonalen Kräfte, die sich in einer ungeordneten Welt, in der eines Tages die Sonne entstehen soll, abzeichnen. Modernen Forschern ist es begreiflicherweise nicht entgangen, zu bemerken, daß sich ein Parallelismus zwischen den Namen der Uranfänglichen und den Ausdrücken, die im ersten Kapitel der Genesis stehen, ergibt; denn die Namen «Nun» und «Kek» stehen für «Wasser» und «Finsternis» und die Namen Amun (Niu) und Heh sind recht gute Bezeichnungen für das *Tohuwabohu* der damals «wüsten» und «leeren» Welt.

Woher kam die Achtheit? In diesem Punkt gingen die Ansichten der Priester in der Spätzeit auseinander. Die Heliopolitaner ordneten die Entstehung der acht Hehu der des Sonnengottes unter und ließen sie aus dem glühenden Atem dieses Gottes hervorströmen. Später einten sich die Memphiten und die Thebaner dahin, daß die Acht durch den Geist der Ur-Erde, des Ptah-Ta-tenen (Urk. 15) oder Ir-ta, gleich nach dessen Emportauchen geschaffen und auf dem Urhügel von Hermopolis eingesetzt worden sind. Aller Wahrscheinlichkeit nach aber sah die echte Überlieferung von Aschmunên in ihnen aus sich selbst entstandene Wesen und die eigentlichen Väter der ersten Insel, Schmun. Sie waren schon zu der Zeit, als der solare Weltschöpfer erst potentiell im Nun vorhanden war *(Buch von der Himmelskuh)*. Der Nun war gleichzeitig der Vater, das Haupt und der Erste unter Gleichen. «Nun zerbrach, als er sie trug, und seine Arme kehrten in ihre Schlupfwinkel zurück[89].»

Wie dem auch sei, fast alle Texte sind in einem Punkte ganz deutlich: die Acht sind «die Paare, die das Licht schufen, die Väter und Mütter des Re, die Göttervorfahren, die den Gott des Horizonts machten»; die Sonne ist ihr Erbe. Sie haben die geheimnisvolle Blüte befruchtet, aus der die Sonne hervorgeht (Urk. 16, 16). Bevor diese Urzeitlichen ihre Zeit beendeten und sich an das Ostufer von Theben begaben, um zu sterben (siehe S. 64), haben sie an einer mehr oder weniger vollständigen Errichtung des heutigen Weltalls gearbeitet. Wie die Leute von Krokodilopolis behaupten, haben sie den Grundriß der topographischen Gestalt des Faijûm entworfen. Nach thebanischen Quellen sollen die Acht, nicht zufrieden damit, daß sie das Licht geschenkt hatten, auch alle «nützlichen» Dinge erschaffen haben, und das goldene Zeitalter herrschte zu ihrer Zeit:

13 «Die Vorfahren machten den Horizontgott. Das Recht wurde geschaffen zu ihrer Zeit, die kosmische Ordnung *(maât)* stieg vom Himmel zu ihrer Zeit und gesellte sich zu denen, die auf Erden lebten, das Land war im Überfluß, die Leiber waren voll, nicht gab es ein Hungerjahr in den beiden Ländern, nicht stach ein Dorn zur Zeit der Göttervorfahren...[90]»

14 «Seit die großen Mächte, die ihm im Anfang entstanden waren, hervorgekommen sind, damals als das Licht gemacht wurde dank der Arbeit ihrer Hände, seit der Zeit ist das Land erleuchtet. Die kosmische Ordnung stieg vom Himmel herab zur Erde und verbrüderte sich mit allen Göttern. Nahrung und Speise gab es im Überfluß ohne Einschränkung. Es gab kein Unrecht im Lande, kein Krokodil raubte, es gab keinen Schlangenbiß zur Zeit der Göttervorfahren...[91]»

2. Der Urlotos

Wir haben weiter oben darauf hingewiesen, welcher Beliebtheit sich das Bild des jungen, aus einer Lotosblüte hervorgehenden

Sonnengottes erfreute, sowohl bei den Theologen als auch bei der Ausschmückung der Tempel mit religiösen Bildern (siehe S. 57). Die Popularität, die das bezaubernde Bild besaß, ist die Erklärung für das häufige Vorkommen des «Kindes auf der Lotosblume» in der Thematik der sogenannten gnostischen Amulette[92] und für die hoch symbolischen Erwägungen, die der griechische Philosoph Jamblichus (4. Jh. n. Chr.) über die geistig feurige Substanz der Seerosen und über ihre Struktur, die wie die Wanderung der Seele kreisförmig ist, entwickeln zu müssen glaubte[93]. Das Thema der Lotosblüte wurde aber besonders von den Ägyptern selbst als ein Grundgedanke der Kosmogonie von Hermopolis angesehen. Auch hier müssen wir wieder außerhalb von Hermopolis, quer durch die bei seiner Theogonie gemachten Anleihen, die Mittel suchen, mit deren Hilfe wir den anfänglichen Mythos rekonstruieren. Einer der ersten auf diesen Mythos bezugnehmenden Texte ist eine alte, durch eine Abschrift aus dem 4. Jahrhundert v. Chr. bekannte Zauberformel, welche die Bitte enthält, «der auf dem hohen Hügel von Hermopolis aus der Lotosblüte hervorging», «der die beiden Länder mit seinen Augen erleuchtete» und «dessen Name den Menschen verborgen und selbst für die Götter geheimnisvoll ist», möge einen Kranken retten, wie «er sich selbst vor den vier Feinden rettete, die gegen ihn gezogen waren aus dem Norden von Hermopolis[94]».

Eine in Memphis verfaßte kosmogonische Kompilation gab einen zusammenhängenden Bericht von der Entstehung der Sonne aus einer Blume; aber die aus hellenistischer Zeit stammende Handschrift ist voller Lücken (Urk. 15). Letzten Endes beziehen wir die reichste Information aus einem Ritualtext, der mehr als dreißigmal mit bemerkenswerten Varianten auf den Wänden der großen ptolemäischen Heiligtümer (3.–1. Jh. v. Chr.) aufgezeichnet ist[95]. Es handelt sich um eine jener Opfergaben, für die feststehende Ritualformen gebräuchlich waren: man hob eine, auf den ersten Blick gewöhnliche Opfergabe zu dem Gott empor und sprach dabei einen Spruch, der daran erinnerte, welche kosmologische Rolle diese Gabe einst in der Göttergeschichte gespielt haben mochte.

Die Blume, die dargebracht wurde, war eine künstliche, aus Metall und Edelsteinen gemachte Lotosblume; das Material war so gewählt, daß es den wirklichen Farben des Blütenkelches entsprach: «der ganze innere Teil ist mit Gold verziert, während die entfalteten Blütenblätter aus Lapislazuli sind[96].» Wenn diese metallische Pflanze ein Gott ist, «ein göttliches Wesen inmitten seines Teiches[97]», so lebt sie doch wie eine echte Blume, als Lotosblume, die blau ist wie der Lapislazuli oder als Lotosblume, die weiß ist wie Silber: mit ihren Blättern bildet sie eine Art Wiese (scha), die sich über das Wasser breitet[98]; sie ist eine «schöne sommerliche Lotosblume», deren göttlichen Duft man atmet[99]. Ihre Seele ist aus Gold, auf ihren gelben Staubgefäßen hat die Sonne Gestalt angenommen: «Dies ist die Lotosblüte, die im Anfang entstand, der Strauß aus Grün, aus dem du hervorgingst in Gestalt eines Kindes... der große Lotos, der im Anfang entstand, im Schoß seiner Blütenblätter wurdest du zur Welt gebracht...[100]» Der Grund, weshalb man den solaren Göttern dieses Blütenschmuckstück als vollkommensten Ausdruck der wirklichen Pflanze darbrachte, ist klar: «die Lotosblume zu dem zu erheben, der in der Lotosblume erglänzte, damit sein Leib neue Kraft gewinne in ihrem Schoß und sein Herz täglich in ihr jauchze[101].» Tatsächlich ist es für unsere niedrige Welt unerläßlich, jeden Morgen neu der Sonne zuzustreben.

Der Ritus, «den Lotos darzubringen», ist eine wunderbare Erläuterung der kosmischen Bezogenheiten und der Ewigkeitsdimensionen der ägyptischen Liturgie und wird sehr häufig auf den Wänden der Tempel von Edfu und Dendera dargestellt. Jedes Bild zeigt den König als den einzigen wahren Priester, betend und die Blume zur Gottheit emporhebend; vor ihm steht eine *Opferformel*, welche die ortsansäßigen Priester als seine Amtsvertreter tatsächlich beim Vollzug des Ritus sprachen (Urk. 16). Rund um das Bild herum kommentieren Legenden die Szene. Diese Texte liefern hinreichend geographisch genaue Angaben über den Ursprung des Ritus, so daß der hermopolitanische Charakter des Gottes auf der Blume außer Zweifel erscheint.

Die Texte bezeugen einstimmig, daß die Stelle der Welt, wo der Ur-Lotos sich entfaltete, tatsächlich Schmun (Hermopolis) war, das hier meist mit seinem anderen Namen *Unu* benannt ist[102]. Gewöhnlich wird sehr deutlich gesagt, daß die Ankunft des Lichtes örtlich genau auf einer Insel namens *Iu-neserser* stattfand[103]. Der Name dieser Insel bedeutet wörtlich «Insel des Aufflammens», was eine deutliche Anspielung auf den Ausbruch der Hitze und der Helligkeit ist, welche die Geburt der Sonne kennzeichnen[104]. Die Tempelschreiber verstanden es, die Schrift zugunsten der Gnosis auszulegen; indem sie mit der Zusammensetzung der hieroglyphischen Schriftzeichen spielten, deuteten sie den Namen um in «die Insel der doppelten Flamme», darunter verstehen sie den Ort, den die beiden funkelnden Augen der Sonne in einen «Ort doppelter Glut» verwandelt hatten[105]. «Die Insel des Aufflammens», die häufig in den Grabtexten als Schauplatz der Schöpfung und als das Schlachtfeld angeführt wird, auf dem Re die ersten Rebellen der Geschichte vernichtete, war ursprünglich wahrscheinlich ein rein mythischer Ort, eine unbestimmte Stelle im Kosmos[106]. In einer Wasserlache dieser «neuen Erde», die noch im Nun war, entstand die Seerose aus dem Feuchten und «erhob sich aus dem Urgewässer[107]».

In historischer Zeit identifizierte man *die Flammeninsel* unbedenklich mit dem hohen Hügel von Hermopolis[108], einer wirklichen Anhöhe, welche für die Leute dieser Stadt *das Urland* der Welt war[109]. Man zweifelte nicht daran, daß der große Teich, der sich im Innern des Tempelbezirks ausdehnte, das Überbleibsel des Ursumpfs war[110]; auch hier ergeht sich die heilige Etymologie nach Herzenslust und verwandelt einen gewöhnlichen Ortsnamen «Großer Teich» (sche-âa) in ein Wort, das «Das Beginnende» (schaâ) bedeutet[111]. Die Lotosblüte ist also, wie man sagte, «im Großen Teich der Ahneninsel der doppelten Flamme – das heißt des Hohen Hügels – am Rande des Beckens von Hermopolis» entstanden[112]. Gelegentlich verlegt man, ohne daß die für uns widersprüchlichen Ansichten aufgegeben werden, die Geburt aus der Lotosblüte auf «die Insel des Eis» (oder den See des Eis), einen Ort, der offenbar mit dem Mythos der aus einem geheimnisvollen Ei entstehenden Sonne eng verbunden war (siehe S. 81–82)[113].

Die Feststellung, daß in manche Texte, die den hermopolitanischen Mythos von der Lotosblüte kommentieren, fremdartige Elemente eingedrungen sind, darf uns nicht verwundern: wir haben hier das Ergebnis der synkretistischen Verschmelzung vor uns. So ist manchmal die Rede von Ptah und seiner göttlichen Familie[114]; denn nach der Ansicht der Memphiten war der Erdgott die Grund-

ursache der Sonne (Urk. 15). Unter dem Einfluß des heliopolitanischen Dogmas wird das Kind aus der Blume gelegentlich als «göttlicher Gott, der aus sich selbst entstand»[115], bezeichnet, während
nach der Legende seine Entstehung nur durch die Intervention
der «Protodemiurgen» möglich war. Da die angeführten Stellen
und noch andere Texte den Mythos vom Gott auf der Blume direkt
schildern, kann man ihn kurz so darstellen: an der Stelle, wo später
Hermopolis steht, liegt die «Insel der Entflammung». Auf dem
Erdhügel, der einem geheimnisvollen Willen zufolge emportauchte
– welcher Herkunft dieser Wille ist, wird nicht genau gesagt, vielleicht war es der Wille der Acht, der Eponymen von Schmun –,
befindet sich ein vom Nun angefülltes Sumpfbecken. Auf diesem
«Großen Teich» ein göttlicher Lotos. Die vier männlichen, von
Zeugungskraft überschäumenden Wesen lassen Samen auf die
Blume fließen. Die befruchtete Blume öffnet sich halb. Aus den
blauen Blütenblättern erhebt sich ein strahlendes Kind, das Licht
über die Welt ausgießt und alle Götter und Lebewesen erschafft.

3. Aus einem Lehrbuch über die Weltentstehung

Der im Papyrus Nr. 13603 des Berliner Museums aufgezeichnete
Text enthält den vollständigen Text einer langen Kosmogonie, die
einige Zeit vor dem Beginn unserer Zeitrechnung in demotischer
Sprache verfaßt wurde[116]. Leider ist die Handschrift sehr beschädigt[117]. Der Bericht wurde von einem memphitischen Priester be-
arbeitet, dessen Vorstellungen stark eklektisch waren (heliopolita-
nisch, hermopolitanisch, thebanisch). Im Anfang geht Ptah, der
Erdgott, aus dem Nun hervor und nimmt in der Finsternis einen
Leib an. Dann wünscht er, daß das Licht werde und erschafft zu
diesem Zwecke die vier Urpaare – [Nun], Heh, Kek, Niu und ihre
Frauen –; diese vollenden ihre Entstehung in einer höchsten Offenbarung, einer synthetischen Hypostase, Amun und Amaunet, welche «die Zahl der Namen auf zehn bringen».

15 «(Dann) ließ er die Acht in Hermopolis landen, indem sie
[Stiere und Kühe wurden nach] ihrem Wesen.
Schwarz, grün [...] war die Farbe der Stiere und Kühe,

jener, nach denen er rief und sagte:
Mögen sich vereinigen [die vier Stiere!]
Mögen sich vereinigen [die vier Kühe!]
Mögen [sie sich] sofort [vereinigen]!
Es wurden die Männer zu einem schwarzen Stier.
Es wurden die Frauen zu einer schwarzen Kuh.
[Man] sagte [zu ihnen als Namen] Amun und Amaunet.
Es eilte der Stier [so schnell] zu der Kuh,
daß er den Samen ergoß
auf das Wasser im großen Teich von Hermopolis,
der eine [Lotosblüte] und eine Lotosknospe trug [...]
Die Lotosblüte in Käfergestalt war es mit einem [Widderkopf.]
Sie nahm die Gestalt eines Kindes an,
dessen Finger [auf seinem Munde liegt.
Er trug] eine Uräuskrone.»

4. Formeln, die bei der Darbringung des Lotos gesprochen wurden

Die amtsausübende Person (auf den Bildern der König, in der täglichen Wirklichkeit ein Priester) «bringt die goldene Lotosblume, die schöne silberne, mit Edelsteinen verzierte Seerose[118]» dem solaren Gott dar, den man zuweilen in Begleitung des Kollegiums der Acht darstellt.

16a «Empfanget den Lotos, der im Anfang entstand, der vertrieb die finstere Wolke, ohne daß jemand ihn erkennen konnte. Ihr (die acht Götter) habt aus einer aus euch ausgestoßenen Flüssigkeit einen Keim (benen) gemacht, ihr habt diesen Samen auf den (Lotos) ausgegossen und Samenflüssigkeit vergossen; ihr habt sie im Nun niedergelegt, verdichtet in eine einzige Form, und euer Erbe entstand, strahlend, in Gestalt eines Kindes[119].»
16b «Empfanget den Gott, (der ist) mitten in seinem Teiche, der hervorging aus eurem Leib (o Acht!), den großen Lotos, der aus dem Großen Teich hervorging, der das Licht einsetzte, beim Ersten Mal... Ihr seht sein Licht, ihr atmet seinen Duft, eure Nasen sind voll davon. Es ist euer Sohn, der sich hervorbringt als ein Kind, der das Land mit seinen beiden Augen erleuchtet... Ich bringe euch den Lotos, der aus dem Sumpf gekommen ist,

das Auge des Re selbst in seinem Sumpf, ihn, der (in sich) die Summe der Göttervorfahren ist; der die Göttervorfahren erschuf und alles machte, was in diesem Lande besteht... Wenn er die beiden Augen öffnet, erleuchtet er die beiden Länder, er trennt die Nacht vom Tage. Die Götter sind aus seinem Munde, die Menschen aus seinen Augen hervorgegangen, denn alles ist durch ihn geworden, das Kind, das im Lotos erstrahlt und dessen Strahlen allen Wesen Leben geben [120].»

Geht man die anderen Fassungen der Opferformel durch, so findet man dieselben Übertreibungen wie oben und noch andere, die an der Grenze von Natur und mythischer Dichtung die zauberhafte Vision des «aus der Lotosblüte hervorgegangenen sakrosankten Kindes» erstehen lassen, des vollkommenen, von der Achtheit geborenen Erben, des göttlichen Samens der allerersten Göttervorfahren [121], die Vision «dessen, der auf Fluten kam und sich am Himmel sichtbar machte [122]», «dessen, der die Keime der Götter und Menschen knüpfte [123]».

Es gibt Texte, die erzählen, die Sonne wäre aus dem Lotos geboren, und andere, die behaupten, sie sei «aus dem Keim, den das Mutter-Ei umgab, entstanden [124]».

Die Texte, die uns über dieses zweite hermopolitanische Thema zur Verfügung stehen, sind verschiedenen Alters und Ursprungs; sie sind kurz, nicht besonders zahlreich und im ganzen wenig deutlich [125]. Sie beweisen zwar um die Wette, daß das Urei der Welt sich nach allgemeiner Glaubensanschauung an dem Ort geöffnet habe, der später Hermopolis wurde; aber sie spiegeln verschiedene Deutungen dieses Zentralmythos wider. Der Fall vom «hermopolitanischen Ei» zeigt sehr gut die Schwierigkeit auf, in der man sich befindet, wenn man aus seltsamen Anspielungen eine der verlorenen Götterlehren des pharaonischen Ägypten rekonstruieren soll. Es tauchen sofort zwei grundsätzliche Fragen auf. Welchen Ursprungs war dieses Mutter-Ei (das Wort «Ei» ist im Ägyptischen weiblich)? Und welches Wesen war als Erstes aus ihm ausgeschlüpft? Diese beiden Rätselfragen beantworten die Ägypter je nach Zeit und Ort verschieden, wie der Leser aus der Reihe der folgenden Auszüge ersehen wird. Er wird dann selbst erahnen können, mit Hilfe welcher verwirrenden Disputierkünste die damaligen Theologen dazu kamen, aus demselben Grundbestand eine Folge voneinander abweichender Systeme herauszuholen.

17 *In mehreren alten Begräbnisformeln behauptet der Mensch, um sicher zu sein, daß der höchste Gott ihm den Lebenshauch gewähren wird, er sei identisch mit einem Urwesen.*

a *Sargtexte, Spruch 223* [126]: «Ich bin das Ei, das war (im Leib der Ente, die man nennt) die große Schreierin [127]. Ich war jener Wächter des großen Pfeilers, der Geb von Nut trennt [128]». *In fast paradoxer Art sprechen die jüngeren, stark verderbten Fassungen desselben Spruches vom «Ei, das im Leib des großen Gackerers», also eines männlichen Wesens war!* [129]

b *Totenbuch, Kapitel 59* [130]: Ich bin der mit seinen Armen den heiligen Ort umfängt; der in Hermopolis ist. Ich habe das Ei des Großen Gackerers bewacht.

c *Spruch 307 der Sargtexte* [131]: «Ich bin die Seele des Re, der aus dem Nun hervorging... Ich bin die *vom* Nun geformte Seele... Niemand hat das Nest gesehen, in dem ich war, niemand hat meine Schale zerbrochen.»

18 *Anrufung eines Zauberers des Neuen Reiches an den Urgott* [132]: «O Ei des Wassers, Urquell der Erde, Eischale der Achtheit, Großer im Himmel, Großer in der Unterwelt, Nestbewohner an der Spitze des Sees Desdes* [133], mit dir zugleich bin ich aus dem Wasser hervorgekommen, mit dir zugleich verlasse ich dein Nest.»

19 *Gruß an den Sonnengott in Hymnen des Neuen Reiches:*

a «... Du bist hoch hinaufgestiegen, als du aus dem geheimnisvollen Ei (hervorkamst) als Kind der Acht [134]!»

b «... Deine Wohnstätte, im Anfang, war der Hügel von Hermopolis. Du kamst ans Land auf der Insel der beiden Messer. Du erhobst dich aus den Wassern, aus einem geheimnisvollen Ei, Amaunet war hinter dir [135].»

20 *Nach einer thebanischen Inschrift aus ptolemäischer Zeit ist der Weltschöpfer Amun niemand anders als:* «[Der emportauchte] im Anfang in seinem Namen Ptah, und man nennt ihn Ptah, der das Ei schuf, das aus dem Nun hervorging... er ergoß seinen Samen auf das Ei, in dessen Innerem die Acht entstanden sind [136].»

21 *Petosiris, ein Bürger von Hermopolis, rühmt sich, die Tempel erneuert zu haben:* «Ich schuf einen heiligen *Bezirk* rings um den

Großen Teich, um zu verhindern, daß das gewöhnliche Volk ihn betrete, denn es ist der Ort, wo Re geboren wurde beim Ersten Mal, als die Erde noch mit dem Nun verschlungen war; denn es ist der Geburtsort aller Götter, die anfingen zu sein im Anfang, denn an diesem Orte ist jedes Wesen entstanden, denn die Hälfte des Eies wurde an dieser Stelle begraben und dort befanden sich auch alle Wesen, die aus dem Ei hervorkamen[137].» Diese Texte stimmen in einem Punkt überein: das kosmische Ei gehörte zu Hermopolis, und die Bewohner dieser Stadt rühmten sich, in ihrer Erde ein Überbleibsel seiner Schale zu bewahren (Urk. 21). Wer aber hatte das Ei niedergelegt, wer hatte das Ei gelegt? Wenn wir den ältesten Text richtig interpretieren, war das kosmische Ei von einem sagenhaften Vogel herbeigetragen worden, einer vergöttlichten *Nilente*, von der niemand sagen kann, ob sie ein solares oder ein chthonisches Wesen war; der Inhalt der Schale aber war der Lebenshauch der Welt[138]. Später (Urk. 170) vergaß man den Sinn der Legende. Das Ei, von dem man nicht weiß, wie es kam, enthielt einen Enterich, den großen Gackerer – eine Personifizierung der Sonne –, der den neuen Zustand der Welt einweihte, indem er sein heiseres Geschrei in der Stille erschallen ließ (weiter unten Urk. 26e). Beschreibungen des Demiurgen bestätigten, daß der Urgott das Ei, aus dem er dann entstehen sollte, aus seiner eigenen Substanz gebildet hatte (Urk 26c). Letzten Endes hätte man darüber streiten können, ob nun die Achtheit das Ei gebildet hat, aus dem Amun hervorging (Urk. 18, 19), oder ob dieser das Ei erzeugt hatte, um der Achtheit das Leben zu schenken (Urk. 20). Der berühmte Petosiris, ein Weiser unter den Weisen, begnügt sich mit der Aussage, daß «alles» aus dem Ur-Ei hervorgegangen ist auf die gleiche Weise wie Re beim Ersten Mal[139].

XI. KOSMOGONISCHE TEXTE
MEMPHITISCHER HERKUNFT

Memphis, das die Hauptstadt der Könige des Alten Reiches war und stets das städtische Hauptzentrum des Landes blieb, ist tot; es schläft unter dem Palmenhain von Badraschên. Seine Kosmogonie wurde um die Person des Gottes Ptah konstruiert, der auch Ta-tenen (die Erde, die sich erhebt) heißt und Schutzherr der Handwerker und Herr der Materie ist, weshalb die Griechen in ihm Hephaistos sehen.

1. Das Denkmal memphitischer Theologie

Das bemerkenswerteste, uns überkommene Zeugnis der memphitischen Theologie ist eine zur Zeit des Pharao Schabaka (um 710 v. Chr.) in Stein gemeißelte Abschrift einer Originalhandschrift, deren erste Fassung man heute in die V. Dynastie (ungefähr 2500 v. Chr.) verlegt[140]. Der Text, der sehr beschädigt ist, einmal durch den Appetit der Würmer, die einen Teil der ursprünglichen Manuskripte verzehrt haben, weiterhin durch den Schaden, den der in einen Mühlstein umgewandelte Steinblock des Schabaka bei dieser wirtschaftlichen Benutzung erlitt, war, wie man sich leicht denken kann, sehr schwierig zu gewinnen. Wenn auch die Ansichten in einigen Punkten der Auslegung auseinandergehen, so wird der allgemeine Sinn des Textes doch einstimmig anerkannt. Als «Verstandes»gott, der durch das vereinte Wirken seines *Herzens* (Geist und Wille) und seiner *Zunge* (sein wirksames Wort) erschafft, besitzt Ptah eine klar umrissene, ursprüngliche Gestalt. Wenn man die anderen memphitischen Texte (Urk. 23–25) liest, wird man bemerken, daß der Einfluß der übrigen Kosmogonien sich im Lauf der Jahrhunderte spürbar gemacht hat und daß es nichts gibt, was mehr abgebaut wurde als der zweite Teil des «Denkmals memphitischer Theologie», eines der seltenen ägyptischen Schriftstücke, welche die Entstehung des erschaffenen Alls methodisch analysierten, nicht ohne bemerkenswerte Verfeinerungen auf dem Gebiet der Experimentalpsychologie[141]. Der kosmogonische Teil der Lehre beginnt mit einer stark verderbten Stelle [I], wo «die Götter, die in Ptah entstanden», acht an der Zahl, aufgezählt werden. Diese memphitische Achtheit, die im Grunde nichts anderes ist als eine Aufzählung der «Hypostasen» des Demiurgen, umfaßt «Ptah, der auf dem großen Thron sitzt» (das heißt der große Ptah), Nun und sein weibliches Doppel Naunet, dann Ptah mit dem Beinamen der Uralte (wörtlich «der Große»), welcher Atum ist, schließlich vier andere göttliche Gestalten, deren Namen verlorengegangen sind. Dann beginnt die eigentliche Analyse der Schöpfung.

22 [II] «Es hat etwas Gestalt als Herz, als Sinnbild Atums,
es hat etwas Gestalt als Zunge,
Es ist Ptah,
der ,sehr Große‘, da er [Leben] überwiesen hat
allen Göttern und Kas (Geistern)
durch dieses Herz,
durch diese Zunge,
   aus dem (der) Horus (Thot) hervorgekommen war
als Ptah[142].»

[III] «Es haben das Herz und die Zunge Macht über alle (anderen) Glieder, auf Grund der Erwägung, daß es (das Herz) in jedem Leibe ist, daß sie (die Zunge) in jedem Munde ist von allen Göttern, allen Menschen, allem Vieh, allem Gewürm und (allem), was lebt – indem das Herz alles denkt, was es will, und die Zunge alles befiehlt, was *das Erstere* will.»

[IV] «Seine (des Ptah) Götterneunheit ist vor ihm als Zähne und Lippen, das sind der Same und die Hände Atums. Es entstand ja die Götterneunheit des Atum durch seinen Samen und seine Finger. Die Götterneunheit aber ist (in Wirklichkeit) die Zähne und Lippen in diesem Munde, der den Namen aller Dinge nannte, aus dem Schu und Tefnut hervorgegangen sind, der die Neunheit geschaffen hat.»

[V] «Das Sehen der Augen, das Hören der Ohren, das Luftatmen der Nase, sie erstatten dem Herzen Meldung. Es ist es, das jede Erkenntnis entstehen läßt; die Zunge ist es, die wiederholt, was vom Herzen erdacht wird.»

[VI] «So wurden alle Götter geschaffen und wurde seine Neunheit vollendet. Es entstand ja jedes Gotteswort als das, was von dem Herzen erdacht und von der Zunge befohlen wurde. So wurden auch die Kau (die Lebensgeister) geschaffen und die Hemesut (die Lebensfeen) bestimmt, die alle Nahrung und Speise hervorbringen durch dieses Wort. So wird dem, der tut, was geliebt wird, auch sicherlich Leben gegeben; dem aber, der tut, was gehaßt wird, der Tod gegeben, weil er ein Frevler ist. ,So wird auch Recht gegeben dem‘, der tut, was geliebt wird,

‚und Unrecht wird gegeben dem‘, der tut, was gehaßt wird. – So wird auch Leben gegeben dem Friedfertigen und Tod gegeben dem Frevler (Friedensstörer) ‚durch dieses Wort, das von dem Herzen erdacht und von der Zunge befohlen wurde‘.»

VII «So wurden alle Arbeiten erschaffen und alles Handwerk, das Tun der Hände, das Gehen der Füße und die Bewegung aller (anderen) Glieder gemäß dem Befehl, der vom Herzen erdacht wurde und durch die Zunge ausgedrückt wurde, der das Wesen von allem ausmacht[143].»

VIII «Man nennt Ptah: ‚der das All schuf und die Götter hervorbrachte.‘ Er ist ja Ta-tenen (die Erde-die-sich-erhebt), der die Götter schuf, aus dem alle Dinge hervorgegangen sind, an Speise und Nahrung, an Opfern der Götter, an allen guten Dingen. So wird festgestellt und erkannt, daß seine Macht größer ist als die der (andern) Götter. So war Ptah zufrieden, nachdem er alle Dinge und alle Gottesworte gemacht hatte.»

IX «Er schuf die Götter, er machte die Städte, er gründete die Gaue, er setzte die Götter auf ihre Kultstätte(n), er setzte ihre Opfer fest, richtete ihre Heiligtümer ein, er machte ihren Leib so, wie sie ihn wünschten. So traten die Götter ein in ihren Leib aus allerlei Holz, allerlei Mineral, allerlei Ton und allerlei anderen Dingen, die auf ihm (Ptah-ta-tenen) wachsen, in denen sie Gestalt angenommen haben[144].»

X «So sind alle Götter bei ihm versammelt samt ihren Kas, zufrieden und vereint mit dem Herrn der beiden Länder.»

2. Hymnus auf den Weltschöpfer Ptah (Neues Reich)[145]

Dieser Text ist ein Auszug aus einem langen Ritualhymnus, der im Neuen Reich (zweifellos nach 1400 v. Chr.) verfaßt wurde; er ist uns aus dem Papyrus Nr. 3048 des Berliner Museums, einer Handschrift aus der Zeit Ramses IX. (um 1100 vor unserer Zeitrechnung) bekannt.

23 Gegrüßt seist du, o Ptah, angesichts deiner Urgötter,
die du gemacht hast, nachdem du entstanden warest als Gott.
Leib, der seinen Leib selbst gebaut hat,
bevor der Himmel entstand, bevor die Erde entstand,

als die wachsende Flut noch nicht anstieg.

Du hast die Erde geknotet,

Du hast dein Fleisch zusammengefügt,

du hast deine Glieder gezählt,

Du hast dich als Einziger gefunden, der seine Stätte geschaffen hat.

Du Gott, der die beiden Länder geformt hat [146].

Du hast keinen Vater, der dich gezeugt hat, als du entstandest,

Du hast keine Mutter, die dich geboren hat,

Du, dein eigener Chnum [147]!

Du Gerüsteter, der gerüstet hervorkam!

Du bist aufgestanden auf dem Lande während seiner Müdigkeit...

in dem du warst in deiner Gestalt des,

der-die-Erde-hebt (des Ta-tenen),

in deinem Wesen des Zusammenfügers der beiden Länder.

Was dein Mund gezeugt hat und deine Hände geschaffen haben,

Du hast es aus dem Urwasser herausgenommen.

Das Werk deiner Hände ist deiner Schönheit angeglichen.

Dein Sohn, alt in seiner Gestalt (die Sonne),

Du hast die Dunkelheit und Finsternis vertrieben

durch die Strahlen deines Augenpaars.

3. Die Titel des Weltschöpfers Ptah

Zu den ägyptischen Quellen, die sich auf die Weltentstehung beziehen, ist eine ganz spezielle Kategorie von Urkunden zu rechnen:
die Titulaturen der großen Schöpfergötter. Die mehr oder weniger
langen Reihen von Beinamen und qualifizierenden Sätzen, die hauptsächlich in den erklärenden, die Götterbilder begleitenden Legenden auf die Namen der Götter folgen, haben den Vorteil, uns in
abgekürzter und systematischer Form die Vorstellung zu vermitteln,
die die Ägypter sich von ihren verschiedenen Demiurgen machten.
Als Beispiel führen wir drei Titulaturen des Ptah an; sie stammen
aus dem Tempel von Edfu (3.–1. Jh. v. Chr.) [148].

24 a «Ptah, der aus dem Nun kam... bevor der Himmel und die
Erde aus dem Nun hervorgegangen waren.»

24 b «Ptah... der das Sein im Anfang erschuf, als er allein war,
ohne irgendeinen anderen als er, der aus sich selbst entstand, der

im Anfang gestaltete, ohne Vater, ohne Mutter, die seinen Leib geschaffen hätten, allein und einzig, der die Götter machte, der erschuf, ohne selbst erschaffen worden zu sein...»

24 c «Ptah-ta-tenen, Vater der Götter... der die Götter in sich trug, bildete und erzeugte, Vater der Männer wie der Frauen...»

4. Aus einem kosmogonischen Lehrbuch

Wir haben weiter oben den Inhalt des ersten Teiles dieses Textes erwähnt, das Erscheinen des chthonischen Ptah, die Erschaffung der Achtheit und die Entstehung der Sonne (Urk. 15). Der zweite, weniger schwülstige, menschlichere Teil erzählt von der Erschaffung der für uns Menschen notwendigen Dinge durch den Demiurgen, der, anfänglich noch im Nun wesend, die Ursache der steigenden Flut ist und der als Ptah-ta-tenen die Erde ist. Die Ägypter stellten den Geist der Überschwemmung, Hapi, und jede andere, die fruchtbaren Naturkräfte personifizierende Macht in Gestalt eines üppigen Mannes mit Frauenbrüsten dar. Da man sich zumindest in der Spätzeit darüber wundert, daß *die* unbebaute Ackererde männlich war, aber ein weibliches Prinzip, wenn sie sich mit Pflanzen bedeckte, hat der gelehrte Verfasser dieser Kosmogonie Ptah als Hermaphroditen beschrieben, männlich wie das Wasser und weiblich wie die Ackerkrume.

25 «Der Vater der Götter ist es und die Mutter.
Der Name der Frau ist es und die Vulva,
in die sich der Same alles dessen ergießt,
was hervorgekommen ist aus dem Nun.
Der große Hapi, der Vater der Götter, ist es,
das Urwasser ist es,
die Gestalt des Nils ist es,
deren eine Hälfte Mann,
deren andere Hälfte Frau ist,
Das Wasser ist es, welches Mann ist,
der Hügel ist es, welcher Frau ist,
Vater und Mutter sind es.
Er ließ Gerste hervorkommen aus dem Mann,
er ließ Emmer hervorkommen aus der Frau,

aus den Gewässern, welche hervorkamen aus dem Nun
für die Menschen, sie am Leben zu erhalten.
Er ließ Wasser auf die Äcker gehen,
er ließ Gerste und Emmer wachsen zwei Tage lang.
Er gab davon den Göttern...
Es wurde das Brot geschaffen,
von welchem das Leben in den beiden Ländern abhängig ist.
Er gab ihnen (den Menschen) die Arbeit, von der sie
auch leben werden.»

XII. KOSMOGONISCHE TEXTE
THEBANISCHEN URSPRUNGS[149]

Der politische Aufschwung Thebens vom Ende des 3. Jahrtausends
an und die entscheidende Rolle, welche diese Stadt dreizehn Jahrhunderte lang in der ägyptischen Geschichte spielen sollte, haben
ihren Gott Amun (bald Amun-Re) in den Vordergrund des religiösen Denkens gerückt. Als die anwachsende Macht der Stadt ihn
unter der 11. Dynastie in volles Licht stellt, ist Amun nur einer der
unzähligen Lokalgötter, dessen eigene Theologie und besondere
Legenden nur lokales Interesse haben (deshalb sind sie für uns
dunkel). Man stellte also für Amun, diesen rätselhaften «verborgenen Gott», eine Kosmogonie her, die ihre meisten Grundgedanken
den bedeutenden klassischen Systemen entlehnte. Der «König der
Götter» schmückte sich also mit den Attributen seines Nachbarn
Min aus Koptos, mit denen des Sonnengottes aus Heliopolis und
des memphitischen Ptah, und die hermopolitanischen Themen
(Achtheit, Lotos, Ei) wurden in seinen Sagenkreis integriert. Amun
galt außerdem als identisch mit dem «Lebenshauch, der allen Dingen innewohnt». Die wenigen, hier zusammengestellten Texte sollen zeigen, was für imperialistische Ansprüche die Thebaner for-
mulieren, weil sie sich stark fühlen vom Wohlstand der «Stadt aller
Städte», Vertrauen haben in die Geschicklichkeit ihrer Theologen
und sicher sind, daß das Zentrum ihres großen Tempels von Karnak «den sakrosankten Hügel vom Ersten Mal» überdeckt[150].

Die folgenden kosmogonischen Ausschnitte sind unter anderem einem kultischen Hymnus entnommen, der auf dem Papyrus 1350 des Leidener Museums, einem Manuskript aus der 19. Dynastie (1300–1200 v. Chr.) erhalten ist.

26 a *Urtheben:* «Theben war eher vorhanden als jede andere Stadt. Wasser und Land waren in ihm am Uranfang; und es kam der Sand, um die Äcker zu begrenzen, um ihren Boden zu schaffen auf dem Hügel: da entstand die Erde. Dann entstanden die Lebewesen in ihm, um jede andere Stadt zu besiedeln… (II, 10–11, Kap. 10).

26 b *Der aus sich selbst entstandene Gott:* «Du, dein eigener Urheber, dessen Gestalten niemand kennt, vollkommene Schönheit, die sich in erhabenem Ausgehen (bes) offenbarte, der seine Abbilder gestaltete, sich selbst erschuf. Vollkommene Macht, die sein Herz vollkommen macht; er vereint seinen Samen mit seinem Leib, um seinem Ei das Sein zu verleihen in seinem geheimnisvollen Schoß…» (II, 25–27, Kap. 40).

26 c *Amun als Urgott:* «Die Achtheit war deine erste Erscheinung, bis du ihre Zahl vollendetest als der Eine. Dein Leib ist unter den Leibern der Urzeitlichen verborgen; du verstecktest dich als Amun an der Spitze der Götter; du verwandeltest dich in Ta-tenen, um die Urgottheiten zur Zeit deines Uranfangs zur Welt zu bringen. […] (Dann) entferntest du dich, wurdest der Himmelsbewohner, der nunmehr in Sonnengestalt da steht. Du bist gekommen und warst die Väter (sic!), welche die Söhne zeugten, um ein herrliches Erbe zu begründen für deine Nachkommenschaft. Du bist als Erster entstanden, als noch nichts vorhanden war. Im Anfang gab es kein Land ohne dich, und die Götter erschienen nach dir…» (III, 23–26, Kap. 80).

26 d *Amun, der einsame Gott des Anfangs:* «Der zuerst im Uranfang Entstandene, Amun der Erstentstandene, dessen Gestalt man nicht kennt. Kein Gott entstand vor ihm, kein anderer Gott war mit ihm zusammen, der seine Gestalten genannt hätte. Er hatte keine Mutter, nach der sein Name genannt werden konnte, er hatte keinen Vater, der ihn erzeugte und sagen konnte: ,Das bin

ich.' Der sein Ei selbst bildete, eine Macht von geheimer Abkunft, der seine Schönheit selbst schuf, der göttliche Gott, der von selbst entstand! Alle anderen Götter entstanden, nachdem er mit sich selbst den Anfang machte...» (IV, 9–11, Kap. 100).

26 e *Der große Schreier:* «Die Neunheit war (noch) in deinen Gliedern eingeschlossen... alle Götter waren (noch) vereint in deinem Leibe... Er schrie, der große Schreier, am Orte, wo er erschuf, er allein. Er begann zu sprechen inmitten des Schweigens. Er öffnete die Augen und machte sie sehend. Er begann zu schreien, als die Erde ohne Lebenskraft war. Sein Geschrei erschallte, als außer ihm noch niemand war. Er brachte Geschöpfe zur Welt und bewirkte, daß sie leben, er bewirkte, daß alle Menschen einen Weg wissen, den sie gehen, und daß ihr Herz lebt, wenn sie ihn sehen...» (IV, 1–8, Kap. 9).

2. *Aus einem anderen Hymnus auf den Gott Amun-Re*

Die folgenden Auszüge entstammen einem anderen kultischen Hymnus, der uns aus einem Papyrus des Museums von Kairo (Papyrus Boulaq Nr. 17) bekannt ist[152]. Der Text stammt ungefähr aus der gleichen Zeit wie der vorige, ist aber viel deutlicher von heliopolitanischem Einfluß geprägt: die Sätze, die man hier liest, hätten ebensogut vor Re in seiner «Sonnenstadt» wie in Theben gesungen werden können.

27 a «Gruß dir, Re, du Herr des Maât (die kosmische Ordnung), der du befahlst, daß die Götter werden, Atum, der Schöpfer der Menschen, der du ihre Gestalt unterschiedest, der du ihr Leben erschufst, der du sie voneinander unterschiedest durch die Farbe ihrer Haut...» (IV, 2–3).

27 b «Du bist der Eine, der alles schuf, was ist, der eine Einzige, der die Wesen erschuf, aus dessen Auge die Menschen hervorgingen, aus dessen Mund die Götter entstanden, der das Kraut schuf und die Nahrung für den Menschen; der schafft, wovon die Fische im Nil leben und die Vögel des Himmels, der (dem Leben) im Ei Luft gibt und den Sohn des [...] belebt, der schafft, wovon die Mücken leben und die Würmer und Flöhe desgleichen, der den Mäusen in ihren Löchern Nahrung verschafft» usw. (VI, 2–7).

27c «Du Vater der Väter aller Götter, der den Himmel erhob und den Erdboden hinabdrückte, Urheber von allem, was ist, Schöpfer der Wesen, herrscherliches Haupt der Götter, wir verehren deine Macht...» (VII, 6–7).

3. Auszüge aus einem Hymnus auf Urtheben[153]

Es handelt sich hier um einen Hieroglyphentext, der in Karnak, dem Stammsitz des Amunkultes, auf dem Unterbau des Tores eingemeißelt ist, das den Zugang zu dem berühmten «Säulensaal» des Tempels bildet. Die Weiheformel rühmt die Vorzüge Karnaks als anfängliche Kleinwelt und Grundlage des Makrokosmos. Der Text wurde zur Zeit des griechischen Pharao Ptolemäus VIII. (145–116 v. Chr.) in zwei symmetrische Steintafeln zu beiden Seiten des Portals eingemeißelt.

28a *[Der Ort, wo dieses Tor sich erhebt, ist]* der Ursprungsort und der *Same* des Nun für Den, dessen Name verborgen ist, was er für sich (selbst) bildete, das nämlich, was er erschuf, was er zusammenschmolz im Feuer seines Auges [...] Er sagte alles an, was werden sollte: und sogleich ward es. Er *gründete* (also), was durch seine Stimme gerufen wurde. Er ordnete an, was später sein sollte. Er befahl gar nichts Fehlerhaftes. Er schuf die Erde-die-sich-erhebt, er schuf die Acht, er stellte seinen eigenen Leib her als den eines sakrosankten Kindes, das mitten im Urgewässer aus einer Lotosblüte hervorging. Er erleuchtete die Länder mit seinen beiden Augen. Er machte die Menschen, er erschuf die Götter. Er belebte das Kollegium der Neunheit; er setzte die Glieder der Achtheit als Götterväter und Propheten ein, mit Schu als Prophet, der das Himmelsgewölbe trägt, und Tefnut als Gemahlin des Gottes[154]...»

28b *[Das heilige Theben ist]* «der Hügel der Schlange, welche die Erde machte, die Mutter des Weltherrn, der Himmel Dessen, der aus sich selbst entstand... Die Erde war (noch) in den Tiefen der Flut. (Amun) faßte Fuß darauf, und sie löste die Starre, die ihn umfing, als er sich auf ihre Oberfläche stellte. Denn (Theben) war der Lebensboden, *wo* er entstand, das feste, emporgetauchte Land, das fröhlich bebte im Anfang. [...] Man nennt es Welt-

kreis, denn seine Ecksteine entsprechen den vier (Himmels)stüt-
zen und leisten den vier Winden Gesellschaft[155]. Sie stützen das
Himmelsgewölbe für Den, dessen Name verborgen ist... Das
Urkollegium (der Acht) ist in ihr (Theben) entstanden; es erschuf (dann), was ist. Die Schlange Kematef war *(in ihr)* entstanden. Theben wurde die Muttergöttin, [...], der Himmel Ägyptens, die Herrin der beiden Länder...»

XIII. KOSMOGONISCHE TEXTE AUS ESNE
(LATOPOLIS)

Im Tempel von Esne in Oberägypten befinden sich die jüngsten
religiösen Texte, die uns die pharaonische Kultur überliefert hat
(1.–2. Jh. *nach* Christus). Sie sind in die Tempelsäulen eingemeißelt.
Der Tempel wurde zu Ehren zweier bedeutender Gottheiten,
Chnum und *Neith*, erbaut; beide sind Schöpfergötter. Chnum, der
ursprüngliche Schutzherr des Ortes, war ehemals ein Widdergott,
der Herr der Zeugungskräfte und ein Töpfergott, der Schöpfer der
Formen. Seine Identifizierung mit Re bewirkte, daß die späte Theologie ihm alle auf die Sonne bezüglichen Mythen beilegte, obwohl
sich aus dieser Verschmelzung offensichtliche Zusammenhanglosig-
keiten ergaben. (Beispiel: der Töpferwidder geht in Gestalt eines
gekrönten Kindes aus der Lotosblüte hervor[156].) Unter demselben
heliopolitanischen Einfluß wurde der Lebenswidder zu Chnum-
Schu, dem Gott des lebenspendenden Atems; deshalb konnte er
auch gelegentlich *Heh* benannt werden nach einem Beinamen des
Schu, der in sich die Summe der Hehu oder Himmelspfeiler voll
machte. Die Göttermutter Neith war bei den Saïten entlehnt worden.

In Esne sind uns also zahlreiche Texte erhalten, die sich auf die
Erschaffung und die Entstehung des Lebens beziehen. Unter ihnen
befindet sich vor allem eine sehr lange Erzählung, die beim Fest
von Saïs, am 13. des Monats Epiphi, daran erinnerte, auf welche
Weise Neith das All erschaffen hatte, und anschließend von den
Abenteuern berichtete, die sie erlebt hatte, bevor sie sich in Saïs
niederließ. Der Text erwähnt das Auftauchen des ersten Hügels,

die Geburt der Urgötter und der Sonne, das schöpferische Wort, durch welches Neith die Entstehung der Welt hervorruft; er erzählt von ihrer Reise als große Kuh Methyer, die ihren Sohn, die Sonne, zwischen den Hörnern trägt und nach Saïs bringt[157]. Neben dieser Urkunde, die Neith allein die ganze Verantwortung für die Schöpfung zuschreibt, finden sich zahlreiche Urkunden, die Chnum-Re zum Weltschöpfer machen. Meist aber – zweifellos infolge von Verschmelzung der vorhandenen Theologien – verachtet Chnum die Erschaffung der rohen Materie und beschränkt sein Werk auf die Gestaltung und Erhaltung der Lebewesen.

Alle diese Inschriften, die Serge Sauneron vor kurzem kopiert hat, sind zur Zeit noch unveröffentlicht. Wir bringen deshalb nur eine Auswahl von Paragraphen, die beide Gestalten zeigen, unter denen Chnum gleichzeitig verehrt wurde: die Gestalt des Sonnengottes von Heliopolis als Schöpfer der Welt und die des Töpfers als Urheber des Lebens, dem man am Jahresfest der Geburt der Wesen die Töpferscheibe darbrachte, auf der er sie alle gebildet hat.

29 Gruß dir, Chnum-Re, Herr von Esne,
Ptah, der du die Urgötter zur Welt brachtest,
großer Gott, der du ganz zu Anfang entstandest,
herrlicher Widder vom Ersten Mal.
Er erhob den Himmel,
Er erhob das Himmelsgewölbe und leuchtete dort unter der
Gestalt des Schu;
dort ließ er die Seele der Götter wohnen;
er breitete die Erde aus auf ihrem Fundament
und beleuchtete die beiden Länder mit seinem Auge...
Bildner der Bildner,
Vater der Väter, Mutter der Mütter,
der die Wesen von oben machte und die Wesen von unten
erschuf,
der heilige Widder, der die Widder machte,
Chnum, der die Chnumgötter machte,
mit kraftvoller Hand, unermüdlich,
so daß es keine Arbeit gibt, die ohne ihn vollbracht wird.
Er machte die Städte, trennte die Landschaften,
schuf die beiden Länder,

befestigte die Berge.

Er hat die Menschen auf der Töpferscheibe gebildet,
er hat die Götter gezeugt, die Erde zu bevölkern
und den Kreis des Weltozeans.

Er kommt zur rechten Zeit, um allen Leben zu spenden,
die auf seiner Scheibe entstanden,
er machte das Kraut, um alle Tiere zu erhalten,
und den Lebensbaum für den (die) Lebendigen...

Er hat den Himmel gemacht bis zum heutigen Tage,
der vollkommene Gott aus unvordenklichen Zeiten,
der von der Frühe an am Himmel einherfährt und das Land
mit seinen Wohltaten anfüllt.

Schicksal und Unterhalt der Kinder stehn ihm zu Diensten;
Wasser und Wind stehn ihm zu Diensten,
und was aus seinem Munde hervorgeht, leidet keinen Verzug.
Er ist der Urheber von allem,
denn es ist kein Werk, bei dem er fehlte[158].

30 Du bist der Meister der Töpferscheibe, dem es gefällt,
auf der Scheibe zu bilden,
der wohltätige Gott, der das Land belebt,
der die Keime der Erde (miteinander) in Berührung bringt...
Du bist der Allmächtige... und du hast die Menschen auf
   der Scheibe gebildet,
du hast (die Götter) erschaffen,
Kleinvieh und Großvieh hast du gestaltet,
alles hast du auf deiner Scheibe gebildet, täglich,
in deinem Namen Chnum, der Töpfer[159].

31 Du bist der Herr von Esne, der Gott der Töpferscheibe,
der die Götter formte,
der die Menschen bildete und auch die Tiere...
Der viel geliebte Widder, der schuf, was ist und noch nicht ist,
der die Götter zur Welt brachte, die Göttinnen zeugte...
Du bist der ehrwürdige Gott, der im Anfang entstand...
Der geheimnisvolle Gott, dessen Gestalt man nicht kennt;
du kamst aus dem Nun, erschienst mit der (Sonnen)flamme;
der Nil fließt aus den beiden Höhlen unter seinen Füßen hervor,
ihm entströmt der sanfte Hauch des Nordwinds

für die Nasen der Götter und Menschen...
Du bist Tenen, erhabener als die Götter;
seine Tat hat das Land belebt:
die Scheibe ist vor ihm,
seine beiden Arme sind gerade beim Gestalten,
seine Finger lösen die Glieder (von der Masse des Stoffes)...
Du bist es, der den Himmel erhebt,
Heh, der Nut erhöht,
Schu, des Atum ältester Sohn.
Er ist der einzige, der alles, was ist, zur Welt brachte,
der Schu erschuf mit seinen beiden Augen,
die beiden Länder zu erleuchten[160]...

XIV. NACHWORT

Wir haben nun die wichtigsten, auf die Schöpfung bezüglichen
ägyptischen Texte besprochen und versucht, die ihnen gemeinsamen Grundbegriffe zu erfassen, ohne die Ursprünglichkeit der einzelnen Systeme in Abrede zu stellen. Es bleiben uns noch zwei Fragen zu beantworten: Welche Stelle hatte der Mensch in dieser
Schöpfung? Und warum gebrauchen die Ägypter den Ausdruck
«das Erste Mal», wenn sie vom Ursprung der Welt sprechen wollen?

1. Die Stellung des Menschen in der Schöpfung

Die Lektüre dieser Auszüge könnte den Eindruck erwecken, die
Ägypter hätten die Schöpfung als ein Gesamtwerk verstanden, das
etwa um seiner selbst willen geschaffen wurde: in Entwicklungsstufen stellt die Genesis einfach an seinen Platz, was für einen Bewohner des Niltals die ganze Welt bedeutet: Erdgestalt, Licht und
Sonne, Nil, Götter und Menschen, Tiere und Pflanzen sind aus
einem unerklärlichen Willen des «sich selbst vollendenden Demiurgen» hervorgegangen, ohne bestimmtes Ziel, aber nach einem
vorausschauenden Plan. Natürlich hat dieser Plan für das Leben
jeder Gattung gesorgt:
«Es leben die Falken von (kleineren) Vögeln,

Schakale von der Beute im Umherschweifen,
Schweine vom Wüstensand,
Nilpferde vom Sumpfland,
Menschen vom Korn,
Krokodile von den Fischen,
Fische vom Wasser, das im Nile ist,
(All dies) gemäß der Anordnung Atums[161].»

Man wird aber auch bemerkt haben, daß die Texte, die zwar gelegentlich von «den Göttern und den Menschen» sprechen, bei der Aufzählung der Geschöpfe viel öfter die Menschen *vor* den Göttern erwähnen. Von unserer modernen Auffassung her gesehen, ist das sehr überraschend und verdiente, durch eine systematische Untersuchung erklärt zu werden. Vorläufig halten wir fest, daß in der heliopolitanischen Kosmogonie die Menschen aus den Tränen des Sonnengottes entstehen, und zwar zu einer Zeit, zu der die Neunheit der großen Götter das Licht der Welt noch nicht erblickt hat (siehe Urk. 12): sie sind also *zeitlich vor den Göttern!*

Trotzdem findet die pharaonische Menschheit, die weniger gut behandelt wird als die der Bibel, bescheiden ihren Platz zwischen Nilpferden und Krokodilen, bei einer providentiellen Ordnung, die ihre Wohltaten bis auf die jungen Falken ausdehnt und sogar den Mäusen ihre Nahrung gibt (Urk. 27b). Es gab aber auch eine humanistische Richtung, die das ganze Schöpfungswerk auf den Menschen und sein Wohl bezog und sich an dem Thema vom «Kleinvieh Gottes» entfaltete[162]. Mehr als zweitausend Jahre vor Christus schrieb ein König für seinen Nachfolger Merikare moralische und politische *Lehren*, in denen nach einer Periode der Gesetzlosigkeit, wo die Ordnung der überlieferten Werte tiefgehend verändert wurde, offen verkündigt wird:

«Versorgt sind die Menschen, das Kleinvieh Gottes. Er hat Himmel und Erde nach ihrem Wunsch[163] gemacht, den Gierigen der Wasser in seine Schranken gewiesen. Er schuf die Luft, um ihre Nasenlöcher zu beleben. Denn sie sind seine Abbilder, die aus seinen Gliedern (aus seinem Fleische) hervorgingen. Er geht am Himmel auf nach ihrem Wunsche. Er hat die Futterpflanzen für sie geschaffen, Kleinvieh, Vögel und Fische, um sie zu ernähren[164]...»

Auch eine viel spätere, aber aus gleicher Quelle stammende memphitische Urkunde führt die Entstehung der eßbaren Pflanzen auf die Sorge des Ptah für die Menschen zurück und fügt hinzu, daß der Demiurg die Arbeit zum Wohl dieser Geschöpfe einsetzte (Urk. 25).

Wenn nun der ägyptische Mensch die Schöpfung in einem gewissen Maße als für ihn geschaffen ansehen konnte, wie verhielt er sich gegenüber den *anderen Menschenrassen?* Der Weltschöpfer hat sie alle miteinander erschaffen und sie durch ihre Hautfarbe voneinander unterschieden (Urk. 27a); andere Texte fügen hinzu: durch ihre physische Gestalt und ihre Sprache[165]. Obwohl die Ägypter des sieghaft vordringenden Neuen Reiches gewohnt sind, die Fremden als Feinde der pharaonischen Welt totaler Vernichtung zu weihen, zeigen sie doch zuweilen eine großzügige kosmopolitische Gesinnung, die zweifellos von einer sehr alten Überlieferung herrührt[166]: Die vier bekannten großen Volksrassen werden gelegentlich als Kinder ein und desselben Gottes beschrieben; später wurden sie durch das Tun des Gottes unterschieden, und theoretisch haben sie allesamt Zugang zu den Paradieswohnungen des Jenseits. In einem der Totenbücher, die in den Königsgräbern (von 1350 v. Chr. an) neu abgeschrieben wurden, dem sogenannten «Pfortenbuch», kommt eine Szene vor, die *Horus* als den «Hirten der Völker» zeigt. Auf seinen langen Stab gestützt – eine Haltung, in der die Bilder des ländliches Lebens den wachehaltenden Hirten darstellen –, wacht der Gott mit dem Falkenkopf über die verstorbene Menschheit; diese wird dargestellt durch vier Ägypter, die «wirklichen» Menschen, die Archetypen der Gattung, vier Palästinier, vier Nubier und vier Libyer[167]:

> «Horus sagte zu dieser Herde des Sonnengottes, die in der Unterwelt ist, (die) aus dem schwarzen Land (Ägypten) und aus dem roten Land (dem Ausland) gekommen sind: ,Seid gesegnet, ihr Schafe der Sonne, die ihr aus dem Großen hervorgingt, der im Himmel ist. Lebensatem sei in euer Nasen, und euer Leichentuch löse sich von euch.
>
> Denn ihr seid die Tränen meines strahlenden Auges in eurem Namen Menschen[168]. (Dann) ward das Wasser davon überreich, und ihr erschient in eurem Namen Asiaten... Ihr seid auch, die

ich schlug, als ich auf Heh ruhte, der aus mir entstand, und ihr erschient in eurem Namen Nubier... Ich habe (endlich) mein Auge gesucht, und ihr entstandet in eurem Namen Libyer...'»

2. Die ewige Wiederkehr

Warum wird die Schöpfung «das Erste Mal» genannt?

Das Chaos ist durch die Schöpfung nicht überwunden worden. Die Urformen, Wasser und Finsternis, umgeben, dem göttlichen Willen entsprechend[169], die geordnete Welt, und wenn der Schöpfer aus freier Willensbestimmung heraus es wollte, so kämen wir wieder in die Zeiten der wässrigen Urwelt[170]. Feindliche oder hemmende Kräfte wie die Schlange Apophis oder «der Gierige der Wasser» haben sich in der geschaffenen Welt behauptet und bedrohen ihr Gleichgewicht. Wird die normale kosmische Ordnung – die Ägypter nennen sie maât – durch einen Einbruch fremder Kräfte oder durch eine Sozialrevolution gestört, welche die Grundfesten der traditionellen Gesellschaft erschüttert, so entsteht ein chaosähnlicher Zustand. Besteigt dann ein Erneuerer den Thron, der die Götterbilder wieder in ihre Tempel zurückbringt, die Eindringlinge vertreibt und die Gesetze wieder rechtswirksam macht, so wird er gepriesen als der die Welt wieder neu erschaffen hat. Aber auch außerhalb nationaler Katastrophen ist die Schöpfung immerfort bedroht, und zwar allabendlich, wenn die Sonne untergeht und der Urschatten sich über die Erde legt. Wird es ein neues Morgen geben? Bei jeder Abenddämmerung liegt die Sonne im Sterben, und nur das Bad im jenseitigen Nun vermag ihr wie beim «Ersten Mal» ihre kraftvolle Jugend wiederzugeben und ihre Rückkehr am Schöpfungsmorgen sicherzustellen. Diese beklemmende Ungewißheit des Übergangs, der einen Zyklus abschließt, über den man nicht hinausblickt und wobei man nicht weiß, ob alles wieder beginnt, läßt sich bei vielen Gelegenheiten erkennen, so während der letzten fünf Tage des Jahres, bei jeder Thronbesteigung, vielleicht auch beim Jubiläum der Könige, an den ersten und letzten Tagen der Jahreszeiten. Bei jeder Phase eines Zeitumlaufs ist die Schöpfung bedroht, und die Gründung der neuen verjüngten Welt verlangt die Zuhilfenahme eines Zaubers, der die Macht der dem Chaos feindlichen Götter verstärkt. Die Darbringung eines Bildes der Göttin Maât, der Ritus, «den Himmel zu erheben», wobei man dem Gott eine Statue des *Heh* mit erhobenen Armen darreicht, damit er das Himmelsgewölbe recht kräftig stützt, sind Handlungen, durch welche der Pharao als Erbe und Stellvertreter des Demiurgen die Erneuerung der Schöpfung sicherstellt, wenn der aus dieser Schöpfung hervorgegangene Stand der Dinge gefährdet erscheint.

Beim Lesen mancher Hymnen, die bei Tagesanbruch in den Tempeln psalmodiert wurden, würde einem auffallen, wie ähnlich das Bild unserer morgendlich erwachenden Erde dem Bild des Alls bei seinem ersten Erwachen ist, als es noch die Kindheit der Sonne schaute. Deshalb kann man von einem «Ersten Mal» sprechen, bei dem sich die gegenwärtige Weltordnung endgültig vom Chaos unterschied durch das Wirken des eigentlichen Schöpfergottes, der Sonne. Jeden Morgen wird die bei der Urschöpfung festgelegte Harmonie der Welt neuerdings hergestellt, wenn die Dunkelheit entweicht beim Auftauchen des Sonnengottes, der aus der äußeren Finsternis zurückkehrt und über den schlafenden Wassern des immer gegenwärtigen Nun aufgeht.

SUMERISCHE SCHÖPFUNGSMYTHEN

VON MAURICE LAMBERT

I. DAS LAND

Im südlichen Mesopotamien, zwischen den Bergketten des Zagros-gebirges und der arabischen Sandwüste, fließen zwei stark lehm-haltige Flüsse durch die glühendheiße Ebene, Euphrat und Tigris. Das breite Oval von rund zweihundertfünfzig mal hundert Kilo-meter, das sie im Marschland des Persischen Golfs umgrenzen, ist das Land von Sumer und Akkad, ein von Wasser angefülltes, un-beständiges Tiefland, in dem nur die Städte dem andringenden Schlamm widerstehen. Sie entstanden im 5. Jahrtausend vor unserer Zeitrechnung über dem flachen Erdboden auf dichten Schilfunter-lagen, haben von einem Zeitalter zum andern ihre Trümmer auf-gehäuft und ihre Heiligtümer immer höher gegen den Himmel hin aufgerichtet, ebensosehr aus Lebensnotwendigkeit als aus religiö-sem Bedürfnis. Ein Fürst, der ein Gebäude wiederherstellt, zerstört es nicht, er schüttet auf; er asphaltiert die Steinplatten seiner Audienzsäle, die manchmal mehrere Ellen höher liegen als die seiner Vorgänger. Von seinem Hügel, seinem eigenen Universum aus beherrscht und regiert er die Felder und das Marschland der Umge-bung, für sich allein stehend, obwohl er nur halb unabhängig ist; denn alle Fürsten von Sumer und Akkad wissen sich in einem Abhängigkeitsverhältnis zwei Städten gegenüber: Nippur als dem politischen Zentrum und Eridu (das später von Uruk ersetzt wird) als der religiösen Metropole.

Nippur ist von den ältesten Zeiten her eine Stadt, in der man Akkadisch und Sumerisch spricht, zwei Sprachen, die unter dem trügerischen Gewand derselben Schrift keinerlei Verwandtschaft miteinander haben und bei denen eine genaue Wiedergabe der einen durch die andere unmöglich ist. Das Sumerische konnte keiner bekannten Sprachgruppe zugeordnet werden. Das Akkadische ist eine semitische Sprache, aus der später die assyrischen und babylo-nischen Dialekte entstehen. In Nippur sind Sumerer und Semiten in enger Berührung.

II. DIE GROSSEN GÖTTER VON SUMER

1. Enlil

In Nippur hat der höchste Gott des Landes seinen Wohnsitz: *Enlil*, der «Herr des Lufthauchs» und Haupt aller Götter zusammen; mit der Göttin Nin-Hursag, der «Herrin des Gebirges», wohnt er in einem weltberühmten Heiligtum, dem *Ekur*.

Nippur ist auch und vor allem die Stadt der Weihe. Ein Fürst, der vom Vorhof von Ekur aus im Namen des Enlil einen Aufruf erläßt, erläßt ihn für ganz Sumer und Akkad und verpflichtet so alle lokalen Götter und ihre Fürsten, ihn anzuerkennen und ihm Gehorsam zu leisten. Von der ersten Hälfte des 3. Jahrtausends an wird Enlil als Herr der Welt anerkannt, vor allem in den kleinen Städten, deren Lokalgötter sich ihm gerne anschließen: eine recht geschickte Art, die ewige politische Hauptstadt Nippur, wenn nötig, einer Stadt entgegenzustellen, die zu einem Herrscherhaus hält, das zeitweilig Macht ausübt. So berichtet Entemena (2450 v. Chr.), daß mehrere Jahrhunderte vor ihm «Enlil, der Herr der Welt, der Vater aller Götter, eine territoriale Abgrenzung zwischen Ningirsu (Gott der Stadt Lagasch) und Schara (Stadtgott von Umma) vornahm». Tatsächlich ist Enlil der politische Gott des mesopotamischen Landes.

2. Enki

Enlil, der Herr der Welt, hat einen Gefährten: *Enki*, den Gott des Grundwassers und Gestalter des Lebens auf Erden. In der Frühzeit ist Enki, auf dem Meerwege von Dilmun der Fernen herkommend – anscheinend von so weit her wie die Inseln des Indusdeltas[1] –, tief unten im Persischen Golf erschienen. Dort ließ er sich nieder in einem ähnlichen Land, in dem Sumpfgebiet, das die Mündungen von Euphrat und Tigris verstopft. Seit dem 5. Jahrtausend wohnte er dort und hatte sich dort selbst einen Tempel rund um und über einen «Abgrund»[2] erbaut, den er bezwungen und sich unterworfen hatte. Deshalb hieß sein Tempel «das Haus des Abgrunds»: rings herum entstand eine Stadt: Eridu.

«Der Herr des Abgrunds, der Meister, Enki,

Enki, der Herr, der die Schicksale entscheidet,
baute sich seinen Tempel, ganz aus Metall und kostbaren
Steinen.
Aus Metall und kostbaren Steinen, worin die Sonne funkelt,
hat er für immer sich einen Tempel über dem Abgrund gebaut.
...
Aus Metall hat er den Tempel gebaut,
mit kostbaren Steinen gezieret,
hat ihn großartig mit Metall überzogen,
In Eridu hat er den Tempel ans Ufer gebaut.
...
O Tempel, dessen Umkreis den Abgrund umschließt,
den der Fürst (Enki) hegt über dem Abgrund,
du empfängst die mächtigen Flüsse, Tigris und Euphrat,
O Abgrund, Enki besitzt dich für immer[3].»
Wortlaut der Hymne nach der Originalübersetzung von A. Falken-
stein:
«Da baute der Herr des Abzu, der König Enki,
Enki, der Herr, der die Schicksale entscheidet,
sein Haus ganz aus Silber und Lapislazuli.
In Silber und Lapislazuli, die wie der Tag leuchten,
ist das Haus im Abzu mit aller Schönheit geziert.
...
Aus Silber hat er das Haus gebaut, es mit Lapislazuli geziert,
es großartig mit Gold überzogen.
In Eridu hat er das Haus ans Ufer (des Meeres) gebaut.
...
Haus...
mit dem Fundament in den Abzu gegründet,
vom Fürsten Enki im Abzu gehegt.
Wie Tigris und Euphrat erhaben, gefürchtet,
im Abzu Enkis mit aller Schönheit geschmückt.»

3. An

Doch im 3. Jahrtausend tritt eine andere Metropole mit einer anderen religiösen Form in den Vordergrund: Uruk, eine völlig andere

Stadt, die sich nicht zum Meere, sondern zu den Sandwüsten Arabiens hin öffnet. Nach und nach befestigt Uruk die Hegemonie seiner Göttin *Inanna* und seines Himmelsgottes *An*. Als An, der Himmelsgott, um 2300 v. Chr. (akkadische Epoche) den Vorrang erhält, wird Enki an die dritte Stelle zurückgedrängt, den zweiten Platz bekommt Enlil.

4. Die höchste Dreiheit oder Trias

Von nun an nennen die Prologe der großen literarischen Texte die drei Götter in dieser Reihenfolge. Es bedarf der ganz besonderen politischen Stellung der Stadt Lagasch, um den Anfang der Hymne zu erklären, die unter dem Namen «*Cylinder A von Gudea*» bekannt ist:

«Als in Himmel und Erde die Schicksale entschieden wurden, erhob Lagasch in großer ‚göttlicher Kraft' stolz das Haupt zum Himmel, schaute Enlil freundlich auf den Herrn Ningirsu [4].»

Hier wird als einziger der drei Enlil genannt. Im Verlauf des Textes erscheint An, der Himmelsgott, nur zufällig, und Enki wird nur erwähnt, weil der einstige Erbauer von Eridu hier mitwirkt, weil er den Plan des Heiligtums entworfen hat, dessen Vollendung gefeiert wird.

Aber gewöhnlich beobachten die Tempelschreiber die Regel, die verlangt, daß wenigstens zwei der großen Götter in der Texteinführung genannt werden, während der dritte im Verlauf der Erzählung erscheint. So läßt die Hymne auf Eridu (siehe S. 105) Enki wohl die Ehre der Entscheidung über das Schicksal der Welt, aber der Himmelsgott, ohne den es weder Jahreszeit noch Jahr gäbe, wird nicht vergessen:

«Als allem Gezeugten das Schicksal bestimmt war,
als die Menschen in einem Jahr des Überflusses, das An geschaffen,
wie Gras die Erde durchbrochen hatten,
da baute der Herr des Abzu, der König Enki... [5]»

III. KOSMOGONISCHE FRAGMENTE

1. Die Ankunft des Enki in Sumer

Enki ist nicht nur, wie es der Fürst Gudea leicht annehmen ließe, ein geschickter Architekt, er ist vor allem der Weltenordner, der Schöpfer des Lebens, das *Wesen*, ohne das kein Wesen wäre. Der Anfang der Hymne auf den Johannisbrotbaum schildert, wie in der Morgenfrühe der Welt der lebendige Gott Enki, der allein in seiner sagenhaften Barke segelt, bei den Göttern ankommt, die ohne Lebensäußerung in ihre jeweiligen Bereiche eingeschlossen sind:

«Als der Himmel von der Erde entfernt wurde,

Als die Erde vom Himmel getrennt wurde,

Als die Menschheit gesät ward,

Als der Himmelsgott den Himmel errichtet hatte,

Als Enlil die Erde gegründet hatte,

Und als die Göttin Ereschkigal die Hölle als Anteil erhalten hatte,

Zur Zeit, da er segelte, da er segelte,

Zur Zeit, da der Vater zur Welt hinsegelte,

Zur Zeit, da Enki zur Welt hinsegelte...[6]»

Diese Einführung ist die vollkommenste, sorgfältigste und schönste von allen. Die Ankunft Enkis in Sumer über den Persischen Golf war keine leichte Sache; aber seine Barke war halb-lebendig:

«Für den Herrn verschlang der Bug des Schiffes

Wie ein Wolf beständig das Wasser;

Für Enki schlug das Heck des Schiffes

wie ein Löwe heftig das Wasser[7].»

Man weiß nicht, wer vor Enki gewesen ist, wenn überhaupt jemand vor ihm war; doch als er ankam, gab es schon große Naturerscheinungen:

«In jener Zeit war nur ein einziger Baum da;

es gab nur einen einzigen Baum;

Der Johannisbrotbaum war der einige Baum.

Auf die heiligen Ufer des Euphrat gepflanzt,

Trank er vom Euphrat,

Und der Südwind brach sich an seinem Stamm, rauschte in seinem Laub[8].»

Enki, ein guter Gott und ein Freund des Menschen, hat niemals Anspruch auf die Weltschöpfung erhoben. Sein Wirken geschieht an einer bereits geformten Welt, deren Ursprung nicht erklärt wird. Enki ist ein Organisator, er beschäftigt sich mit den nächstliegenden Fragen des täglichen Lebens, das Metaphysische ignoriert er systematisch. Aber für alles, was menschlich ist und die Zivilisation betrifft, ist er das unerläßlich wichtige Wesen. Der Dilmun-Mythos zeigt, wie grundlegend die Tätigkeit Enkis ist, wie die Welt von Geste zu Geste, von Zeitalter zu Zeitalter bei jeder seiner Bewegungen, bei jedem seiner Worte erwacht.

2. Das Erwachen der Welt

Denn das Leben hat sich in aufeinandersteigenden Entwicklungsstufen entfaltet, über deren chronologisches Nacheinander man nicht mehr sehr viel weiß; ein Gedicht[9] erinnert an die Zeit:

«Wo es die heilige Tiara gab, aber nicht die heilige Krone,
Wo es das heilige Kraut gab, aber nicht die heilige Zeder,
Wo es das heilige Salz gab, aber nicht die heilige Pottasche.»

Ein anderer Text schildert uns nicht nur die Entstehung des Getreides und des Viehs, er berichtet uns auch, weshalb sie erschaffen wurden. Diese Urkunde hat den Vorteil, daß sie uns eine Erklärung gibt; sie hat aber den Nachteil, daß sie «überdacht», «überarbeitet» ist. Sie hat den Titel «Berg des Himmels und der Erde»[10] und versetzt uns in einen merkwürdigen Zeitabschnitt, wo die Götter ohne Anbeter im Innern eines Berges lebten, im heiligen Hügel, dem *Dul-kug*, während in der Umgebung die Tiere umherschweiften, die später die Menschen sind.

«Als der Himmelsgott die göttlichen Anunna gezeugt hatte,
Im Jahre, wo bei Aschnan (Getreidegöttin) nichts entstanden war, nichts angefangen hatte zu grünen,
Waren die Kanäle um die Göttin Uttu nicht angelegt worden,
5 (Denn) Er (der Himmelsgott) hatte Uttu mit keiner Mauer umgrenzt.
Als das Schaf keinen Namen hatte,
als das Lamm sich nicht vermehrte,
Als die Ziege nicht da war, als das Zicklein sich nicht vermehrte,

Gebar kein Mutterschaf sein Lamm,
Gebar keine Ziege ihr Zicklein.
10 In den Jahren, wo die göttlichen Anunna, die großen
Götter,
Das heilige Getreide und das Vieh nicht kannten,
Als das Getreide mit den Ähren von dreißig Körnern
nicht da war,
Als das Getreide mit den Ähren von sechzig Körnern
nicht da war,
Als weder kleine Gerste, noch wilde Gerste,
noch Gerste der heiligen Bereiche da war,
15 Als kein Gewand da war, um sich zu bekleiden,
Gebar die Göttin Uttu nicht, trug keine Krone,
Der Herr mit der gehörnten Tiara, der allmächtige Herr,
zeugte nicht,
Und Schakan[11] erhob sich nicht auf den steilen Ufern[12].
Bei der Erschaffung kannten die Menschen
20 das Brot nicht als Speise,
Kannten Gewänder nicht als Kleidungsstücke,
(eine Zeile mit undeutlichem Sinn)
Mit ihrem Munde, Schafen gleich, fraßen sie das Gras
Und tranken das Wasser der bewässerten Erde.
25 In jener Zeit diente die Erde dem Erscheinen[13] der Götter.
In einem Haus auf dem heiligen Hügel lagerten sie ihr Vieh
und ihr Getreide;
Doch als es sich häufte im Speisehause der Götter,
Im Überfluß von Vieh und Getreide
Aßen die göttlichen Anunna vom heiligen Hügel,
30 Doch sie sättigten sich nicht;
Und von dem köstlichen Produkt,
von der Milch ihrer heiligen Schafställe
Tranken die göttlichen Anunna vom heiligen Hügel,
Doch sie tranken sich nicht satt.
(So) gaben sie (denn) für ihre heiligen Schafställe mit dem
köstlichen Erzeugnis
35 Den Menschenkindern den Lebenshauch.
An jenem Tage rief der Gott Enki dem Gott Enlil zu:

‚Vater Enlil[14], das Vieh und das Getreide
Haben sie auf dem heiligen Hügel gelagert,
Reichlich ließen sie es entstehen auf dem heiligen Hügel;
40 (Wir) Enki und Enlil wollen durch unsere heiligen Worte
Das Vieh und das Getreide vom heiligen Hügel wegbringen!'
Sie schlossen das Vieh in einen Schafstall ein,
Gaben dem Mutterschaf Vorrat an Gras,
Sie errichteten Scheunen für das Getreide,
45 Gaben dem Arbeiter den Pflug und das Joch[15].»

3. Synkretismus

Bei dieser Urkunde muß eindringlich auf die Arbeit der Mythen-
schreiber hingewiesen werden, die es fertig gebracht haben, Enlil
in diese «Erschaffung» der Tiere und des Getreides hineinzubrin-
gen. Diese langsame Umgestaltung der Texte, die sich über Jahrhunderte hinzog, ist sicher, aber wir wissen sehr wenig darüber
und müssen vorsichtig darangehen. Die beiden folgenden, der
«sumerischen Sintflut» entnommenen Zeilen sind in dieser Hinsicht sehr bezeichnend:
«Als der Himmelsgott und Enlil und Enki und die Herrin
des Gebirges[16]
Die Schwarzköpfe (gleich Menschen) erschaffen hatten...»
So ist man von dem einen *Gestalter* des Anfangs der Geschichte
allmählich zu einer Gruppe von *Schöpfer*göttern übergegangen.

Deshalb findet sich unter den früheren Urkunden, mögen sie
noch so interessant sein, keine, die ein richtigeres und auch um-
fangreicheres Bild gibt, als die unter dem Namen «Dilmun-
mythos» bekannte[17]. Tatsächlich ist es eine späte Komposition[18],
die aber aus selbständigen, zur Mehrzahl frühen und wenig über-
arbeiteten Erzählungen besteht. Wir geben jeder dieser Erzählungen einen von einem kurzen Kommentar begleiteten Titel.

IV. DER DILMUN-MYTHOS

1. Die Welt vor dem Erwachen

Erde und Himmel sind seit kurzem voneinander getrennt; alles Geschaffene ist da – potentiell, möchten wir sagen –, aber das Wort ist nicht gesprochen worden, der Akt ist nicht gesetzt worden, die allem das wirkliche Leben geben. Sogar der Gott Enki schläft; jenseits des Meeres ist er eingeschlafen, in Dilmun, einem Land, das nicht sagenhaft ist, von wo die sumerischen Schiffe im Jahre 2500 v. Chr. Kupfer brachten, das gegen Getreide und verschiedene Samen getauscht wurde.

1 «Auf der Erde, die rein ist, ruft ihn, Ihn (Enki)!
... in der Welt von Dilmun, die rein ist,
in der Welt von Dilmun, ruft ihn, Ihn!
... in der Welt von Dilmun, die rein ist.
5 In der Welt von Dilmun, die rein ist,
in der Welt von Dilmun, die jungfräulich ist,
In der Welt von Dilmun, die jungfräulich ist,
in der Welt von Dilmun, die hell ist,
Ist das einzige Paar[19] in Dilmun in Schlaf versunken.
Das Land, wo Enki einschlief bei seiner Gattin,
Dieses Land ist jungfräulich, dieses Land ist hell.
10 Das einzige Paar, in Dilmun ist es in Schlaf versunken,
Das Land, wo Enki einschlief bei der Jungfrau,
Dieses Land ist jungfräulich, dieses Land ist hell.
In Dilmun krächzt noch nicht der Rabe,
Der Hahn kräht noch nicht den Hahnenschrei,
15 Der Löwe mordet nicht,
Kein Wolf raubt Lämmer,
Kein Wachthund weiß vom Ziegenhüten,
Kein Schwein weiß vom Mästen mit Kraut,
Die ‚Witwe‘[20] kennt noch nicht die Nester im Gebälk,
20 Kein Vogel in der Luft... sein Nest,
Die Taube pickt sich nicht den Kropf mit Körnern voll,
Kein Augenkranker sagt: ‚die Augen tun mir weh‘,
Keiner hat Kopfweh und sagt: ‚ich habe Kopfweh‘,

Keine Mutter sagt: ‚Ich bin Mutter',
25 Kein Vater sagt: ‚Ich bin Vater';
Das junge Mädchen macht noch keine Waschungen[21];
kein Wasser fließt in die Stadt;
Es geht noch keiner herum und sagt: ‚Es wird Nacht',
Der Wächter macht noch nicht die Runde,
Keiner erzählt von seinem Leid,
30 Wehklagt auf der Mauer der Stadt.»

2. Flehruf an den Gott des Grundwassers

In einer entschlafenen Welt erhebt sich eine Stimme, die Stimme der bis dahin unberührten Gattin; sie ist noch *Ninsikila*, die «Jungfrau». Sie ruft Enki und bittet ihn um das lebensnotwendige Wasser.

«Die Jungfrau spricht zu ihrem Vater[22] Enki:
‚Du hast die Stadt versehen, du hast die Stadt versehen,
du hast sie versehen mit deinem Geschick;
Du hast die Stadt versehen, du hast die Stadt Dilmun versehen,
du hast sie versehen mit deinem Geschick,
... du hast sie versehen mit deinem Geschick.
35 (Doch das Wasser) der Kanäle besitzt sie nicht'
(Bruchstelle)
41 Enki, der Vater, antwortet seiner Tochter[23], der Jungfrau:
‚Die Sonne in einem einzigen Umlauf[24]
(Zwei Zeilen fehlen)
45 Aus dem Mund, der Quellen hervorsprudelt, wird dir
Süßwasser aus der Erde gebracht,
Er wird für dich das Wasser in das weite Gebiet sprudeln
lassen,
Für dich wird er deine Stadt mit reichlichem Wasser
durchgießen,
Für dich wird er Dilmun mit reichlichem Wasser
durchgießen.
49 Dein Salzwasserbrunnen soll ein Süßwasserbrunnen werden.
49 a Für dich wird er deine Felder mit Getreide bedecken,
50 Deine Stadt soll der Speicher des Landes werden,
Dilmun soll der Speicher des Landes werden.'

Da stand die Sonne im Nachmittag,
Die Sonne in einem einzigen Umlauf,
(Es fehlen zwei Zeilen)
56 Aus dem Mund, der Quellen hervorsprudelt,
wird ihr Süßwasser aus der Erde gebracht.
Er läßt für sie das Wasser sprudeln in ihr weites Gebiet;
Er tränkt ihre Stadt mit reichlicher Wasserflut,
Er tränkt Dilmun mit reichlicher Wasserflut.
60 Ihr Salzwasserbrunnen wird ein Süßwasserbrunnen.
Für sie bedeckt er ihre Felder mit Getreide.
Ihre Stadt wird der Speicher des Landes.
Dilmun wird der Speicher des Landes.
Nun steht die Sonne im Abendlicht, fürwahr.»

3. Die Entstehung des Lebens: Die Vermählung des Süßwasserozeans (Enki) mit der Erde (Nintu)

In diesem Abschnitt wird die Gattin *Nin-tu*, «Herrin der Geburt», genannt. Wir sind im dritten Weltzeitalter, nach dem Schlaf, nach dem Einfließen des Wassers, bei der Entstehung des Lebens. Diesesmal ruft der Bräutigam. Man beachte die Erwähnung des Himmelsgottes (Zeile 72), die eine späte Beifügung ist. Man achte besonders auf die doppelte Schöpfung, vor und nach dieser Beifügung: die materielle Schöpfung (65–71) und die geistige Schöpfung (73–74). Bei der Vereinigung erhält die Gattin den Titel «Große Gemahlin»; im Augenblick der Empfängnis wird sie «Herrin des Gebirges» genannt.

«65 Der Einsame, der Weise wendet sich Nin-tu zu,
der Mutter des Landes,
Enki, der Weise wendet sich Nin-tu, der Mutter des Landes zu,
Mit seinem Glied begoß er den Abhang,
Mit seinem Glied vermehrte er das Schilf durch reichliches
Wasser.
Und sein Glied hob sich unter dem herrlichen Vließ.
70 Er rief: ,Kommt niemand ins Marschland?'
Der Gott Enki rief: ,Kommt niemand ins Marschland?'
Und er schwur beim Leben des Himmelsgottes.

Im Marschland ausgestreckt, im Marschland ausgestreckt,
Sprach Enki sein Wort, sprach sein Wort über das Wasser
der großen Gemahlin.
75 Und die Herrin des Gebirges nahm den Samen,
Sie empfing den Samen, das Wasser des Gottes Enki.
Ihr erster Tag war ihr erster Monat,
Ihr zweiter Tag war ihr zweiter Monat[25]
...
Ihr achter Tag war ihr achter Monat,
85 Ihr neunter Tag war ihr neunter Monat, der Monat
des Gebärens.
Wie Öl, wie Salböl, wie Öl feinster Mischung
(Gebar Nintu, die Mutter des Landes), wie Öl, wie Salböl,
wie Öl feinster Mischung[26],
Gebar sie die Göttin Ninmu[27],
Und Ninmu erhob sich am Ufer des Flußlaufs.»

4. Der Zeuger-Gott

In diesem Abschnitt zeigt der Mythos zwei aufeinanderfolgende
Stufen der Lebensentfaltung; die Form dieses Berichtes ist zwar
leicht verständlich, aber der Kern dieses Geschehens ist schwer
erkennbar. Varianten beweisen, daß die Abschreiber die Zahl der
Episoden, die hier auf zwei zusammengefaßt sind, willkürlich ver-
mehrten.

«90 Enki umstellt, er umstellt das Marschland.
Er ruft Isimu, seinem Berater, zu:
,Soll ich das gesegnete Kind nicht küssen?
Soll ich Ninmu, die Gesegnete, nicht küssen?‘
Isimu, sein Ratgeber, antwortet ihm:
95 ,Warum küßt du es nicht, das gesegnete Kind?
Warum küßt du Ninmu, die Gesegnete, nicht?
Mein König, hülle dich in eine Wolke! Hülle dich in einen
Nebel!‘
Er fährt mit dem Schiff,
Dann landet er am steilen Ufer.
100 Er drückt sie fest an seine Brust, er küßt sie.

Enki ergoß seinen Samen,
Und sie empfing den Samen, den Samen des Gottes Enki.
Ihr erster Tag war ihr erster Monat.
Ihr zweiter Tag war ihr zweiter Monat.
105 Ihr neunter Tag war ihr neunter Monat,
der Monat des Gebärens.
Wie Öl, wie Salböl, wie Öl feinster Mischung,
Ninmu wie Öl, wie Salböl, wie Öl feinster Mischung
Gebar sie die Göttin Ninkur[28],
Und Ninkur erhob sich am Ufer des Flußlaufs.
110 Enki aber umstellt, er umstellt das Marschland.
Er ruft Isimu, seinem Berater, zu:
‚Soll ich das gesegnete Kind nicht küssen?
Soll ich Ninkur, die Gesegnete, nicht küssen?‘
Isimu, sein Berater, antwortet ihm:
115 ‚Warum küßt du es nicht, das gesegnete Kind?
Warum küßt du Ninkur, die Gesegnete, nicht?
Mein König, hülle dich in eine Wolke! Hülle dich in einen
Nebel!‘
Er fährt zunächst mit dem Schiff,
Dann landet er am steilen Ufer.
120 Er drückt sie fest an seine Brust, er küßt sie.
Enki ergoß seinen Samen,
Und sie empfing seinen Samen, den Samen des Gottes Enki.
Ihr erster Tag war ihr erster Monat,
Ihr neunter Tag war ihr neunter Monat, der Monat des
Gebärens.
125 Wie Öl, wie Salböl, wie Öl feinster Mischung,
Ninkur, wie Öl, wie Salböl, wie Öl feinster Mischung,
Gebar sie die Göttin Uttu[29] die *Schöne*.»

5. Die berechnende Göttin

Trotz einer Bruchstelle von fünfzehn Zeilen ist dieser Abschnitt
leicht verständlich: Nintu belehrt Uttu, wie sie mit etwas Geschicklichkeit und Schlauheit aus Enki einen musterhaften Diener machen
kann. Uttu lockt den Gott durch die Früchte, die sie beim Gärtner

bestellt, zu sich; Enki aber hat sich diesen zum Freunde gemacht.
«Da sprach Nintu zu Uttu, der *Schönen:*
,Ich will dir raten, doch verstehe meinen Rat gut!
130 Ich will dir ein Wort sagen, doch verstehe mein Wort gut!
Es ist jemand da! Er umstellt, er umstellt das Marschland...'
Enki umstellt, er umstellt das Marschland...»
(Die Zeilen 133–147 sind verderbt. Dann sagt Uttu zu ihrem Gärtner:)
«,Bringe mir Gurken mit ihren...
Bringe mir riesengroße Äpfel,
150 Bringe mir Trauben mit ihren Reben.
Dann wird er im Hause mein Diener werden,
Der Gott Enki wird mein Diener werden [30]!'
Danach füllte Er (Enki), der das Wasser vermehren sollte,
Er füllte die Gräben mit Wasser,
155 Er füllte die Kanäle mit Wasser;
Er füllte mit Wasser das Brachland.
Vor Freude *hüpfte* der Gärtner auf dem Boden,
Und (Enki und der Gärtner) fielen sich um den Hals.»

6. Der listige Gott

«,Wer bist du?' [fragte der Gärtner.]
160 Enki antwortete dem Gärtner:
(Es fehlt eine Zeile)
,Bringe mir Gurken mit ihren...
Bringe mir *riesengroße* Äpfel,
Bringe mir Trauben mit ihren Reben.'
165 Und er brachte ihm Gurken mit ihren...
Er brachte ihm *riesengroße* Äpfel,
Er brachte ihm Trauben mit ihren Reben:
er hatte den ganzen Schoß voll.
Da leuchtete Enkis Gesicht, er ergreift seinen Stab.
Er geht hin, der Gott Enki geht hin zu Uttu.
170 Er klopft an die Tür: ,Mach auf!' ruft er.
Sie sagt: ,Wer bist du denn, du?'
Er antwortet: ,Ich bin der Gärtner.
Ich bringe dir Gurken, Äpfel und Trauben, soviel du willst.'

Uttu öffnet jauchzenden Herzens die Tür ihres Hauses.
Und Enki gab Uttu, der *Schönen*
175 Die Gurken mit ihren...
gab ihr die *riesengroßen* Äpfel,
Gab ihr die Trauben mit ihren Reben,
Und Uttu lief zu ihm hin und klatschte ihm Beifall
mit beiden Händen[31].
Enki *warf sich* auf Uttu.
180 Er faßte sie an der Brust und, auf ihren Beinen liegend,
Bog er ihre Schenkel auseinander und liebkoste sie.
Er faßte sie an der Brust, und auf ihren Beinen liegend,
Tat er dem jungen Mädchen Gewalt an. Er küßte sie,
Und Enki überschwemmte Uttu mit seinem Samen,
Und sie empfing den Samen, den Samen des Gottes Enki.»

AKKADISCHE SCHÖPFUNGSMYTHEN

VON PAUL GARELLI UND MARCEL LEIBOVICI

I. DAS BABYLONISCHE SCHÖPFUNGSLIED

Die in Mesopotamien seßhaft gewordenen semitischen Völker übernahmen die religiösen Vorstellungen von Sumer, ohne indessen ihre eigenen Überlieferungen aufzugeben. So darf man sich nicht wundern, wenn in ihren aus diesem Verschmelzungsprozeß hervorgegangenen Werken die handelnden Personen meist sumerische Namen tragen und die darin entwickelte Lehre an jene der sumerischen theologischen Schulen erinnert.

1. Entstehungszeit und Komposition der Dichtung

Die große Dichtung, die von den Babyloniern selbst nach ihren Anfangsworten «Enuma elisch» («Als droben») benannt wurde, faßt die verschiedenen Strömungen des akkadischen Denkens über die Entstehung der Welt mit größter Reichhaltigkeit zusammen[1]. Das Werk umfaßt sieben Tafeln von einer durchschnittlichen Länge von ungefähr hundertfünfzig Versen. Es ist aber nicht als zusammenhängendes literarisches Gut zu uns gelangt. Dank den zahlreichen Fragmenten von Keilschrifttafeln, die vornehmlich aus Assur, Kisch, Ninive und Sippar stammen, konnte es wiederhergestellt werden. Das Alter dieser Fragmente ist sehr unterschiedlich; die ältesten stammen aus dem 9., die jüngsten aus dem 2. Jahrhundert v. Chr. Verschiedene Zeichen gestatten jedoch die Annahme, daß die ursprüngliche Fassung in die Epoche der ersten babylonischen Dynastie vom 19.–17. Jahrhundert vor unserer Zeitrechnung zurückgeht. Die Sprache der Dichtung ist tatsächlich dem altbabylonischen Dialekt ähnlich; der formale Aufbau ist ebenfalls ziemlich charakteristisch für diese Epoche, und sogar das von den Verfassern angestrebte Ziel entspricht dem von dieser Dynastie geleisteten religiösen Werk, das aus dem bisher einfachen lokalen Gott *Marduk* das unumstrittene Haupt des babylonischen Pantheon machte.

2. Absicht der Dichtung

Die Absicht und der Zweck des *Enuma elisch* ist in der Tat die Erhöhung des Gottes *Marduk*, der durch seinen Sieg über die Urgottheiten, Tiâmat und ihre Schar von Ungeheuern, die Schöpfung und Ordnung des Kosmos vollenden konnte. Das wechselnde Kampfesglück, die verschiedenen Etappen bei der Errichtung des Weltalls werden in Form einer epischen Dichtung erzählt, die mit einem langen Hymnus zu Ehren des Siegers schließt. Doch diese formellen Besonderheiten tragen seiner wirklichen Bedeutung nicht Rechnung. Im Festritual des Neujahrsfestes in Babylon liest man, daß am vierten Tage des Monats *Nisan*

«der Priester *Urigallu* vom Tempel *Ekua* nach dem Abendessen am Ende des Tages dem Bêl+ mit erhobener Hand das *Enuma elisch* von Anfang bis zu Ende vortragen soll, wobei der vordere Teil der Tiara des Anu und der Thron des Enlil bedeckt bleiben sollen[2].»

Das *Enuma elisch* bildete also einen wesentlichen Bestandteil des Festrituals, und in den Zeremonien war sogar die symbolische Darstellung gewisser Episoden vorgesehen. Deshalb konnte René Labat schreiben, daß dieses Werk «für die Babylonier gleichzeitig ein Hymnus, ein Ritual, die Aufführung eines liturgischen Dramas, eine astronomische Abhandlung und ein verschlossenes Geheimbuch war[3]. Die ins einzelne gehende Analyse der Dichtung geht also weit über den Rahmen einer Studie über die babylonischen Traditionen von der Weltentstehung hinaus. Wir berücksichtigen hier nur die Traditionen[4].

II. ENTSTEHUNGSGESCHICHTE DER WELT

1. Apsu und Tiâmat

Im Anfang existierte weder der Himmel noch die Erde, oder um die alte Ausdrucksweise zu gebrauchen, die den Namen und die bezeichnete Sache gleichsetzt, weder der Himmel noch die Erde hatten Namen[5]. Nur eine gestaltlose Materie bestand von Ewigkeit her, das Urgewässer. Aus seiner Masse lösten sich zwei Anfangsursachen ab, *Apsu* und *Tiâmat*, über deren Natur wir durch andere Quellen Auskunft erhalten. Apsu, der als eine männliche Gottheit angesehen wurde, repräsentiert den unterirdischen Süßwasserozean, auf dem die Erde schwimmt. Er entspringt im Orient in der Nähe der Sonnenberge und umgibt die Welt wie ein kreisförmiger Fluß. Er ist es, der unsere Wasserläufe speist. Tiâmat aber ist nichts anderes als das Meer (auf Babylonisch *tâmtu, tiâmtu*), der Salzwasserabgrund, aus dem alle Geschöpfe hervorgehen. Es ist eine weibliche Gottheit[6]; manche Kommentare zeichnen aber ein vielschichtigeres Bild. Ein Text von Assur[7] drückt deutlich aus, daß sie vier Augen und vier Ohren hat, was wahrscheinlich bedeutet, daß sie eine Natur hat, die der Natur der anderen Götter zweifach überlegen ist. Marduk wird ebenfalls mit diesem doppelten Maß bedacht. Außerdem ist Tiâmat hier ein zweigeschlechtliches Wesen[8]. «Oben», fährt der Kommentar von Assur fort, «ist sie Bêl, unten Nin-lil.» Nin-lil ist die Gemahlin des Gottes Bêl[9]. Tiâmat, die an den beiden Naturen teil hat, ist also gleichzeitig männlich und weiblich. Noch merkwürdiger klingt die Fortsetzung des Kommentars: «Ein Kamel ist das Gespenst von Tiâmat. Bêl hat ihm die Hörner ausgerissen. Er hat ihm die Hörner abgeschnitten und den Schwanz ausgerissen.» Zweifellos ist der Geist eines Toten nicht das Abziehbild des Lebenden. Derselbe Text beschreibt das Gespenst Enlils in der Gestalt eines Wildesels und das Phantom des Anu in der Gestalt eines Wolfes, während diese Gottheiten selbst niemals so dargestellt werden. Wenn aber das Gespenst der Tiâmat einem Kamel ohne Hörner und ohne Schwanz gleicht, ist man geneigt anzunehmen, daß diese beiden Requisiten ihr eigen sind[10]. Später, in der Theologie des *kalu*[11], werden die Kräfte des Ur-Chaos mit der Hölle verglichen. Ein Text esoterischen Inhalts präzisiert, daß «Ea dem Apsu gleicht, Apsu ist das Meer, das Meer ist Ereschkigal», die Königin der Unterwelt[12]. Wenn man auch die Bedeutung dieser esoterischen Texte, die sich mit ihren oft dunklen Andeutungen zum Echo anderer theologischer Spekulationen machen, nicht überschätzen soll, so darf man doch nicht vergessen, daß das Schöpfungslied selbst Tiâmat als ein Ungeheuer ansieht. Sie wird tatsächlich als ein *kubu* bezeichnet (IV, 136), das heißt als ein Fötus. Der vor der Zeit ausgestoßene Fötus konnte ein schädlicher Dämon werden[13]. Zahlreiche Statuetten, die Dämonen darstellen, haben einen durch Beulen entstellten Schädel, als ob ihre Knochen noch nicht zusammengewachsen wären. Tiâmat ist ein Fötus, aber ein Fötus von kosmischen Ausmaßen. Sie ist das Embryo der Welt[14]. Wenn die göttliche Macht allein, unabhängig von ihrer eigenen Natur, es ihr gestattete, Ungeheuer zu erschaffen, so ist es wohl möglich, daß diese fürchterliche Nachkommenschaft sich mit einem etwas schweren Erbe belastet fühlte. Aber nichts beweist endgültig, daß sie ein Drache war, eine Riesenschlange. Diese Vorstellung ist aus den figürlichen Darstellungen entstanden, die häufig das Thema des Drachenkampfes behandeln. Unglücklicherweise ist Mesopotamien das auserwählte Land der Götter und der Ungeheuer, so daß keine einzige Szene mit Sicherheit gedeutet werden konnte. Nur das Hauptthema ist bezeugt. Es ist verlockend zu denken, Marduk und Tiâmat wären auf einem Zylinder abgebildet. Wir können nicht sagen, auf welchem.

2. Mummu

Neben Tiâmat erwähnt das *Enuma elisch Mummu* (I, 4). Handelt es sich um eine dritte Person oder um einen Beinamen der Tiâmat? Beide Hypothesen sind von den Assyriologen aufgestellt worden; man kann jedoch nicht behaupten, das Problem wäre bereits heute gelöst. Dadurch, daß man das Wort mit der semitischen Wurzel *amu* = «sprechen» verknüpfte, dachte man, aus Mummu eine Art «*Wort*» zu machen, das aus dem Paar Apsu und Tiâmat hervorgegangen war. Man hat einen «Schöpfer» daraus machen wollen, indem man diesen Namen als die Verdoppelung der sumerischen Wurzel *Mou(d)* = «erschaffen» betrachtete. In Verbindung mit dem Süßwasser und dem Salzwasser hätte er der Nebeldunst sein können, der über den Urelementen schwebte. Manche Übersetzer sind aber neuerdings zu der alten Auffassung zurückgekehrt, wonach Mummu ein Beiname der Tiâmat ist und «die Mutter» bedeutet[15]. In diesem Falle wäre das Wort unabhängig vom Namen des Boten Apsu (1, 30 ff.).

3. Die Urgötter

Apsu und Tiâmat, die Süßwasser und die Salzwasser, so heißt das erste Paar, aus dem die anderen Götter und die Baustoffe der Welt hervorgegangen sind. Über die zweite Generation *Lachmu, Lachamu* wissen wir praktisch nichts. Bemerkenswert ist jedoch, daß dieses

Werden entwicklungsmäßig zu sein scheint. In der Tat vergehen Zeitalter, in denen die Entwürfe der Götter sich ausgestalteten. Dann taucht ein drittes Paar auf, das den Vorhergehenden überlegen ist, *Anschar* und *Kischar*, deren Namen im Sumerischen «Gesamtheit des Himmels» und «Gesamtheit der Erde» bedeuten[16]. Jetzt sind die Hauptelemente des Kosmos entbunden, nicht aber die großen Gestalten des klassischen Pantheon. Es werden noch lange Jahre vergehen müssen, bis dieses Ziel erreicht ist. Endlich ist *Anu* da, der Gott des Himmels, der erfolgreich mit seinem Vater in Wettstreit treten kann. In diesem Stadium ist eines der Ziele des Entwicklungsprozesses erreicht: die klassischen Götter sind da. Wenn der Sohn des Anu, *Nudimmud*, seine Eltern an Weisheit und Kraft übertrifft, so besteht doch zwischen ihnen kein naturhafter Unterschied. Nudimmud ist der Abglanz des Anu, der gleicher Natur war wie Anschar. Der Unterschied ist eher quantitativ und, um es rundweg zu sagen, theologisch.

Die Babylonier verehrten eine höchste Dreiheit (siehe oben, S. 104–105), die aus Anu, Enlil und Ea bestand[17]. Anu herrschte über den Himmel, Enlil über die Erde, Ea über die Wasser. Sie erscheinen von der vierten Göttergeneration an. Anu ist das Haupt dieses Geschlechtes. Ea verbirgt sich unter dem sumerischen Beinamen Nudimmud, «der Erzeuger». In der Tat erschafft er den Menschen, und die Fortsetzung des Berichtes zeigt, wie er zum Gott der Wasser wurde. Aber Enlil erscheint nicht beim Appell; er wird nur sehr selten im Gedicht genannt und wie aus Versehen (IV, 146, V, 8). Das hat seinen Grund darin, daß Marduk, der Sohn des Ea, dessen Persönlichkeit ganz in sich aufgenommen hat[18], und daß die Theologen des *Enuma elisch* die kanonische Dreiheit durch die Trilogie Anu, Ea, Marduk ersetzt haben. Diese Bemühung um theologische Verarbeitung ist im Lauf der religiösen Geschichte Mesopotamiens niemals zum Stillstand gekommen. Ein verwickeltes Geflecht von Gleichsetzungen und Abstammungen verwob die sumerischen Gottheiten der alten Heiligtümer mit ihren semitischen Nachkommen, so wie es für die verschiedenen Hauptstädte erforderlich war. Babylon schließt sich direkt an die heilige Stadt Eridu an, deren Gott Ea gleichzeitig der Gott der Wasser, der Weisheit und der Magie ist. Aus seinen Kenntnissen gewinnt Marduk solchen Nutzen, daß Ea bei der Vornahme gewisser magischer Handlungen zu ihm sagen kann: «Mein Sohn, was weißt du nicht? Was könnte ich noch hinzufügen? Was ich weiß, weißt du auch.» Die enge Verbindung zwischen Babylon und Eridu erklärt die Überlegenheit des Ea-Nudimmud im *Enuma elisch*. Er ist der Vorläufer des babylonischen Marduk. Im Norden Mesopotamiens begünstigen die religiösen Theorien das Aufkommen des Nationalgottes Assur, und Marduk verschwindet nun wieder und wird in den assyrischen Übersetzungen nicht mehr genannt.

4. Die Krisis

Es gibt kein Wachstum ohne Krisis. Noch bevor diese Welt vollendet ist, wird bereits eine Störung des Gleichgewichts zwischen den Urgewalten und den neuen Kräften sichtbar. Die jungen Götter regen sich, und ihre Belustigungen scheinen, den schamhaft versteckten Anspielungen nach, ein wenig anstößig zu sein. Leo Oppenheim hat kein Bedenken, in ihrem Treiben das Thema des Urinzests zu erkennen[19]. Das ist möglich, obgleich die Verse 22–28, auf die sich eine solche Auffassung stützen könnte, verderbt sind und nur Vermutungen gestatten. Auf jeden Fall bleibt Tiâmat ihrer Kundgebung gegenüber nicht unempfindlich, und auch ihr Gatte Apsu nicht, der trotz der wütenden Einwände seiner Gattin beschließt, seine Nachkommen zu beseitigen. Aber die Beweggründe, die Apsu anführt, um seine Entscheidung zu rechtfertigen, sind ohne Bezug auf die der jungen Generation unterschobenen Absichten: das Geschrei hindert ihn zu schlafen! Ist es Schamgefühl beim Schreiber? Eine ungeschickte Lötstelle von zwei verschiedenen Quellen? Vielleicht beides –. Wir möchten in diesem Zug eher eine Anspielung auf die kosmische Natur der Figur sehen. Der Verfasser vergißt keineswegs, daß die handelnden Personen des Geschehens, so vermenschlicht sie auch sein mögen, Naturkräfte bleiben. Dieser besondere Grundzug der Mythen tritt im weiteren ganz klar hervor; wir möchten aber schon jetzt darauf hinweisen, daß der anscheinend kindische Ausruf des Apsu eine für einen babylonischen Verstand einleuchtende physische Realität aufzeigen kann: der Abscheu der Abgrundwasser vor jeder heftigen Bewegung.

5. Marduk

Wie in jedem ordentlichen Drama wird die Verschwörung entdeckt. Bestürzung im Lager der jungen Götter. Glücklicherweise wacht Ea. Dadurch daß er seine Zauberwaffen auf Apsu schleudert, betäubt er ihn, tötet ihn und eignet sich seine Vorrechte an. Von nun an ist Ea der Gott der Wasser. An jenem ehrwürdigen Ort, dem Ea den Namen seines Opfers gibt, im *Apsu* wird der Held *Marduk*[20] geboren. Seine Weisheit, seine Körpergestalt, seine Kraft bestimmen ihn im voraus zum zukünftigen König des Weltalls. Anu vervollständigt dieses reichbegabte Wesen, indem er all seine Fähigkeiten verdoppelt. Marduk verfügt über einen vierfachen Gesichtssinn und ein vierfaches Gehör, als Sitz des Verständnisses. Sein Aussehen scheint also an das des *Janus bifrons* zu erinnern; doch ist diese Beschreibung vielleicht nur ein literarisches Verfahren, mit dem die Tatsache ausgesagt werden soll, daß er mit einer Sinnesbewegung «die vier Bereiche», das heißt die ganze Welt umfaßt. In der Dichtung ist Marduk eine solare Gestalt. Bei seiner Geburt wurde er deutlich mit dem die Eigenschaft bestimmenden Begriffswort «Sonne, Sonne der Himmel» bezeichnet, und seinem Wesen nach versinnbildet er die Kräfte des wiederkehrenden Lebens, die im Frühling erscheinen[21].

6. Der Bruch

Von einem solchen Kämpfer unterstützt, nimmt Anu die gegen Tiâmat gerichteten Kampfhandlungen wieder auf. Und hier tritt das dem Mythos eigene Verfahren am klarsten hervor. Der Verfasser will den Ursprung der Welt, die Rolle der Götter und der Menschen erklären. Aber statt zu abstrahieren, konkretisiert er mit Hilfe eines Dramas nach menschlichen Vorstellungen. Er verliert jedoch die durch jede Person ausgedrückte Wirklichkeit nicht aus dem Auge, und seine Darlegung, die beständig auf dem doppelten Register von Allegorie und Wirklichkeit spielt, ist ein erster Versuch philosophischen Denkens[22]. Tiâmat ist das Meer. Wie soll man aber das Meer erregen, wenn nicht durch einen Sturm? Anu erschafft also die Winde, und Tiâmat wälzt sich in ihren ersten

Wogen[23]. Die Anfangsgötter mit ihrem larvenhaften Dasein können ein solches Regime nicht ertragen. Die Grundfesten der Welt wanken. Das Gleichgewicht zwischen den alten und den neuen Kräften ist gestört und kann nur durch eine Gewaltlösung wieder hergestellt werden, das heißt durch eine endgültige Differenzierung. Tiâmat, die es eilig hat, der Sache ein Ende zu machen, entschließt sich zum Kampf. Sie erschafft ein Heer von Ungeheuern, an deren Spitze sie *Kingu* stellt, den sie sich als neuen Gatten erwählt hat.

7. Der entscheidende Stoß

Der Eindruck, den man aus der ersten Tafel des *Enuma elisch* gewinnt, ist der eines in Ausdehnung begriffenen Weltalls, in dem es von vielgestaltigen Ungeheuern wimmelt, das von auseinanderstrebenden Kräften zerrissen wird. Diesem Chaos wird Marduk Festigkeit geben, er wird es ordnen und in vollkommene Übereinstimmung bringen. Doch hier macht der Dichter wieder von seinem Recht Gebrauch. Der entscheidenden Begegnung gehen eine Menge von Episoden mit dramatischen Effekten voraus, in denen die Beschreibung der Vorbereitungen Tiâmats wie ein Bravourstück wiederholt wird und wo die entmutigten Götter nach einer Bekundung von Marduks Zaubermacht ihr Schicksal in dessen Hände legen[24]. Tafel IV zeigt die entscheidende Wendung. Dort ereignet sich die Begegnung von Marduk und Tiâmat und der Sieg des großen Kämpfers über die jungen Götter. Von nun an tritt an die Stelle der von selbst erfolgenden und gesetzlosen Erschaffung der rohen kosmischen Kräfte die Ordnung des Geistes.

8. Der Himmel und die Erde

Der Leib der Tiâmat dient zur Bildung des Weltalls. Herauf beschworen wird das Bild des getrockneten Fisches, der in zwei Teile geteilt wird[25]. Die eine Hälfte wird zum Himmel, die andere zur Erde. Im Himmel erbaut Marduk einen Palast, der dem des *Apsu* entspricht; er regelt den Gang der Sterne, die als Abbilder der Götter angesehen werden. Der Anfang der Tafel V ist dieser Regelung gewidmet. Wir haben hier eine wirkliche astronomische Abhandlung vor uns, in der der Verfasser eine Darlegung von allem gibt, was man in Babylonien über die Konstellationen, die Bestimmung der Ekliptik, die Konjunktion der Gestirne, die Mondphasen, die Zeichen des Tierkreises wußte. Leider ist diese Tafel in schlechtem Zustand. Kürzlich aufgefundene Fragmente füllen die Lücken nur zum Teil, und ihre Interpretation bleibt weiterhin eine heikle Sache. Immerhin kann man sehen, daß Marduk, nachdem er den Himmel geordnet hat, sich mit der Festigung der Erde befaßt. Wiederum bildet der Leib der Tiâmat das Rohmaterial für dieses große Werk. Nachdem Tiâmat zerteilt ist, sammelt Marduk die obere Hälfte ihrer Wasser in den Wolken. Dann benutzt er die verschiedenen Organe, um die Physionomie dieser Welt zu gestalten. Aus ihren Augen fließen der Tigris und der Euphrat. Die Berge sammeln sich auf ihrer Brust. Ihr zum «Band des Himmels und der Erde» gewundener Schwanz deutet den Nabel der Welt an, den er in sein Netz einschließt.

9. Der Mensch

Schließlich beendet Marduk sein Werk, indem er den Rechtsstand der Götter bestimmt. Zu diesem Zweck erschafft er den Menschen. Der Mensch ist also nicht die Krone der Schöpfung. Er ist eines ihrer Getriebe, und sein Erscheinen entspricht einem zweifachen Ziel. Einmal soll er den Dienst an den Göttern durch den Kult und die Opfer versehen; sodann soll er die besiegten Götter von der auf ihnen lastenden Todesdrohung befreien, indem er diese mißliche Lage an ihrer Stelle auf sich nimmt. Denn die Partei für Tiâmat ergriffen haben, erwarten immer noch in Tränen ihre Bestrafung. Marduk läßt sich darauf ein, sie zu begnadigen unter der Bedingung, daß einer von ihnen umkommt! Und die dankbaren Götter errichten ihm zu Ehren den *Esagil*, den Tempel von Babylon.

Marduk ist mitleidig. In Tafel VII wird er genannt:
«Herr der heiligen Beschwörung, der die Toten auferweckt,
Der Mitleid hatte mit den gefesselten Göttern,
Befreite die Götter, seine Feinde, vom auferlegten Joch,
Und um sie zu retten, die Menschheit erschuf» (26–29).
Er kann aber die Götter von ihrer Schuld und vom Tode nur dadurch befreien, daß er die Befleckung auf einen preisgegebenen

Stellvertreter überträgt. Die ganze Bedeutung dieses Stückes liegt in der Lehre vom Loskauf durch Übertragung und Übernahme der Schuld. In voller Einstimmigkeit lassen die Besiegten, nur zu froh, auf so gute Art davonzukommen, Kingu anzeigen. Besser gesagt, den Unglücklichen ereilt endlich sein Schicksal. Er personifiziert in der Tat die zerstörerischen Kräfte, und seine Thronerhebung durch Tiâmat, die in allen Stücken der Thronerhebung Marduks vergleichbar ist, bestimmte ihn im voraus zum Sündenbock. Er erscheint also vor Ea, der ihm die Adern durchschneidet und aus seinem Blut den Menschen schafft. Der Mensch ist also bei seiner Entstehung kein reines und unschuldiges Wesen. Zweifellos fließt in seinen Adern das Blut eines Gottes, aber eines schuldigen und verurteilten Gottes, ein verdorbenes, mit Sünde und Tod belastetes Blut. Letzten Endes übernimmt der Mensch die Strafe für ein Verbrechen, das er nicht begangen hat. Die Götter haben das Paar Sünde-Tod in die Welt losgelassen. Die erste Sünde geht aus dem Entschluß hervor, den Apsu und Mummu faßten. Dadurch wurden die «Götterbrüder» zum Verbrechen getrieben. Das Böse ist also durch die Götter in die Welt gekommen, und man kann der menschlichen Unvollkommenheit keine göttliche Makellosigkeit gegenüberstellen. Die beiden Ebenen sind nicht getrennt; denn die Welt ist ein geschlossenes Ganzes.

III. SEKUNDÄRE KOSMOGONIEN

Das *Enuma elisch* ist aber nicht das einzige Werk, in dem sich akkadische Vorstellungen über die Weltentstehung finden. In Mesopotamien waren noch andere Überlieferungen verbreitet, und es lohnt sich, sie mit der großen Dichtung zu vergleichen. Ein ihnen gemeinsamer Zug fällt sogleich auf: keiner von diesen Texten stellt als Ganzes ein rein dogmatisches Traktat dar. Wir haben bemerkt, daß das Schöpfungsepos beim Neujahrsfest vorgetragen wurde und zum Ritual dieses Festes gehörte. Die übrigen Kosmogonien bilden den erklärenden Teil oder die Belege der Rituale und Beschwörungen. In diesen sekundären Kosmogonien werden die großen Entwicklungsstufen der Schöpfung kurz zusammengefaßt, je nachdem es das Ritual, zu dem sie gehören, erfordert. So betont der Bericht über die Erschaffung der Welt durch Marduk zweimal nacheinander, in der Einführung und am Schluß, die Erschaffung der Tempel (siehe im folgenden Nr. 2): wir haben hier eine Beschwörung vor uns, die bei der Reinigung des *Ezida*, Tempel des *Nabu* in Borsippa, gesprochen wurde. Der Schöpfungsbericht durch Ea (im folgenden Nr. 3) geht nach einer kurzen Andeutung auf die Bildung der Himmel und des Apsu direkt auf das Erscheinen des Kulla, des Ziegelgottes, über: dieser Bericht gehört zum Ritual der Tempelerneuerung[26]. Die Beschwörung gegen den Zahnschmerz (Wurm), die während der Zahnbehandlung gesprochen wurde, erinnert an die verschiedenen Entwicklungsstadien der Elemente, um das Übel bis in seine Vorformen hinein zu treffen.

1. Volkstümliche Beschwörung

Das Besondere dieser Beschwörung verdient hervorgehoben zu werden. Die Lebenselemente erscheinen im Verlauf einer wirklichen «Kettenreaktion», deren Ausgangspunkt Anu, deren Endpunkt der Wurm ist. In derselben Weise sind andere Beschwörungen verfaßt wie zum Beispiel diese:

«Beschwörung. Im Anfang, vor der Schöpfung, stieg das Lied von der Arbeit auf die Erde herab. Der Samen-Streupflug erzeugte die Furche, die Furche den Keim; der Keim den Wurzelstock; der Wurzelstock den Fruchtknoten; der Fruchtknoten die Ähre; die Ähre das Mutterkorn. Der Sonnengott hat geerntet. Der Mondgott hat Nachlese gehalten. Als der Sonnengott erntete und der Mondgott Nachlese hielt, trat das Mutterkorn ins Auge des Menschen. Sonne und Mond bleibt stehen, damit das Mutterkorn herauskommt[27]!»

Eine ähnliche Beschwörung[28] gibt diese Reihenfolge: Erde–Schlamm–Halm–Ähre–Mutterkorn. Es ist das den volkstümlichen Beschwörungen eigene Verfahren. Der Ursprung – sei es nun Anu oder die Erde – wird als ein Absolutes gesetzt, das keiner Erklärung bedarf. Man kann also in diesen Fällen kaum von Kosmogonien sprechen. Der diensttuende Priester ruft noch einmal rasch den Ursprung des Wurms oder des Mutterkorns in Erinnerung, um dem Übel bis in seine letzten Gründe beikommen zu können: es wird kein lehrhafter Zweck verfolgt.

2. Fortdauer der Überlieferungen

Die anderen, besser ausgearbeiteten Beschwörungen bewahren das Andenken an die großen sumerisch-akkadischen Überlieferungen, vornehmlich an das Urmeer, die Trennung von Himmel und Erde oder die Erschaffung des Apsu durch Nudimmud. Ein originelles Detail liefert der Bericht von der Welterschaffung Marduks. Um die Erde zu schaffen, flicht der Gott eine Schilfmatte: die typische Vorstellung eines Sumpflandes, wo wirkliche, durch Anhäufung von Wasserpflanzen entstandene schwimmende Inseln, die soge-nannten «Körbe» der Geographen, mit dem vom Wind herbei-getragenen Staub beladen, sich allmählich in festes Land verwan-deln[29].

3. Die verschiedenen Erschaffungen des Menschen

In all diesen Kosmogonien wird der Mensch zum Dienst an den Göttern aus dem Blut eines oder mehrerer geopferter Götter er-schaffen. Die «Schöpfer» sind Marduk und Ea, die in manchen Überlieferungen durch die weiblichen Gottheiten *Aruru*, *Mami*, *Nintud* oder *Nin-Hursag* ersetzt werden, die alle Erscheinungs-formen der *Magna Mater* sind: der *Bêlet-ilî*, der Götterherrin. Die Schöpfung Mamis berichtet außerdem, daß dem Blut Lehm bei-gemischt wurde.

«Einen Gott soll man schlachten,
Und die andern sollen gereinigt werden durch das *Gericht*.
Mit seinem Fleisch und seinem Blut
Vermische Nin-Hursag den Ton.
Gott und Mensch
Werden so... *vereinigt* sein im Ton.»

Derselbe, leider abgebrochene und schwierig zu interpretierende Text berichtet dann, wie Ea und Mami vorgingen. Nachdem die Göttin eine Beschwörung gesprochen hatte,

«Nahm sie vierzehn Handvoll[30] (Ton):
sie legte sieben Handvoll rechts hin.

Sie legte sieben Handvoll links hin.
In die Mitte legte sie einen Ziegel.
Ea *kniete* auf einer *Matte* und öffnete den Nabel
(der kleinen Tonfiguren).
[...er] rief die weisen Gemahlinnen.
Von den beiden Gruppen von Mutterformen erzeugten
sieben die Männer;
Sieben erzeugten die Frauen.
Die Gebär-Mutter (gleich die Göttin), die die Schicksale
erschafft,
Ergänzte sie zu Paaren.
Zu Paaren ergänzte sie sie vor sich.
Mami zeichnete menschliche Formen.»

Ein zweisprachiger Text (im folgenden Nr. 4) berichtet, daß der Mensch in einem geheiligten Raum erschaffen wurde, im *Uzumua*, das ist «das Band des Himmels und der Erde». Dieses Band, der Knotenpunkt der beiden Seiten des Kosmos, ist der Beiname, mit dem Nippur und Babylon in der mythischen Geographie häufig bezeichnet werden. Nach dem *Enuma elisch* (V, 59) ist dieses «Band» nichts anderes als der gewundene Schwanz Tiâmats[31]. Offensichtlich sind die im *Enuma elisch* dargelegten Vorstellungen, wenn auch nicht immer so ausdrücklich, in all diesen Texten enthalten. Wenn auch im einzelnen Abweichungen bestehen, die daraus sich ergebende Gesamtsicht erweist sich als stark zusammenhängend.

4. Einheit des Kosmos

Das Weltall bildet ein Ganzes. Es gibt keinen Demiurgen außerhalb der Welt. Die Götter selbst machen das Wesen der ewig kosmischen Materie aus. Ihr Erscheinen ist also ursprünglich keine Schöpfung, sondern eine Differenzierung von Elementen, die in einem Ganzen verschmolzen sind. Alles geht von den Göttern aus, alles kreist um sie als um den Mittelpunkt. Das Weltall existiert nur durch sie und für sie. Der Himmel und die Erde sind ihre Wohnungen, die Sterne ihre Entsprechungen. Die aus ihrem Blut erschaffenen Menschen sorgen für ihren Unterhalt; durch ihren Tod garantieren sie das Überleben der aufrührerischen Götter. Babylon ist nur ihr Aufenthaltsort. Selbst das Böse ist ihnen nicht fremd; auch es geht unmittelbar vom uranfänglichen Paar aus. Der ganze Kosmos findet sein Gleichgewicht in einer theozentrischen Ganzheit, in der das Profane vom Heiligen gänzlich aufgesogen wird. Dieses Gleichgewicht wird alljährlich durch eine Erneuerung des Schöpfungsaktes Marduks sichergestellt. So wie das Entbindungsritual eine wahre Neuschöpfung des Menschen durch Ea und Mami einbegreift, so wiederholen die Neujahrszeremonien die Schöpfung Marduks. Seine Schöpfungsgebärde wird vorgetragen, um die Wirksamkeit seines Wortes ins Werk zu setzen; durch die Aufführung gewisser Episoden wird diese Wirksamkeit verstärkt[32]. So fällt also jedes Jahr die Tötung der Tiâmat mit dem Sieg der Frühlingssonne zusammen, die durch eine fortgesetzte Schöpfung die Welt lenkt.

IV. TEXTE AUS DEM ENUMA ELISCH

Tafel I: Das Chaos

1 Als droben die Himmel nicht genannt waren.
Als unten die Erde keinen Namen hatte,
Als selbst Apsu, der uranfängliche, der Erzeuger der Götter[33],
Mummu Tiâmat, die sie alle gebar,
5 Ihre Wasser in eins vermischten,
Als das abgestorbene Schilf[34] sich noch nicht angehäuft hatte,
Rohrdickicht nicht zu sehen war,
Als noch kein Gott erschienen,
Mit Namen nicht benannt, Geschick ihm nicht bestimmt war,
Da wurden die Götter aus dem Schoß von Apsu und
Tiâmat geboren.
10 Lachmu, Lachamu traten ins Dasein, wurden mit Namen benannt.
Äonen wurden groß und erstreckten sich lang,
Anschar, Kischar wurden geboren, sie überragten jene,
Die Tage wurden lang, die Jahre mehrten sich.
Anu war ihr Sohn, ebenbürtig seinen Vätern.

15 Anschar machte Anu, seinen Erstgeborenen, sich gleich;
Anu erzeugte sein Ebenbild Nudimmud.
Nudimmud war seiner Väter Herrscher.
Umfassend an Wissen, weise, an Kräften gewaltig,
Übertraf er bei weitem an Kraft den Erzeuger seines Vaters
Anschar.
20 Nicht hatte er seinesgleichen unter den Göttern seinen
Brüdern.
Es kamen zusammen die Brüder, die Götter,
Zu stören Tiâmat durch *ungeordnetes Treiben*.
Sie verwirrten tatsächlich Tiâmats Gemüt,
Da sie tanzend umhersprangen inmitten der Himmelswohnung.
25 Sie dämpften ihr Geschrei nicht einmal inmitten des Apsu.
Tiâmat schwieg angesichts ihrer [Ausschweifung],
Doch ihr Treiben war [Apsu] peinlich,
Ihr Wandel mißfiel ihm, (denn) sie *waren erwachsen*.
Da begann Apsu, der Vater der großen Götter,
30 Mummu, seinen Boten, zu rufen und sagte zu ihm:
«Mummu, mein Bote, der du mein Herz erfreust,
Komm, zu Tiâmat wollen wir gehen!»
Sie gingen hin, und vor Tiâmat ließen sie sich nieder.
Die Angelegenheit berieten sie wegen der Götter,
ihrer Erstgeborenen.
35 Apsu tat seinen Mund auf,
Mit lauter Stimme sprach er zu Tiâmat:
«Unerträglich ist mir ihr Verhalten.
Tagsüber kann ich nicht ruhen, nachts kann ich nicht schlafen.
Ich will sie vernichten, um ihrem Treiben ein Ende zu machen.
40 Stille soll herrschen, damit wir (endlich) schlafen können!»
Als Tiâmat diese Worte vernahm,
Begann sie gegen den Gatten zu schmälen,
Einen Schmerzensschrei stieß sie aus, wütend in ihrem Allein-
sein,
Ließ das Böse ein in ihr Herz:
45 «Was? Vernichten sollten wir, was wir geschaffen haben?
Gewiß, ihr Verhalten ist peinlich,
doch wollen wir uns mit Sanftmut gedulden.»

Mummu sprach nun, Apsu zu beraten.

Mummus Rat war voll *Gewalttätigkeit* und Feindseligkeit:

«Zerstöre, Vater, diese trüben Umtriebe,

50 Damit du tagsüber ruhen, damit du nachts schlafen kannst.»

Als Apsu dies hörte, glänzte sein Antlitz.

Weil er Böses plante gegen die Götter, seine Söhne,

Umarmte er Mummu,

Nahm ihn auf seine Knie und küßte ihn.

55 Alles, was sie bei ihrer Zusammenkunft geplant hatten,

Den Göttern, ihren Erstgeborenen wurde es erzählt.

Als die Götter es hörten, wurden sie erregt,

In ihrer Bestürzung blieben sie stumm.

Doch der sehr kluge, der weise, der mächtige,

60 Der allwissende Ea erkannte ihre Absichten.

Er ersann und schuf gegen ihn eine Form für das All[35],

Er machte kunstvoll gegen ihn eine gewaltige Beschwörung[36],

Und sein Spruch ließ sie auf den Wassern bleiben.

Er goß einen Schlaf über Apsu aus, der sanft schlummerte.

65 Er betäubte ihn, da er den Schlaf über ihn ausgoß.

Mummu, der Ratgeber, war unfähig, sich zu bewegen.

Er beraubte ihn seiner Kleider, zog ihm die Tiara ab,

Seinen Glanz nahm er weg[37] und bekleidete sich damit.

Nachdem er Apsu gefesselt hatte, erschlug er ihn.

70 Er sperrte Mummu ein, schob den Riegel vor über ihm.

Und auf Apsu schlug er seine Wohnung auf.

Den Mummu packte er und hielt ihn am Zügel[38].

Nachdem er seine Feinde siegreich bezwungen hatte,

Nachdem er, Ea, seinen Triumph gesichert hatte über

seine Widersacher,

75 Ruhte er beruhigt inmitten seines Gemaches,

Er nannte es Apsu und bestimmte die geweihten Stätten.

An diesem Orte gründete er seinen Wohnsitz.

Ea und Damkina, seine Gemahlin, lebten dort in Herrlichkeit.

Da wurde im Gemach der Geschicke,

im Heiligtum der Archetypen,

80 Ein Gott gezeugt, der mächtigste und weiseste von allen.

Im Schoß des Apsu wurde Marduk geboren.

Im Schoß des reinen Apsu wurde Marduk geboren.
Es zeugte ihn Ea, sein Vater.
Seine Mutter, Damkina, die ihn gebar,
85 Ließ ihn an den Brüsten der Göttinnen saugen.
Ein Wächter wachte über ihn,
erfüllte ihn mit furchtbarer Herrlichkeit.
Prächtig war seine Gestalt, funkelnd der Blick seiner Augen.
Erwachsen bei seiner Geburt, besaß er von Anbeginn all seine
Macht.
Als Anu ihn sah, der seinen Vater erschaffen hatte,
90 Erglänzte frohlockend sein Herz, wurde freudevoll.
Er vollendete ihn, gab ihm ein doppelt göttliches Sein[39].
Gewaltig erhöht über sie ist er, beherrscht sie nach allen Seiten.
Unbegreiflich kunstvoll waren seine Formen,
Er überstieg das Verstehen, man konnte ihn kaum ansehen.
95 Vierfach war sein Blick, vierfach sein Gehör.
Wenn seine Lippen sich bewegten, erglühte Feuer.
Vierfach wuchs in ihm das Verständnis,
Und seine Augen ebenso erschauten alles.
Erhob er sich, so überstieg seine Gestalt die der Götter,
100 Mit riesenhaften Gliedern überragte er sie alle an Größe.
«Mein Kind, mein Kind[40]!
Mein Sohn! Sonne! Sonne der Himmel!»
Bekleidet ist er mit dem Glanz von zehn Göttern, höchstlich
stark,
Alle Schrecken sind auf ihn gehäuft.
105 Dann rief Anu die vier Winde ins Dasein,
In seine Hände legte er ihre mächtige Meute,
Er ersann den Staub und ließ ihn vom Sturme tragen.
Er schuf die Wellen, um Tiâmat zu stören.
Und Tiâmat, wirklich gestört, war Tag und Nacht in Bewegung.
110 Die Götter, der Ruhe beraubt, mühten sich ab im Wind;
Hin und her überlegten sie Böses in ihrem Herzen,
Sie sprachen zu Tiâmat, ihrer Mutter:
«Als sie Apsu töteten, deinen Gemahl,
Dachtest du nicht daran, ihm zur Seite zu stehn,
abseits hieltest du dich ohne ein Wort.

115 Nun schuf er den vierfachen Schreckenswind,

Dein Herz soll ermatten davon,

und wir alle können jetzt nicht mehr schlafen.

Denke an Apsu, deinen Gemahl,

Und an Mummu, der in Ketten gelegt ward! Du bleibst allein.

[...] und du irrst angstvoll umher[41].

120 [...] liebst du uns nicht mehr?

[...] unsere Augen sind geschwollen[42]

[...] unaufhörlich, damit wir schlafen können.

[Eile (?)] zum Kampf, räche sie!

[...] vernichte sie!»

125 Als Tiâmat es hörte, gefiel ihr diese Rede.

[«Klugen Rat (?)] gabt ihr. Laßt uns Ungeheuer schaffen.

[Zu stören] die Götter inmitten der himmlischen Wohnung.

[...] Laßt uns die Götter bekämpfen» [...]

Sogleich fallen sie ab und erheben sich zur Seite Tiâmats.

130 Voll Zorn schmieden sie Pläne, ruhelos bei Tag und Nacht.

Sie nehmen den Kampf auf, toben, rasen,

Bilden eine Rotte, den Kampf vorzubereiten.

Die Abgrund-Mutter[43], die alles erschafft,

Schuf überdies unwiderstehliche Waffen, gebar entsetzliche Schlangen,

135 Mit spitzem Zahn, erbarmungslosen Kiefern,

Mit Gift anstatt mit Blut füllte sie ihren Leib.

Wütende Drachen bekleidete sie mit Furchtbarkeit,

Mit übernatürlichem Glanz belud sie sie, machte sie wie Götter:

«Wer sie sieht, den sollen sie vor Schreck vernichten!

140 Sie sollen springen, ohne ihre Brust zu wenden[44]!»

Sie schuf die Viper, den roten Drachen und die Sphinx,

Den großen Löwen, den tollen Hund, den Skorpionmenschen,

Wütende Dämonen, Fischmenschen und Kentauren,

Die schonungslose Waffen tragen, die Schlacht nicht fürchten.

145 Gewaltig waren ihre Weisungen, unwiderstehlich waren sie.

Elf Arten schuf sie so in Eile.

Unter den Göttern, ihren Erstgeborenen, die ihren Anhang bildeten,

Erhöhte sie Kingu, machte ihn groß unter ihnen,

Voranzuziehen an der Spitze des Heeres, die Truppe zu führen,
150 Die Waffe zum Kampfbeginn zu erheben,
zum Angriff aufzubieten,
Die allerhöchste Führung in der Schlacht,
Alles vertraute sie seiner Hand an, sie ließ ihn in der Rats-
versammlung sitzen (und sagte):
«Ich habe einen Zauber über dich gesprochen,
in der Versammlung der Götter dich erhöht!
155 Du seist erhaben, mein Gatte, Auserwählter du!
Dein Wort soll man erhöhen über alle Anunnaki[45]!»
155 Sie gab ihm die Schicksalstafel[46],
brachte sie an seiner Brust an (und sagte):
«Dein Gebot sei unveränderlich, fest stehe dein Wort!»
Jetzt war Kingu erhöht, im Besitze der Anuschaft[47],
Für die Götter, seine Söhne, bestimmte er die Geschicke:
«Ein Wort aus eurem Munde wird die Flammen löschen[48],
160 So mächtig sie auch sei, wenn man sie schwingt,
soll er die Machtwaffe ins Wanken bringen[49]!»

Tafel II und III: Inhaltsangabe

Ea unterrichtet Anschar von den Vorbereitungen der Tiâmat.
Anschar fordert ihn auf, Tiâmat anzugreifen, doch Ea weigert sich.
Anschar beauftragt Anu mit dieser gefährlichen Mission; doch
dieser kehrt entsetzt zurück. Er beruft dann die Versammlung der
Götter ein; angesichts ihrer Verzweiflung bittet er Marduk, sie zu
verteidigen. Marduk erklärt sich bereit, aber unter der Bedingung,
daß er die höchste Gewalt erlangt.

Anschar schickt seinen Boten *Gaga* zu Lachmu und Lachamu,
um sie über die Lage der Dinge in Kenntnis zu setzen. Danach
kommen die Götter zu einem großen Bankett zusammen, wo Wein
und Bier reichlich fließen.

Die Tafel IV beginnt damit, daß die Götter das Schicksal des
Marduk bestimmen; dieser gibt einen Beweis seiner Zaubermacht,
indem er ein Gewand nach Belieben erscheinen und verschwinden
läßt. Dann trifft er seine Vorbereitungen und besteigt seinen Kampf-
wagen.

59 «Der Herr lenkt seinen Weg geradeaus
Und wandte sich zu Tiâmat, die wütend tobte.
Auf den Lippen hatte er eine Beschwörung[50],
Mit den Händen umschloß er die Pflanze, die das Gift vertreibt.
An jenem Tage liefen sie, die Götter, ja sie liefen voll Angst um ihn,
Die Götter, seine Väter, liefen, ja die Götter liefen
voll Angst um ihn.
65 Es nahte sich der Herr, der Tiâmat Vorkehrungen zu beobachten,
Und die Absichten Kingus, ihres Gatten, zu erforschen.
Beim ersten Blick schwankt (Kingus) Gang,
Sein Geist wird kraftlos, seine Gebärden ohne Zusammenhang,
Und die Götter, seine Helfer, die ihm zur Seite gehen,
70 Sehen den tapferen Helden[51], und ihr Blick wird verwirrt.
Er warf [seinen Zauberspruch?], doch Tiâmat wandte das
Haupt nicht,
Auf ihren Lippen trug sie grobe Lügen:
,*Wie majestätisch*[52] dein Vorgehen ist (ganz das) des Herrn
der Götter!
(Sieh wie) von ihrer Stätte sie zu deiner sich begaben.'
75 Der Herr erhob den Zyklon, seine gewaltige Waffe,
Und der Tiâmat, die Versöhnung heuchelte, rief er zu:
,Warum sprichst du überfreundliche Worte,
Da du dich innerlich zum Angriff rüstest?
Die Söhne haben sich getrennt, ohne Achtung vor ihren Vätern,
80 Denn du, die sie geboren, hast jedem mütterlichen Sinn entsagt.
Du wähltest diesen Kingu dir als Gatten,
Rechtswidrig hast du ihn mit allerhöchster Macht bekleidet,
Wider Anschar, den König der Götter,
hast du feindliche Pläne geschmiedet,
Wider die Götter, meine Väter, hast du deine Bosheit gerichtet.
85 Deine Truppe mag sich ausrüsten oder dir die Waffen anlegen!

Begegnen wir uns lieber und kämpfen im Zweikampf !'
Als Tiâmat dies hörte,
Geriet sie außer sich, verlor den Verstand.
Sie stieß gegen ihn ein solches Gebrüll aus,
90 Daß ihre Beine von oben bis unten gegeneinander
schlotterten.
Sie sagte eine Beschwörung und warf einen Zauberspruch aus,
Indes die Götter des Kampfes ihre Waffen schärften.
Da traten zusammen Tiâmat und Marduk, der weiseste der
Götter,
Stürzten sich aufeinander und begegneten sich im Kampf.
95 Es breitete der Herr sein Netz aus, fing sie darin,
Er ließ vor ihr los den schlimmen Wind,
den er aufbewahrt hatte,
Als Tiâmat das Maul auftat, um ihn zu verschlingen,
Warf er den Sturm hinein,
damit sie ihre Lippen nicht wieder schließen könne.
Die grimmigen Winde füllten ihren Leib.
100 Ihr Leib blähte sich auf, und ihr Maul blieb offen.
Er schoß einen Pfeil ab, zerriß ihr den Bauch,
Ihr Inneres zerriß er und durchbohrte ihr Herz.
Als er sie bezwungen hatte, tilgte er ihr Leben aus,
Ihren Leichnam warf er zu Boden und stellte sich darauf.
105 Als er Tiâmat, die Anführerin, erschlagen hatte,
Zerbrach er ihre Rotte, ihr Heer zerstreute sich.
Und die Götter, ihre Helfer, die ihr zur Seite gingen,
Erzitterten, fürchteten sich, wandten sich rückwärts.
Sie versuchten zu entweichen, ihr Leben zu retten,
110 Doch sie waren umgarnt, jede Flucht war ihnen versagt.
Er band sie und zerbrach ihre Waffen.
Sie waren in Netze geworfen, sie blieben im Garne gefangen,
Zusammengedrückt in Winkeln waren sie voll Wehklagen.
Sie erlitten ihre Strafe und blieben im Gefängnis.
115 Die elf (Arten von Ungeheuern), die sie mit Furchtbarkeit
beladen hatte,
Die Rotte der Dämonen, die zu ihrer Rechten eingesetzt war,
Warf er in Fesseln, band ihre Glieder.

Zur Strafe für ihren Aufruhr trat er sie nieder.

Und Kingu, der an ihre Spitze gestellt worden war,

120 Fesselte er und setzte ihn unter die Zahl der toten Götter[53].

Er nahm ihm die Schicksalstafel, die ihm nicht gebührte,

Mit einem Siegel versiegelte er sie und heftete sie an seine Brust.

Nachdem er seine Feinde so bezwungen,

Den frechen Gegner *zum Sklaven gemacht* hatte,

125 Den Triumph Anschars über den Feind endgültig gewonnen hatte,

Nachdem er, Marduk, der Tapfere, den Wunsch des Ea erfüllt hatte,

Machte er über die gefangenen Götter gewaltig seine Haft

Und kehrte zurück zu Tiâmat, die er bezwungen hatte.

Es stellte der Herr seinen Fuß auf Tiâmats Kreuz,

130 Mit seinem schonungslosen Dolch[54] spaltete er ihren Schädel,

Durchschnitt ihre Adern,

Und der Nordwind entführte das Blut in die Ferne[55].

Als seine Väter es sahen, freuten sie sich, jubelten,

Brachten ihm Geschenke und Gaben.

135 Es ruhte der Herr und beschaute ihren Leichnam.

Aus dem geteilten Ungeheuer wollte er Kunstvolles schaffen.

Er schnitt es also entzwei wie einen getrockneten Fisch;

der einen Hälfte bediente er sich, das Himmelsgewölbe zu machen,

Zog den Riegel, setzte Wächter ein

140 Und schärfte ihnen ein,

ihre Wasser[56] nicht herauszulassen.

Er ging durch die Himmel, durchforschte ihre Gegenden,

Um dort ein Gegenstück[57] des Apsu zu *errichten* als Wohnung Nudimmuds.

Es maß der Herr die Ausmaße des Apsu,

Einen Palast nach seinem Bild, errichtete er dort, den Escharra.

145 Der Palast Escharra, den er erbaute, war der Himmel.

Anu, Enlil und Ea ließ er an ihren Stätten wohnen.»

1 «Er ersann Standorte[58] für die großen Götter.

In Sternbildern ordnete er ihre Entsprechungen, die Sterne.

Er bestimmte das Jahr, teilte Abschnitte ab,

Für jeden der zwölf Monate bestimmte er drei Sterne[59].

5 Nachdem er so die Zeiten des Jahres festgesetzt hatte durch Zeichen[60],

Begründete er den Standort des *Nibiru*[61],

um ihre Beziehungen zueinander zu bestimmen,

Damit keiner einen Fehler oder eine Unterlassung begehe.

Daneben stellte er die Orte Enlils und Eas auf,

Dann öffnete er Tore[62] zu beiden Seiten,

10 Feste Riegel machte er links und rechts.

In den Bauch der Tiâmat setzte er den Zenit.

Er ließ *Nannar*[63] erglänzen und vertraute ihm die Nacht an.

Er machte ihn zum Schmuck der Nacht,

um die Zeit zu bestimmen[64]:

,Alle Monate, unaufhörlich, mache ein Zeichen der Krone[65].

15 Am Anfang des Monats, wenn du zu leuchten beginnst über die Länder,

Sollst du an den Hörnern erglänzen, um anzuzeigen die sechs (ersten) Tage,

Am siebten Tage (zeige) die Hälfte der Krone.

Wenn Vollmond ist, stehe in Opposition (zur Sonne):

das ist die Hälfte des Monats.

Wenn die Sonne am Horizont dich wieder eingeholt hat,

20 Verkleinere deine Krone und beginne abzunehmen.

Am Neumondtage nähere dich wieder der Sonnenbahn.

[Am XXIX. Tage] stehe wieder in Opposition zur Sonne[66]!'

48 Marduk schuf einen Wind [...]

Er sammelte die Wasser und ließ sie in Wolken dahinziehen.

50 Das Aufstehen des Windes, den frischen Regen,

Den Hauch der Nebel, die Ströme ihres Speichels

Ordnete er und nahm das Ganze selbst in die Hand.

Er gab ihrem Kopf einen Platz; daruber haufte er ein Gebirge[67].

Er machte die unterirdischen Wasser frei, die Flut ergoß sich.
55 In ihren Augen schloß er den Euphrat und den Tigris auf,
Er verstopfte ihre Nasenlöcher und ließ [...]
Er häufte auf ihrer Brust fruchtbare Hügel an[68].
Er bohrte einen Wasserspiegel an, um eine Quelle zu schaffen.
Aus einer Schlinge ihres Schwanzes schuf er das Band des
Himmels und der Erde.
60 [...] den Apsu unter ihren Füßen.
[...] ihr Hintergestell *als Träger* (?) der Himmel.
Er spannte das Gewölbe (der Himmel) aus und festigte die Erde.
[...] Er schüttete Staub in das Innere der Tiâmat.
[...] Er breitete sein Netz aus
65 Und trennte den Himmel von der Erde...
[Er verstärkte (?)] ihre Verknüpfungen,
damit sie für immer hielten.
Nachdem er seine Regeln entworfen, seine Gesetze verfaßt hatte,
Gründete er die [Heil]igtümer (und) ließ Ea (darin) wohnen.
Er brachte die [Taf]el der Schicksale,
deren Kingu sich bemächtigt hatte,
70 Er nahm den *Rêsch tamarti* (?) weg und gab ihn Anu wieder.
Die Götter der Schlacht jubelten und krönten ihn.
[...] vor seinen Vätern.
Den elf (Arten) von Geschöpfen, die Tiâmat erschaffen hatte [...]
Zerbrach er die Waffen (und) fesselte (sie) zu seinen Füßen.
75 Nachdem er sie in Statuen verwandelt hatte,
ließ er sie die Tore des Apsu tragen.»
Angesichts dieser Wunder ergehen sich die Götter in Lob-
sprüchen, und Marduk teilt ihnen seine Absicht mit, Babylon zu
erbauen. Die Götter billigen es und stellen Fragen an ihn, deren
Inhalt verlorengegangen ist, die sich jedoch auf ihr Schicksal
bezogen haben.

Tafel VI: Der Mensch

1 «Als Marduk das Wort der Götter hörte,
Beschloß er, ein großes Werk zu schaffen[69].
Er ergriff das Wort und sprach mit Ea,

Um seine Meinung zu erfahren über den Plan,
den er ersonnen hatte:
5 ,Ein Gewebe von Blut will ich machen, Gebein will ich
bilden,
Um ein Wesen[70] entstehen zu lassen: Mensch sei sein Name.
Erschaffen will ich ein Wesen, den Menschen.
Ihm auferlegt sei der Dienst der Götter zu ihrer Erleichterung.
Weiter will ich die Wege der Götter gestalten.
10 Übereinstimmend seien sie verehrt,
(doch) in zwei (Gruppen) geteilt[71].'
Es antwortete ihm Ea, indem er zu ihm das Wort sprach;
Zur Erleichterung der Götter, teilte er ihm seinen Plan mit:
,Einer von ihren Brüdern soll ausgeliefert werden.
Dieser soll sterben, damit die Menschheit entsteht.
15 Die großen Götter aber, versammelt, (sollen entscheiden),
Ob ein Schuldiger ausgeliefert werden muß,
damit sie bestehen bleiben.'
Marduk versammelt die großen Götter,
Lenkt sie verständig gibt ihnen Weisung.
Seinen Worten schenken die Götter Aufmerksamkeit.
20 Zu den Anunnaki spricht der König das Wort.
,War euer erstes Bekenntnis wahrhaftig,
So sagt mir die Wahrheit und schwört.
Wer ist es, der den Krieg erregt,
Tiâmat zur Revolte aufgereizt, den Kampf begonnen hat?
25 Wenn der am Kriege Schuldige mir ausgeliefert wird,
Will ich ihm seine Strafe auferlegen,
ihr aber sollt in Frieden bleiben.'
Da antworteten ihm die Igigi, die großen Götter,
Ihm, Lugaldimmerankia[72], dem Berater der Götter, ihrem
Herrn:
,Kingu war's, der den Krieg erregt,
30 Tiâmat zur Revolte aufgereizt, den Kampf begonnen hat.'
Als sie ihn gebunden hatten, brachten sie ihn vor Ea.
Sie ließen ihn seine Strafe erleiden,
seine Adern durchschnitten sie.
Aus seinem Blute schuf er die Menschheit.

Er schrieb ihr den Dienst der Götter vor,
um diese (davon) zu befreien.
35 Nachdem Ea, der Weise, die Menschheit erschaffen,
Ihr den Dienst der Götter auferlegt hatte,
– Ein Werk war es, nicht auszudenken,
Von Nudimmud vollbracht dank Marduks Ränken –
Teilte Marduk, der König der Götter, in zwei Gruppen
40 Die Gesamtheit der Anunnaki, oben und unten.
Und er trug Anu auf, über (die Ausführung) seiner Befehle
zu wachen.
Dreihundert Götter stellte er als Wächter in den Himmel,
Dann grenzte er die Wege der Erde ab.
Im Himmel und auf Erden setzte er so sechshundert Götter ein.»
Die Tafel endet mit der Erbauung des *Esagil*, der Vergöttlichung
der Waffen Marduks und der Verkündigung seiner Namen. Die
ganze Tafel VII ist der Aufzählung von Namen und ihrer mystischen Auslegung gewidmet.

V. VERSCHIEDENE KOSMOGONISCHE TEXTE

1. Erschaffung der Welt durch Marduk

1 «Beschwörung. Das heilige Haus, eine Wohnung der Götter
an heiliger Stätte war nicht erbaut.
Kein Schilfrohr war hervorgesproßt,
kein Baum war erschaffen worden.
Kein Ziegel war gelegt worden, keine Ziegelform war
gemacht worden.
Kein Haus war errichtet, keine Stadt war gebaut.
5 Keine Stadt war erbaut worden, kein Lebendiger war da.
Nippur war nicht gebaut, der *Ekur*[73] war nicht erbaut.
Uruk war nicht gebaut, der *Eanna*[74] war nicht erbaut.
Der Apsu[75] war nicht gemacht, Eridu war nicht gebaut.
Die Baustelle für das heilige Haus, eine Wohnung der Götter,
war nicht gemacht.
10 Alle Länder waren Meer.

Eine Quelle, inmitten des Meeres, (sprudelte auf wie) eine
Wassersäule[76].
Damals wurde Eridu gebaut, der Esagil[77] wurde erbaut,
Esagila, das *Lugal-dukugga*[78] mitten im Apsu gegründet.
Babylon wurde gebaut, der *Esagil* wurde vollendet.*
15 Er (Marduk) schuf, in gleicher Zahl verteilt, die Anunnaki-
Götter[79],
Feierlich benannten sie die heilige Stadt,
die ihren Herzen teure Wohnung.
Marduk flocht ein Weidengeflecht auf der Oberfläche
der Wasser,
Er schuf den Staub und schüttelte ihn auf das Weidengeflecht.
Um die Götter in einer Wohnung, die ihr Herz erfreute,
wohnen zu lassen,
20 Schuf er die Menschheit.
Aruru schuf mit ihm den Menschensamen.
Er schuf auf dem Felde die Tiere *Sumuqans*[80],
ein Werk von Lebewesen.
Den Tigris und den Euphrat schuf er und setzte sie an ihren Ort,
Er gab ihnen einen passenden Namen.
25 Er schuf das Gras, das Binsengebüsch, das Schilfrohr
und das Gehölz,
Er schuf das Grün des Feldes,
Die Länder, die Sümpfe, das Röhricht,
Die Kuh und ihr Kälbchen, das Mutterschaf und sein
Lämmchen der Hürde,
Die Gärten und die Wälder,
30 Den Bock und den *Steinbock*...
Der Herr, Marduk, schichtete einen Damm am Ufer des Meeres
auf.
[...] Schilfrohr... setzte er.
[...] ließ er entstehen.
[Das Schilfrohr (?)] sch[uf] er, die Bäume schuf er.
35 [...] an dem Orte schuf er.
Einen Ziegel legte er hin er machte eine Ziegelform
Er erbaute das Haus, er baute die Stadt.
Er baute die Stadt, er machte Lebewesen.

Er baute Nippur, er erbaute den *Ekur*.
40 Er baute Uruk, er erbaute den *Eanna*.»

2. Erschaffung durch Ea

1 Als Anu die Himmel erschaffen,
Nudimmud den Ozean als seine Wohnung erschaffen,
Nahm Ea im Apsu eine Handvoll Lehm[81]
Und schuf *Kulla*[82] zur Erneuerung der Tempel.
5 Er schuf das Röhricht und den Wald zur Bauarbeit.
Er schuf *Nin-ildu*[83], *Nin-simug*[84] und *Arazu*[85] zur
Vollendung der Bauarbeit.
Er schuf Gebirge und Meere für jegliches […]
Er schuf *Guschkin-banda*[86], *Nin-agal*[87], *Nin-zadim*[88] und
Nin-kurra[89], damit sie ihre Arbeiten fertigten und ihre reichen
Werke für die Opfergaben […]
10 Er schuf *Aschnan*[90] und *Lachar*[91], *Siris*[92], *Nin-gisch-zida*,
Nin-ezen[93] […], um ihr festes Einkommen zu sichern.
Er schuf *Umun-mu-ta-am-ku*, *Umun-mu-ta-am-nag*[94], um die
Opfergaben darzubringen.
Er schuf *Kusig*, den Oberpriester der großen Götter,
um zu vollenden Riten und Zeremonien.
Er schuf den König zum Pfleger [der Tempel]
15 Er schuf die Menschheit, um zu versehen [den Dienst der
Götter.]»
Rest abgebrochen.

3. Die Erschaffung des Menschen

1 Als der Himmel von der Erde getrennt worden war,
(dieser) zuverlässige und ferne Zwilling,
Als die Mutter der Göttinnen erschaffen worden war,
Als die einmal erschaffene Erde gestaltet worden war,
Als die Geschicke des Himmels und der Erde festgesetzt
worden waren,
5 Als Gräben und Kanäle ihre genaue Ausrichtung erhalten
hatten

Und die Ufer von Tigris und Euphrat festgesetzt worden waren,
Da ließen Anu, Enlil, Schamasch, Enki[95],
Die großen Götter,
Die Anunnaki, die großen Götter,
10 Sich nieder an ihren erhabenen Stätten,
Und über die Schöpfung sprachen sie ihren Plan aus:
12 «Jetzt, da die Geschicke des Himmels und der Erde
festgesetzt worden sind,
Da Gräben und Kanäle ihre genaue Ausrichtung erhalten haben,
Da die Ufer von Tigris und Euphrat
15 Festgelegt worden sind,
Was werden wir machen?
Was werden wir erschaffen?
O Anunnaki, ihr großen Götter,
Was werden wir machen?
20 Was werden wir erschaffen?»
Die großen Götter, die zugegen waren,
Die Anunnaki, die Schicksal bestimmenden Götter,
Ihre beiden Gruppen antworteten Enlil:
«Im *Uzumua*, dem Band des Himmels und der Erde,
25 Wollen wir *Lamga*-Götter[96] schlachten.
Aus ihrem Blute wollen wir die Menschheit schaffen.
Der Dienst der Götter sei ihr Teil.
Um von nun an
Die Grenzen festzusetzen,
30 In ihre Hände
Hacke und Tragkorb zu legen;
Um aus der großen Wohnung der Götter (zu machen)
Ein würdiges Heiligtum,
Um Feld nach Feld zu umgrenzen;
35 Um von nun an
Die Grenzen festzusetzen,
Den Kanälen regelmäßigen Lauf zu geben,
Die Grenzen festzusetzen,
Die vier Bereiche (der Welt) zu *bewässern*,
40 Und die Pflanzen im Überfluß wachsen zu lassen,
Die Regen [...]

Um die Grenzen festzusetzen,
Die Speicher zu füllen
(*Drei Zeilen abgebrochen*[97])
Um die Felder der Anunnaki fruchtbringend zu machen,
Den Überfluß im Lande zu mehren,
Die Feste der Götter zu feiern,
50 Trankopfer frischen Wassers auszugießen,
Um aus der großen Wohnung der Götter (zu machen) ein würdiges
Heiligtum,
Sollt ihr sie nennen mit den Namen
Ulligara und *Zalgarra*[98].
Um Rinder, Schafe, Pferde, Esel, Fische und Vögel zu mehren,
55 Überfluß im Lande,
Gaben *Enul* und *Ninul*[99] Befehle
Aus ihrem heiligen Munde.
Aruru, die Herrin der Götter, die würdig ist zu befehlen,
Hat ihnen große Geschicke bestimmt:
60 Fachkundige und Handarbeiter werden der Reihe nach
Wie Korn von selbst aus der Erde sprossen,
eine Tat, die von nun an sich ebensowenig wird ändern
wie die Sterne des Himmels.»
Tag und Nacht,
Um die Feste der Götter zu feiern,
65 Haben sie selbst bestimmt
Die großen Geschicke,
Anu, Enlil,
Ea und Nin-mach,
Die großen Götter,
70 Da, wo die Menschheit geschaffen wurde,
An diesem Ort ist *Nidaba*[100] fest eingesetzt.
Der Eingeweihte lehre den Uneingeweihten das Geheimnis.

4. Beschwörung gegen den Wurm

1 «Nachdem Anu den Himmel erschaffen,
Der Himmel die Erde erschaffen,
Die Erde die Wasserläufe erschaffen,

Die Wasserläufe die Kanäle erschaffen,
5 Die Kanäle den Morast erschaffen,
Der Morast den Wurm erschaffen hatte,
Ging der Wurm weinend vor Schamasch,
Vor Ea flossen seine Tränen:
‚Was wirst du mir zu essen geben?
10 Was wirst du mir zu saugen geben?‘
‚Ich werde dir die reife Feige geben oder die Aprikose.‘
‚Was soll ich mit der reifen Feige oder der Aprikose?‘
15 Erhebe mich zwischen die Zähne
Und lasse mich im *Zahnfleisch* wohnen.
Aus dem Zahn will ich das Blut saugen
Und vom Zahnfleisch aus die Zahnhöhlen nagen!‘
20 Stoße die Nadel hinein, dann fasse den Fuß des Wurms[101].
‚Weil du solches gesagt hast, o Wurm,
Soll Ea dich schlagen mit seiner mächtigen Hand.‘
Beschwörung gegen den Zahnschmerz.»

SCHÖPFUNGSMYTHEN
DER HURRITER UND HETHITER

VON MAURICE VIEYRA

I. EINLEITUNG

Das Vordringen der seit dem 18. Jahrhundert v. Chr. in Kleinasien ansäßigen Hethiter brachte dieses Volk mit den großen Kulturen des alten Orients in Berührung: einerseits mit Mesopotamien, andererseits mit dem weiten, noch wenig erschlossenen Kulturgebiet, das sich nach Nordsyrien hin erstreckt. Seit der Zeit der assyrischen Ansiedlungen in Kappadozien stehen die Hethiter indirekt mit Assyrien in Verbindung. Um 1600 oder später bringen ihre Feldzüge in die Ufergebiete des Euphrat sie mit den Hurritern in Berührung, deren Einfluß auf politischem und kulturellem Gebiet damals in Nordsyrien vorherrschte.

Von da an nimmt die hethitische Kultur eine stark hurritische Färbung an, was sich sowohl auf sozialem Gebiet als auch in der Sphäre des Kulturellen und Religiösen bemerkbar macht. Neben diesem direkten Einfluß, den die Hurriter auf die Hethiter hatten, erscheinen jene auch als Vermittler, die die Hethiter in die babylonische Kultur «eingeweiht» haben, besonders auf literarischem und religiösem Gebiet.

Eine beträchtliche Anzahl hurritischer Texte sind im Vorderen Orient, von der Gegend am Tigris bis zu den Ufern des Euphrat und bis zum Mittelmeer hin, aufgefunden worden. Die Mehrzahl dieser Urkunden – es handelt sich um Texte religiöser und magischer Art – entstammt den königlichen Archiven der Hethiter-Könige von Hattusas (dem heutigen türkischen Dorf Boghazköy).

Die Texte sind in einer Sprache geschrieben, in der sich mehrere Dialekte unterscheiden lassen und deren Entzifferung schwierig ist. Sie sind in einer noch unvollkommen verstandenen Sprache geschrieben, die zur Gattung der «agglutinierenden» Sprachen gehört und weder in den indogermanischen noch in den semitischen Sprachkreis eingeordnet werden kann. Ein jüngerer hurritischer Dialekt, und zwar einer der bestbekanntesten, ist das Urartäische, das in der Gegend des Van-Sees bis zum Einbruch der Armenier (6. Jh. v. Chr.) gesprochen wurde.

Die Beurteilung der hurritischen Kultur bleibt eine Aufgabe der Zukunft; doch läßt sich ihre Bedeutung als kultureller Faktor in der Geschichte des antiken Vorderen Orients jeden Tag deutlicher feststellen. Die Hurriter waren nämlich nicht nur die Hauptverbreiter der mesopotamischen Kulturen, sie waren auch der Kern, um den sich der «Kulturwille» zahlreicher politischer Gemeinschaften kristallisierte.

II. DIE VORSTELLUNGEN

1. Die hurritische Theogonie

Die hurritische Lehre von der Abstammung der Götter setzt eine Kosmogonie voraus, von der uns nur Spuren erhalten sind. Wir kennen sie aus einer gewissen Anzahl äußerst fragmentarischer Texte, die in den königlich hethitischen Archiven von Boghazköy gefunden wurden. Diese Texte sind hethitische «Übersetzungen» verlorener oder noch unveröffentlichter hurritischer Originale. In der uns überkommenen Fassung stammen diese Übersetzungen aus den letzten Jahren des Hethiter-Reiches, also ungefähr aus der Zeit um 1300 v. Chr. Sie bestätigen den Einfluß, den die hurritischen Glaubensvorstellungen auf die Hethiter gehabt haben, ein Einfluß, der sich besonders in den letzten Jahrhunderten des Reiches bemerkbar machte.

Es wäre ein unnützer Versuch, heute abschätzen zu wollen, welche Bedeutung die hurritische Theogonie für die Entwicklung des religiösen Denkens der Hethiter gehabt haben mag; diese Theogonie ist übrigens nicht ursprünglich: tatsächlich scheint sie das Ergebnis eines religiösen Synkretismus zu sein, der sich in der hurritischen Welt in Berührung mit sumerischen und nordsyrischen religiösen Vorstellungen, wohl im oberen Mesopotamien, seit dem Beginn des zweiten Jahrtausends herausbildete.

Man darf sich also nicht wundern, wenn man in der hurritischen Theogonie das Echo sumerischer Mythen findet und wenn einige der großen Götter des sumerischen Pantheons darin erscheinen. In der so reichlichen religiösen Literatur der Sumerer hingegen und sogar in ihren späteren mesopotamischen (babylonischen und assyrischen) Fortsetzungen erinnert nichts an die seltsamen Abenteuer der hier ins Spiel verwickelten Gottheiten.

Der hurritische Begriff von aufeinander folgenden Götterherr-
schaften scheint den von der sumerischen Theologie aufgestellten
Vorstellungen völlig fremd zu sein. Gewiß, auch diese kennt göttli-
cheHierarchien; sie ist aber nicht der Ansicht, daß dieVollkommen-
heit der Weltordnung eine Theogonie in dem Sinne erfordert, wie
sie den religiösen Vorstellungen der Hurriter entspricht. Zweifellos
haben wir hier einen zum sumerischen Glaubensgut noch hinzuge-
fügten hurritisch-theologischen Rahmen, der die Ausdehnung der
in Sumer und bei den nordsyrischen Mythen gemachten Anleihen
sauber abgrenzt. Zwar spielen die großen Weltgötter des sumerischen Pantheons tatsächlich eine Rolle in der hurritischen Theogonie, nicht aber die Lokalgötter, obwohl es diesen über den Umweg
des politischen Erfolgs ihrer Gläubigen schließlich gelang, sich den
ersten Platz anzumaßen. Wenn der «*Kumarbi*» und der *Gesang von
Ullikummi* auf so entschiedene Weise *Marduk* ignorieren, so zweifellos deshalb, weil die hurritischen Anleihen lange vor der Zeit der
ersten babylonischen Dynastie liegen. Die Lokalisierung der hurritischen Mythen ist aber eindeutig auf die Wirkursache historischer
Tatsachen zurückzuführen; sie erklärt sich aus dem Vorhandensein präexistenter Kulte und Mythen und prähurritischer heiliger
Orte, wie der *Mons Casius* bei Antiochien (der * Hazzi* der Mythen).
    Sumer und selbstverständlich Babylon und Assur setzen an den
Weltanfang eine der Schöpfung vorausgehende Gigantomachie: es
ist das *Enuma elisch*. Zweifellos ist es nicht bloßer Zufall, daß die
Archive von Boghazköy, die uns genügend Belegmaterial von
Übersetzungen und Abschriften babylonischer Originale geliefert
haben (vor allem das *Gilgamesch*-Epos), das babylonische Schöpfungslied nicht kennen: hier zeigt sich ein bis in die Wurzeln gehen-
der Gegensatz der religiösen Grundvorstellungen. Hingegen wird
man nicht erstaunt darüber sein, daß man in Boghazköy so viele
Spuren und so viele Beweise für die Bedeutung der hurritischen
Mythen findet, wenn man bedenkt, daß sich seit der Regierung Hat-
tusil I. (16. Jh. v. Chr.) der hurritische Einfluß – besonders auf
religiösem Gebiet – behauptet und immerzu wächst bis zum Ende
des Reiches, wo er vorherrschend ist.
    Die Texte, durch die uns die hurritischen Mythen über die Göt-
terherrschaften und die Theogonie bekannt sind, sind oft nur un-

geformte Fragmente, deren Reihenfolge nicht immer gesichert ist. Sie bilden eine Gruppe in einem Erzählungszyklus, dessen Hauptheld eine hurritische Gottheit ist: der Gott *Kumarbi*, der «Vater der Götter». Zweifellos besitzen wir zu wenige Texte, um ein gültiges Urteil über seine wahre Beschaffenheit abgeben zu können. Aus unseren Texten erhellt, daß *Kumarbi* nicht eine jener Gottheiten ist, von denen aus und dank denen die Welt erschaffen und geordnet wird. Die Urgötter des hurritischen Pantheons gehören früheren Göttergenerationen an. Unsere Texte, namentlich der *Gesang von Ullikummi*, spielen auf ein allererstes Geschöpf an, *Upelluri*, auf dessen Schultern «sie» – zweifellos die Götter von ehemals, die in manchen Texten erwähnt werden – gleich Atlas «den Himmel und die Erde erhoben». Der Schöpfungsakt liegt also zeitlich lange vor diesen Geschehnissen, sowohl vor dem *Königtum in den Himmeln* als auch vor *Ullikummi*. Am Anfang von allem stehen «die Väter der Götter», «die alten Götter», schnurrige, vergessene und abgesetzte Gottheiten, die wie die Titanen seit dem Auftauchen der jungen Götter in der «dunklen Erde» wohnen: entthront und aus dem Himmel verjagt, werden auch sie in die Unterwelt gestürzt.

Dennoch ist die Schöpfung vom Ursprung der Dinge an nicht vollkommen. Gewisse Überlieferungen, die vielleicht protohethitischen Ursprungs sind, machen Anspielung auf den chaotischen Zustand der Dinge, der auf die Weltschöpfung folgte, und erinnern daran, daß der Mond eines Tages «vom Himmel herabfiel». Ebenfalls charakteristisch für die Schöpfung in aufeinanderfolgenden Abschnitten ist die im Mythos vom *Königtum in den Himmeln* enthaltene Anspielung auf die Entstehung des Flusses Tigris.

2. Die Götter des Mythos

Die Gottheiten, die am göttlichen Drama teilnehmen, sind jene, die man gewöhnlich den Hurritern zuordnet; sie erscheinen häufig in den hurritischen Ritualen und in den hethitischen Ritualen hurritischen Ursprungs, besonders in den Texten, die von Priestern oder Zauberern aus Kizzuwatna (Kilikien) verfaßt sind: *Kumarbi*, *Teschup*, der Wettergott, *Hepat*, seine Gemahlin, *Scheri* und *Hurri*, die Stiere des Wettergottes, *Ischtar* von Ninive usw. Neben ihnen stehen die großen Gottheiten des sumerischen Pantheons. Man findet daher nicht nur die göttlichen Paare *Anu-Antu*, *Enlil-Ninlil* und *Ea*, sondern auch die heiligen Orte Sumer, Nippur, das Zentrum des *Enlil*-Kultes und den *Apsu*. Man wäre geneigt anzunehmen, die hurritisch-hethitische Version der betreffenden Mythen wäre die Übernahme eines verlorengegangenen sumerischen Mythos.

3. Der Schauplatz

Der Ort, an dem sich das Drama vom *Königtum im Himmel* abspielt, ist offensichtlich der Himmel; es entsteht aber ein ständiges Hin und Her zwischen Himmel und Erde. Der göttliche Same fällt auf den Berg Kanzura (der nicht lokalisiert ist, aber zweifelsohne wirklich existiert). Nippur, dessen göttlichen Ursprung am Rande der Zeiten die Sumerer immer wieder betont haben, existiert bereits. Die Frage wird kompliziert, wenn sich der Schauplatz von Sumer nach Westen und ans Mittelmeer hin verlagert, nach Ur-kisch, der Stadt des Kumarbi – übrigens einer historischen Stadt, denn man kennt die hurritische Inschrift eines ihrer Könige *Tischatal*[1] –, und Ninive, das schon, bevor es unter der Lehnsherrschaft von Mitanni[2] stand, ein hurritisches Zentrum war; eine weitere Verwicklung entsteht dadurch, daß das personifizierte Meer am Drama beteiligt wird und vor allem der Berg Hazzi[3], der Casius der syrischen Küste, der heilige Berg von Ras-Schamra, der Saphôn, der Sitz einer Gottheit, deren Kult bis in die Römerzeit fortgedauert hat (der Jupiter Casius ist die *interpretatio latina* des Ba'al Saphôn, mit dem man, was die Natur und den bilderlosen Kult betrifft, den Ba'al des Berges Karmel vergleichen kann).

Die Frage nach dem Ursprung der um Kumarbi gebildeten hurritischen Mythen stellt uns vor besondere Schwierigkeiten, hauptsächlich deswegen, weil wir über die hurritischen Denkweisen so gut wie gar nichts wissen. Wir stehen vor einem seltsamen Gemisch von sumerischen Vorstellungen und von Tatsachen, die uns merkwürdigerweise davon entfernen, um uns, im Rahmen desselben Mythos, wieder in eine andere Umwelt zu versetzen; man könnte also versucht sein, in diesen Mythen den Ausdruck eines zweifellos erstmaligen Versuchs religiöser Verschmelzung zu sehen, wobei

die kanaanäischen Mythen einen ebenso bedeutenden Platz ein-
nehmen wie die sumerischen Vorstellungen. Die historischen Tatsachen und die geographische Wirklichkeit stehen einer solchen
Lösung des Problems nicht entgegen. Man darf aber wohl den
kanaanäischen Beitrag zur Bildung des Mythos nicht überschätzen.
Die Zukunft wird uns zeigen, ob es möglich ist, diesen Anteil genau
festzustellen, und ob insbesondere Schamra – aber auch Boghazköy,
das uns die hethitischen Übersetzungen kanaanäischer Mythen[4]
aufbewahrte – uns gestatten, die Frage nach dem Ursprung näher
anzugehen; denn diese Frage ist von höchster Bedeutung für den
Eingang des Kumarbi in die Theogonie des Hesiod. Wir haben
nicht genügend Muße, hier im einzelnen auf diese Fragen einzuge-
hen, doch wollen wir festhalten, daß der Anfang des *Gesangs von Ullikummi:* «Den Gott der... weise Gedanken denkt in seinem Sinn,
aller Götter Vater, will ich besingen...» dem Anfang des kanaanäischen Mythos so nahe ist, daß man schon aus rein literarkritischen
Gründen nicht zögern wird, auf die Existenz eines kanaanäischen
«*Kumarbi*»[5] zu schließen.

III. DER TEXT

1. «*Das göttliche Königtum*». *Die Theogonie*[6]

Die erhaltenen Fragmente des Mythos haben uns keinen Titel überliefert; aber der Kolophon des Textes KUB XXXIII, 120 lautet
«Erste Tafel des Gesanges von...», wobei sich unmittelbar die
Frage stellt, ob der Mythos nicht an ein Ritualfest anknüpft (vgl.
Illuyanka-Mythos, der mit dem Fest *Purulliyas*, dem Frühlingsfest?,
verbunden war). Der Text (nach H. G. Güterbock) hebt an mit
einer Eingangsrede, in der die Götter aufgefordert werden, aufmerksam zuzuhören[7]:

I. «[Hört ihr Götter, die ihr in den Himmeln seid]
und in der dunklen Erde!
Die starken Götter sollen hören... *Nara, [Napschara, Mink]i*,
Ammunki sollen hören. *Ammezzadu* [und die alten Götter], Väter

und Mütter [der Götter] sollen hören! *[Anu* und *Antu]*, Ischchara, Väter und Mütter sollen hören! Enlil, *[Nintil]*, und die starken und mächtigen Götter sollen hören!

II. Einst, in früheren Jahren, war *Alalu* König im Himmel. Solange [wie] Alalu auf dem göttlichen Throne saß, stand der starke Anu, der erste unter den Göttern, vor ihm. Er neigte sich zu seinen Füßen nieder und reichte ihm den Becher zum Trinken in seine Hand[8].

III. Neun Jahre lang[9] war Alalu im Himmel König. Im neunten Jahr lieferte Anu gegen Alalu einen Kampf und besiegte ihn. Alalu entfloh vor ihm, hinab auf die dunkle Erde. Hinab ging er auf die dunkle Erde, auf den Thron aber setzte sich Anu, und der starke Kumarbi gab ihm zu essen; er neigte sich zu seinen Füßen nieder und reichte ihm den Becher zum Trinken in seine Hand.

IV. Neun Jahre war Anu im Himmel König. Im neunten Jahr lieferte Anu gegen Kumarbi einen Kampf. Kumarbi lieferte an Stelle des Alalu gegen Anu einen Kampf. Den Augen des Kumarbi hielt er nicht mehr stand (Anu); dem Kumarbi, aus seiner Hand entwand er sich. Und er floh, Anu, als Vogel flog er zum Himmel. Hinter ihm her stürzte sich Kumarbi und packte ihn an den Füßen, den Anu, und zog ihn vom Himmel herab.

V. Er (Kumarbi) biß in seine (des Anu) «Knie»[10], da ergoß sich seine Mannheit in sein Inneres. Als (es) sich vereinte, als Kumarbi des Anu Mannheit herunterschluckte, freute er sich und lachte. Zu ihm hin wandte sich Anu, zu Kumarbi hub er an zu sprechen: «du freust dich über dein Inneres, weil du meine Mannheit geschluckt hast. Freue dich nicht über dein Inneres! In dein Inneres habe ich eine schwere Last gelegt. Ich habe dich mit drei mächtigen Göttern geschwängert. Erstens habe ich dich geschwängert mit dem starken Wettergott; sodann habe ich dich geschwängert mit dem Fluß Aranzach[11], drittens habe ich dich geschwängert mit dem starken Gott Taschmischu[12]. Drei furchtbare Götter habe ich als Saat in dein Inneres gelegt. Als Anu seine Rede beendet hatte, flog er zum Himmel empor. Und er verbarg sich, Kumarbi, der kluge König, spie aus, was er im Munde hatte. Was Kumarbi ausgespieñ hatte, (fiel) auf den Berg Kanzura... Und Kumarbi ging zornig nach Nipp[ur[13]...].

Der Text bricht an dieser Stelle ab, weil die folgenden Kolumnen zerstört sind. (Auf der Tafel I fehlt das letzte Drittel der Kolumne; die zweite und dritte Kolumne sind äußerst fragmentarisch.) Es scheint, daß der Wettergott im Innern des Kumarbi verblieben ist. Es entspinnt sich ein Gespräch zwischen Anu und dem Wettergott. Dieser scheint von seiner zukünftigen Größe zu sprechen. Anu berät ihn über den Körperteil des Kumarbi, aus dem er am Ende der Schwangerschaft hervorkommen soll. Danach begibt sich Kumarbi zum Gott Ea, dem «König der Weisheit»: «Gib mir meinen Sohn, ich will [meinen Sohn (?)] verschlingen», sagt er zu ihm. Allem Anschein nach bekommt Kumarbi wirklich etwas zu essen; die Folgen sind unangenehm; denn Ea rät Kumarbi, sich an einen Zauberer namens «der Arme» zu wenden. Dieser führt durch Zaubermittel und Opfer die Geburt des Wettergottes herbei. Anu wird davon in Kenntnis gesetzt. Lücke. VI. Anu schmiedet den Plan, Kumarbi mit Hilfe des Wettergotts zu vernichten. Der Kampf wird vorbereitet. Der Gott Zababa, der Kriegsgott, erscheint, desgleichen der Stier Scheri, «der Tag», einer der heiligen Stiere des Wettergottes. Der Schlachtbericht verliert sich in einer Lücke.

Kolumne IV, die durch die neuen, von H. Otten publizierten Fragmente rekonstruiert werden konnte, erzählt von der Geburt zweier Gottheiten, die aus dem Samen des Anu und der Erde entstanden:

«Ea, [der König der] Weisheit [...] zählte: der erste Monat, der [zweite] Monat, der dritte Monat gingen vorüber; der vierte Monat, der fünfte Monat, der sechste Monat gingen vorüber. [Der siebte Monat], der achte Monat, der neunte Monat gingen vorüber. [Es kam] der zehnte Monat. Im zehnten Monat [fing] die Erde [an] zu seufzen. Als die Erde seufzte [...] gebar sie [zwei (?)] Kinder, (wahrscheinlich ‚zwei Söhne‘).»

Ein Bote geht zu Ea, um diese Geburt anzuzeigen: «Die Erde [hat] zwei Kinder geboren...»

Diese beiden Kinder, der Tigris und der Gott Taschmischu, nahmen zweifellos auf der Seite des Wettergottes an dem Endkampf gegen Kumarbi teil. Der Kampf endete mit der Vernichtung des Kumarbi und mit der Einsetzung des Wettergottes als «König im Himmel».

2. Der Gesang von Ullikummi

Auf das «göttliche Königtum» folgt der *Gesang von Ullikummi*, der zum Sagenkreis des Kumarbi gehört[14]. Er erzählt, was sich nach dem großen Götterdrama ereignete: daß Kumarbi versuchte, dem Wettergott das göttliche Königtum zu entreißen, das jener ihm abgenommen hat.

Wie der vorherige Gesang, so beginnt auch der Gesang von Ullikummi mit einem *Proömium*: der Dichter verkündet, daß er die Großtaten des Kumarbi besingen will. (Deutsch nach H. G. Güterbock.)

Erste Tafel

I. «Den Gott der... weise Gedanken denkt in seinem Sinn, aller Götter Vater, Kumarbi will ich besingen.

II. Kumarbi denkt weise Gedanken in seinem Sinn. Er hegt den Gedanken, Schlimmes (zu schaffen) und ein böses Wesen hervorzurufen. Er plant Böses gegen den Wettergott. Er sinnt darauf, dem Wettergott einen Rivalen zu schaffen. Kumarbi nimmt guten Rat in seinen Sinn: er läßt seine weisen Gedanken vor sich hergleiten wie die Perlen eines Halsbands.

III. Als Kumarbi guten Rat in seinen Sinn genommen hatte, stand er von seinem Sitze auf. Er nahm den Stab in die Hand, zog die Winde wie schnelle Schuhe an[15]. Aus seiner Stadt Urkisch brach er auf und ging nach..., wo sich der große Stein befand. Die große Felsspitze, sie [hat] in der Länge drei (?) Meilen, in der Breite [...] und eine halbe Meile. Was sie unten[16] hatte [...] Seine Lust regte sich und er schlief mit der F[elsenspitze]. In sie [...] seine Mannheit. Er nahm sie sich fünfmal, er nahm sie sich zehnmal.» (Lücke von fünfunddreißig Zeilen.)

Es folgt ein *Dialog* (mit fragmentarischem Anfang) *zwischen Impaluri, dem Vezir des Meeres, und dem personifizierten Meer:*

IV. «[Impaluri] hub an, zum Meere die Worte (des Kumarbi) wiederum [zu sprechen]: Was mir mein Herr [zu sagen befahl (?), will ich wiederholen] dem Meer (?)... Kumarbi muß der Vater der Götter bleiben!

[Als das Meer des Impal]uri Worte hörte, hub [das Meer] an, dem Impaluri zu erwidern: ‚Höre Impaluri die Worte, die [ich dir sagen werde, für die Worte halte mir] das Ohr [geneigt]. Geh und [überbringe starke Worte an Kumarbi: Warum kommst du zornig] gegen mein Haus, Kumarbi? Beben ergriff mein Haus und Furcht ergriff das Gesinde. Ist nicht das Zedernholz bereits gebrochen, sind nicht Speisen (für dich) bereitet? Tag und Nacht halten die Sänger ihre Instrumente für dich bereit. Steh auf und komm in mein Haus!'

Kumarbi [verließ sein Haus]. Er machte sich auf den Weg, Kumarbi. Impaluri ging vor ihm her. Er ging zum Haus des Meeres. Da sprach das Meer: ,Dem Kumarbi soll man einen Schemel zum Sitzen hinstellen. Einen Tisch soll man vor ihn hinstellen. Zu essen soll man ihm bringen. Bier soll man ihm bringen.'

Da brachten die Köche Speisen, die Mundschenke brachten den süßen Wein. Sie tranken einmal, sie tranken zweimal. Sie tranken dreimal, viermal, fünfmal, sechsmal. Sie tranken siebenmal. Da hub Kumarbi zu seinem Vezir Mukischanu zu sprechen an: ,Mukischanu, mein Vezir! Welches Wort ich zu dir sprechen werde, für das halte mir dein Ohr her! Nimm den Stab in die Hand, ziehe dir die schnellen Schuhe an. [Gehe hin zu] den Wassern und vor den Wassern sprich:'»

(Lücke von ungefähr dreißig Zeilen.) Es folgt die *Geburt des Ullikummi*:

V. «Nachts... [als die mittlere] Nachtwache [kam]... Stein... Stein. [Sie (?)] brach[ten] zur Welt... den Fels... Sohn des Kumarbi [...] Es brachten ihn zur Welt [die...] Frauen und die Gulschesch -und Mach-Göttinen[17] legten (ihn) auf die Knie des Kumarbi. Kumarbi freute sich an seinem Sohn; er drückte ihn ans Herz (?), liebkoste ihn. Er beschloß, ihm einen günstigen Namen zu geben. Kumarbi sprach zu sich selbst: welchen Namen soll ich ihm geben, diesem Kind, das die Gulschesch- und Mach-Göttinen mir geschenkt haben und das [...] wie ein Pfeil (?) aus dem Leibe heraussprang? Wohlan [...] Ullikummi[18] soll sein Name sein! Hinauf zum Himmel soll er steigen und die Königsherrschaft (übernehmen). Die [prächt]ige Stadt Kummija soll er niederwerfen! Er soll den Wettergott niederschlagen! Er soll ihn zerstampfen, wie man Salz (?) zerstampft [...] und ihn mit dem Fuß zertreten wie eine Ameise (?). Er soll den Gott Taschmischu zerbrechen wie ein Schilfrohr... Er soll die Götter aus dem Himmel wie Vögel herabschütten. Er soll sie zerbrechen [wie] leere Gefäße!»

Als Kumarbi diese Worte gesprochen hatte, sprach er bei sich selbst: «Wem soll ich meinen Sohn anvertrauen? Wer... und [wird] ihn [aufziehen (?)] in der dunklen Erde? Die Sonne des [Himmels] und der [Mo]nd-Gott werden ihn nicht sehen. Der Wettergott aus Kummija wird ihn nicht sehen und wird ihn nicht töten können. Ischtar, die Göttin von Ninive, die..., wird ihn nicht [zerbrechen] wie ein Schilfrohr...»

Kumarbi hub an, [zu Impaluri die Wor]te zu sprechen: Impaluri, neige dein Ohr und höre die Worte, die ich dir sage. Nimm in die Hand den Stab, ziehe die Winde wie schnelle Schuhe an! Geh zu den Irsirra-Göttern!...Und diese Worte sprich zu den Irsirra: «Kommt! Kumarbi, der Vater der Götter, ruft euch in das Haus der Götter... [Die Irsirra] werden das Kind nehmen und [werden] es auf die [dunkle] Erde [tragen]...»

[Als] Impaluri [diese Worte hörte, nahm er] den Stab in die Hand, zog sich [die Schuhe an] und ging fort. Er ging zu den Irsirra. [Da] hub [Impaluri an] die Worte zu den Irsirra [wieder zu sa]gen: «Kommt! Es [ruft] euch Kumarbi, der Vater der Götter! Aus welchem Grunde er euch aber ruft, [dürft ihr nicht wissen]. Beeilt euch, kommt!»

Als die Irsirra diese Worte hörten, [da eilten sie] und sputeten sich. [Sie machten sich auf den Weg] und legten den Weg zurück, ohne anzuhalten. Sie gelangten vor Kumarbi und Kumarbi sprach zu ihnen: «Nehmt [dieses Kind] und nehmt es mit euch. Tragt es in die dunkle Erde! Beeilt euch! Setzt es wie einen Pfeil dem Upelluri[10] auf die rechte (?) Schulter. In einem Tag soll es eine Elle in die Höhe wachsen, in einem Monat soll es ein Gan (Morgen) in die Höhe wachsen...» Als die Irsirra diese Worte hörten, nahmen sie [das Kind] von den Knien des Kumarbi. Sie nahmen das Kind auf den Arm und drückten es an die Brust wie ein Kleid. Sie nahmen es und setzten es dem Enlil auf die Knie. Der [Gott (?)] erhob die Augen und erblickte das Kind; es stand vor seiner göttlichen Gegenwart. Sein Leib war aus Dioritstein[20]. Da sprach Enlil bei sich: «Wer ist es? Zogen ihn wirklich die

Gulschesch- und Mach-Göttinnen groß? Wird er die mächtigen Kämpfe der großen Götter sehen (?)? Von niemand anders als von Kumarbi ist dies die böse Tat. Wie er den Wettergott hervorrief, so hat er jetzt diesen entsetzlichen Diorit-Menschen [hervorgerufen], um ihm (dem Wettergott) einen Rivalen zu schaffen.» Als Enlil diese Worte [gesprochen hatte], [nahmen die Irsirra das Kind] und setzten es wie einen Pfeil auf die rechte Schulter des Upelluri. Der Stein wuchs. Und die starken [Wasser (?)] ließen ihn wachsen. In einem Tage wuchs er um eine Elle in die Höhe, in einem Monat um ein Gan (Morgen)... Am fünfzehnten Tag war der Stein hochgewachsen... Er (Ullikummi) [stand] im Meer; seine Knie wie ein Pfeil (?). Aus den Wassern heraus ragte er wie [eine Säule]. Das Meer reichte ihm bis zum Gürtel wie ein Kleid. Wie ein Turm (?) stand der Stein im Wasser. Er reichte hinauf bis zu den Höhen der Tempel und des *Kuntarra* der Himmel[21].

VI. Da sah der Sonnengott vom Himmel[22] herab und erblickte den Ullikummi. [Auch] Ullikummi sah den Sonnengott. Da [sprach] der Sonnengott bei [sich selbst]: «Was ist das für ein mächtiger (?) Gott, [der da] im Meere steht? Sein Leib ist nicht wie der der [anderen] Götter.» Der Sonnengott stieg vom Himmel herab und ging zum Meere hin... Er hielt die Hand an die Stirn [...] Vor Zorn sein [...] Als der [Sonnengott den Stein] gesehen hatte, ... ging er zum Wettergott... Als Taschmischu[23] den Sonnengott kommen sah, sprach er: «Warum kommt denn der Sonnengott? [...] Die Angelegenheit, in der er kommt, muß sehr wichtig sein und man darf ihn nicht abweisen. Es muß eine sehr ernste Sache sein, die einen harten Kampf (voraussagt), eine Revolution in den Himmeln, Hungersnot und Tod auf Erden.» Der Wettergott sprach zu Taschmischu diese Worte: «Man bereite einen Sitz für den Sonnengott. Man decke einen Tisch, damit er sich stärke!»

Kaum hatten sie so gesprochen, da kam der Sonnengott. Man rückte einen Stuhl hin, damit er sich setze, aber er wollte sich nicht [setzen]. Man brachte einen Tisch herbei, aber er langte nicht zu; man reichte ihm einen Becher, aber er wollte [ihn] nicht zum Munde führen.

Da hub der Wettergott zum Sonnengott zu sprechen an: «Wer ist der schlechte Kämmerer, der einen Sitz für dich bereitet hat, auf den du dich nicht setzen willst? Wer ist der schlechte Diener, der den Tisch bereitet hat, von dem du nicht essen willst? Wer ist der schlechte Mundschenk, der dir [den Becher (?)] gereicht hat, den du nicht trinken willst?»

So endet die I. Tafel vom *Gesang von Ullikummi*. Die II. Tafel, die am Anfang fragmentarisch ist, beginnt mit einem Dialog zwischen dem Sonnengott und dem Wettergott. Diesem Dialog mußte wohl der Bericht über den Besuch des Sonnengottes bei Ullikummi folgen, der uns nicht erhalten ist. Über diesen Bericht ärgert sich der Wettergott, doch beruhigt er die Befürchtungen des Sonnengottes: «‚Iß und sättige dich, trinke Bier und erfrische dich... Kehre zum Himmel zurück. Bei diesen Worten freute sich der Sonnengott... er aß... er trank... er erhob sich und kehrte zum Himmel zurück.' Als der Wettergott wieder allein war, ging er mit sich selbst zu Rate.»

«Der Wettergott und Taschmischu faßten sich bei der Hand. Sie verließen den *Kuntarra*, den Tempel. Ischtar stieg vom Himmel herab... und wiederum sprach sie bei sich: ‚Wohin gehen die beiden Brüder so eilig?' Sie stand rasch auf, Ischtar, und ging den beiden [Brüdern (?)] voran (?). Sie faßten sich bei der Hand und stiegen auf zum Berge Hazzi. Der König von Kummija (der Wettergott) blickte auf: er wandte seinen Blick auf den entsetzlichen (?) Dioritstein. Er sah den entsetzlichen (?) Dioritstein. Da sanken ihm die Arme herab.

[Da] setzte sich der Wettergott auf die Erde. Die Tränen flossen ihm aus den Augen wie Bäche. Mit Tränen in den Augen sprach der Wettergott: ‚Wer kann (einen solchen Anblick) ertragen? Und wer wird es wagen, den Kampf aufzunehmen (gegen den Dioritstein)? Wer kann (den Anblick seiner schrecklichen [?] ertragen?' Da hub Ischtar ihrem Bruder, dem Wettergott, zu erwidern an: Mein Bruder, [...] niemand weiß es. Sein Heldentum ist entfesselt worden... Das Kind, das sie zur Welt brachten... Weißt du nicht?... [als (?)] wir im Hause des Ea waren... Wäre ich ein Mann... (ich wollte selber mit ihm kämpfen)!'»

(Lücke von ungefähr fünfundzwanzig Zeilen.) Es folgt *Ischtar und das Meer.* Ischtar versucht anscheinend, das Ungeheuer durch ihre Gesänge zu bezaubern. Sie setzt sich ans Ufer des Meeres und singt:

VII. «[Ischtar nahm?] eine Harfe und das Instrument *Galgalturi.* Sie nahm […] und [begann] ein Lied [zu singen] […] [Sie legte ihre Kleider][24] auf die Erde. Sie sang, Ischtar. Sie stützte sich mit dem Ellbogen (?) auf einen Felsen und den Stein des Meeres. Da kam eine große Meereswelle. Die große Meereswelle sprach zu Ischtar: ‚Für wen singst du? Für wen füllst du den Mund [mit Liedern?] Der Mann ist taub: er hört nicht. Er ist blind: er sieht nicht und hat keine [Wahrnehmung (?)] Geh doch, Ischtar, wieder zu deinem Bruder, solange er (Ullikummi) nicht allmächtig geworden ist, solange (sein) Schädel nicht erschreckend (?) geworden ist.' Als Ischtar diese Worte hörte, gab sie (ihre Pläne) auf. Sie warf die Harfe hin und das *Galgalturi* [ ]… Sie jammerte…»

Nach einer Lücke, deren Bedeutung umstritten ist, beginnt der Text, *Die Vorbereitungen zum Kampf,* wieder mit einer Rede des Wettergottes (?).

VIII. «Man mische das Fett, man [bringe] reines Öl! Man salbe die Hörner des Stieres Scheri! Man bedecke den Schwanz des Stieres Tella[25] mit Gold… Man… die mächtigen Felsen! Man rufe herbei das Gewitter, die Regen und Winde… Man lasse den Blitz, der glänzend aufleuchtet, aus seiner Kammer herausgehen! Man rüste aufs beste die schweren Wagen und berichte mir darüber!»

Als Taschmischu diese Worte hörte, sputete er sich und brachte (?) den Stier Scheri von der (?) Weide zurück… und den Stier Tella vom Berge Im[g]arra. [ ] Vor das große Tor (des Kuntarra) (?) [ließ er sie herantreten (?)]. Er brachte reines Öl herbei. [Er salbte damit] die Hörner des Stieres Scheri. [Er bedeckte mit Gold den Schwanz des Stie]res Tella…

(Lücke, die sich bis in die vierte Kolumne der Tafel hinüberzieht. Es folgt der *Kampf der Götter.*)

III. Tafel (Beginnt mit einer Lücke von ungefähr dreißig Zeilen.)

IX. «Als nun die Götter die Rede hörten (die Niederlage des Wettergottes), da ordneten sie ihre Wagen und übergaben (Asch-

tabi)[26] (?)... Aschtabi sprang [auf seinen Wagen wie ein...] und
führte den Wagen zum [...]. Er versammelte die Wagen. Er ließ
den Donner los, und mit Donnergetöse [...] er zum Meer hin.»
Der Text erwähnt dann die siebzig Götter, die Aschtabi auf seinem Feldzug gegen Ullikummi begleiteten. Das Unternehmen
endet mit einem Mißerfolg:
    «Er konnte nicht... Aschtabi und die siebzig Götter fielen (?)
ins Meer.»
Der Ansturm des Aschtabi und der siebzig Götter vermochte
Ullikummi nicht zu erschüttern; er wächst weiter:
    «Er erschütterte die Himmel und [die Erde]... (wie ein Turm)
ragte er hoch empor bis zum *Kuntarra.* Der Dioritstein erreichte
eine Höhe von neuntausend Doppelstunden, und seine Breite ist
neuntausend Doppelstunden. Er stellte sich vor dem Stadttor
von Kummija auf wie ein [...]. Er zwang Hepat[27], ihren Tempel
zu verlassen, so daß sie von den Göttern keine Kunde vernahm
und den Wettergott und Schuwalijatta[28] mit Augen nicht sah.
Hepat wandte sich an Takiti[29]: ,Höre o Takiti! In die Hand nimm
deinen Stab, an deine Füße ziehe dir die schnellen Schuhe. Geh
und berufe die Versammlung der Götter ein. Der Dioritstein hat
zweifelsohne meinen Gatten, den edlen Gott getötet.' Takiti versucht den Befehl der Hepat auszuführen, aber es ist kein Weg
mehr da.»
Die Fortsetzung ist zerstört; bis zum Ende der Kolumne fehlen
etwa fünfzehn bis zwanzig Zeilen. Hier müßte der Bericht vom
Kampf und der *Niederlage des Wettergottes* im Verlauf seines Kampfes
gegen Ullikummi stehen. Anspielungen darauf finden sich zweifellos schon am Ende der zweiten Tafel. Beim Wiederbeginn des
Textes finden wir Taschmischu, den göttlichen Boten, der Hepat
vom Schicksal des Wettergottes berichtet:
    «An einem geringen Platze [wird mein Herr bleiben], bis die
Jahre, die ihm bestimmt wurden, verflossen sind.» Als Hepat
den Taschmischu sah, da fehlte nicht viel, so wäre sie vom Dache
herabgestürzt. Wenn sie nur einen Schritt getan hätte, wäre sie
vom Dache gefallen; aber die Palastfrauen hielten sie und ließen
sie nicht. Als nun Taschmischu seine Rede beendet hatte, stieg
er wieder vom Turme herab und ging zum Wettergott. Tasch-

mischu hub an, zum Wettergott wiederum zu sprechen: «Wohin sollen wir uns setzen? Auf das Gebirge Kandurna? Wenn wir uns auf das Gebirge Kandurna setzen, wird sich ein anderer auf das Gebirge Lalapaduwa setzen. [Wenn] wir fortgehen... ist im Himmel kein König mehr.»

Taschmischu rät dem Wettergott, zu Ea, dem Gott der Weisheit, zu gehen, in seine Stadt Apsuwa, die Wohnung der Urwasser. *(Äußerst fragmentarischer Text.)* Es folgt die Versammlung der Götter. Der Götterkampf bedroht sogar die Weltordnung. Ullikummi gibt sich nicht damit zufrieden, den Wettergott zu erschlagen: er will die ganze Menschheit vernichten. Ea wendet sich an die versammelten Götter:

«Weswegen solltet ihr [die Menschheit] vernichten? Bringen die Menschen den Göttern nicht Opfer dar?... [Wenn] ihr die Menschheit vernichtet, wird niemand mehr die Götter [versorgen], Brot- und Trankopfer wird niemand mehr spenden. Es wird so weit kommen, daß der Wettergott, der heldenhafte König von Kummija, selber den Pflug in die Hand nehmen muß, daß Ischtar und Hepat das Korn mahlen müssen.» Ea wendet sich besonders an Kumarbi: «Warum verfolgst du, Kumarbi, die Menschheit im Bösen?... Spendet sie nicht mit Freuden dir in deinem Tempel, dir, Kumarbi, dem Vater der Götter?...»

Sehr fragmentarisch ist das Gespräch zwischen Ea und Enlil, dann geht Ea zu Upelluri. Er spricht zu ihm:

«Weißt du nicht Upelluri, weißt du die Kunde nicht? Kennst du ihn nicht, den mächtigen (?) Gott, den Kumarbi gegen die Götter geschaffen hat? um Verderben zu planen gegen den Wettergott? einen Rebellen gegen ihn zu erschaffen? Er hat einen Rebellen erschaffen gegen den Wettergott. Im Meere steht er wie ein Fels aus Diorit, kennst du ihn nicht? Wie ein Turm (?) hat er sich emporgehoben, er hat die Himmel, das heilige Haus der Götter und Hepat verdeckt...» Upelluri hub an dem Ea zu erwidern: «Als man den Himmel und die Erde auf mir baute, wußte ich nichts davon. Als [30] sie aber kamen und den Himmel und die Erde mit einer kupfernen Schneide (?) auseinanderschnitten, wußte ich es auch nicht. Jetzt schmerzt etwas meine rechte Schulter, aber ich weiß nicht, wer jener Gott ist.» Als Ea diese

Worte hörte, da drehte er des Upelluri rechte Schulter um: da
stand der Dioritstein auf des Upelluri rechter Schulter wie ein
Pfeil. Ea hub an zu den früheren Göttern wiederum zu sprechen:
«Höret ihr früheren Götter, die ihr die früheren Worte kennt!
Öffnet die früheren Lagerhäuser der Väter und der Großväter!
Man bringe die alten Siegel der Vorfahren und man soll sie da-
mit wieder siegeln. Man bringe das uralte kupferne Messer (?),
mit dem sie den Himmel von der Erde getrennt haben. Und dem
Ullikummi, den Kumarbi als Rebellen gegen die Götter geschaf-
fen hat, soll man die Füße abschneiden (?)!»

Die letzten Zeilen des Textes sind wieder äußerst fragmentarisch.
Ea läßt die Götter durch Taschmischu wissen, daß er Ullikummi
entmachtet hat: «*Nun geht und bekämpft ihn aufs neue!* Die Götter
versammeln sich. Sie haben wieder Mut gefaßt. Alle zusammen

«huben die Götter an wie Rinder gegen Ullikummi zu brüllen.
Der Wettergott sprang auf seinen Wagen... Mit Donner fuhr
er zum Meere herab und nahm den Kampf gegen den Dioritstein
auf.ʽ»

Ullikummi fordert ihn auf, sich mit ihm zu messen. Er macht sich
anheischig, seine Pläne auszuführen:

«[In den Himmeln] werde ich das Königtum übernehmen. Kummija [werde ich zerstören], und das *Kuntarra*-Haus nehme ich ein.
Die Götter werde ich [aus dem Himmel vertrei]ben.»

Die letzten, sehr fragmentarischen Zeilen des Textes erzählen
wohl von der Niederlage des Ullikummi.

SCHÖPFUNGSMYTHEN DER KANAANÄER

VON ANDRÉ CAQUOT

I. EINLEITUNG

Die Länder Phönizien und Palästina, die wir herkömmlich mit dem Namen Kanaan zu bezeichnen pflegen, haben keine religiösen Urkunden geliefert, die reichhaltig oder deutlich genug sind, um ein zusammenhängendes und sicheres Bild der kosmologischen und kosmogonischen Vorstellungen zu geben, die vor dreitausend Jahren in diesem westlichen Teile der semitischen Welt Gültigkeit hatten. Lange Zeit waren die einheimischen Quellen auf phönizische und aramäische Inschriften beschränkt, aus denen man zwar Aufschluß über einige Götternamen, einige Bräuche gewann, über die Mythen und religiösen Spekulationen aber nichts entnehmen konnte. Die wichtigste fremde Quelle war und bleibt das Alte Testament. Es wäre jedoch illusorisch, hieraus eine objektive Auskunft über die Glaubensanschauungen der Volksstämme, die vor Israel das Land bewohnten, zu erwarten. Die Verdammung kanaanäischer Bräuche ist ein Leitmotiv der Prophetenpredigt gewesen: so überliefert Oseas uns wertvolle Fakten über die *Fruchtbarkeitskulte*, zu denen seine Volksgenossen, in Anlehnung an das Beispiel der Kanaanäer, sich hinreißen ließen. Will man von den hebräischen Texten her eine Ahnung bekommen, wie die Kanaanäer sich die Erschaffung der Welt vorstellten, so muß man verstreute Anspielungen zuhilfe nehmen, in denen der Einfluß des kulturellen Untergrundes (Substrat) sichtbar werden kann, und nur eine bessere Kenntnis dieses Unterschichtigen vermochte diese Anspielungen richtig auszuwerten.

II. UGARIT

Seit 1929 sind wir eher in der Lage, über die kanaanäische Religion zu sprechen. Zwanzig französische Grabungsexpeditionen in Ras Schamra, dem ehemaligen Ugarit, haben das umfassendste Gesamtbild westsemitischer Mythen aufgedeckt, das außerhalb des Alten Testamentes bekannt ist. Angesichts dieses reichen und sehr alten Materials (14. Jh. v. Chr.) hat man sich mehr oder minder daran gewöhnt, «kanaanäisch» und ugaritisch gleichzusetzen. Theoretisch ist diese Identifizierung anfechtbar. Ist man denn sicher, daß die Kultur und die Religion einer so weit nördlich gelegenen Stadt wie Ugarit wirklich dieselben waren wie die der zur Zeit der israelitischen Einwanderung in Palästina wohnenden Kanaanäer? Die westliche Hälfte des «fruchtbaren Halbmonds» kannte keine politische Einheit, es sei denn eine von außen her auferlegte. War die um das Ende des 2. Jahrtausends feststellbare Zerstückelung des Landes mit einer religiösen Einheit vereinbar? Etwas später gestatten die phönizischen Göttersysteme die Entdeckung einer großen Mannigfaltigkeit in der Hierarchie der lokalen Gottheiten. Die Zugehörigkeit dieser Völkerschaften zu einem gemeinsamen Stamme berechtigt uns jedoch, die grundsätzliche Einheit ihrer religiösen Vorstellungen zu postulieren und vom Bestbekannten (Ugarit) auf das am wenigsten Bekannte (das vorisraelitische Palästina) zu schließen. Dank den Entdeckungen von Ras Schamra gewinnt unser Bild vom religiösen Kanaan an Klarheit; läuft es aber nicht gleichzeitig Gefahr sich aufzulösen? Die ugaritische Kultur hat zwar nicht den ersten Beweis für den bedeutenden Einfluß erbracht, den Mesopotamien auf die westlichen Länder ausgeübt hat, sie hat aber bestätigt, was man schon über Kanaan als Durchgangsland und Berührungspunkt der großen Kulturen, unter denen die babylonische vorzuherrschen scheint, wußte: man braucht nur an die weitverbreitete Benutzung der Keilschrift zu denken. Es ist deshalb besser, mit dem Urteil über die Ursprünglichkeit der kanaanäischen Religion zurückhaltend zu sein; es ist sehr gut möglich, daß sie mesopotamische Vorstellungen übernommen hat. Die Kanaan zuerkannte Mittlerstellung bietet eine vorteilhafte Gegenansicht: sie legitimiert die Zuhilfenahme des Vergleichs mit anderen semitischen Religionen, die durch eine an Informationen weniger zurückhaltende Literatur bekannt sind, insbesondere die babylonische, die entweder als Gläubigerin Kanaans oder als der aus einem gemeinsamen Wurzelstock entsprossene Zweig angesehen wird, desgleichen die israelitische Religion, die in gewisser Hinsicht als Schuldnerin Kanaans gelten kann.

III. DER SCHÖPFER-GOTT EL

Die ugaritischen Texte haben uns nichts gebracht, was dem babylonischen Schöpfungsepos oder den ersten Kapiteln der Genesis gleichwertig wäre. In diesen Texten erfahren wir auf ziemlich versteckte Weise, daß die Erschaffung der Welt das Werk eines Gottes, *El*, ist. Dieses Wort ist kein einfacher Gattungsname, der «Gott» bezeichnet, sondern der Eigenname einer bestimmten Gottheit. Fünfmal nacheinander erhält El in den Texten von Ras Schamra die Benennung *bny bnwt* (vokalisiert lautet das zweifellos *bannây banû-wât*): «Schöpfer der Geschöpfe»; die Wurzel *bny* ist im Ugaritischen und in anderen semitischen Sprachen reichlich bezeugt in der Bedeutung von «bauen», sie ist aber sicher mit dem pan-semitischen Wort «Sohn», *bn*, verwandt, und auch das hebräische Wort *bârâ*, das ausschließlich für die schöpferische Tätigkeit Jahwes verwandt wird, erinnert an *br*, das im Aramäischen und im modernen Südarabischen Sohn heißt. Seltsamerweise hat der Titel des ugaritischen El Ähnlichkeit mit dem eines mesopotamischen Schöpfergottes Ea (Enlil), der *bânû nabnît* genannt wird. El erweist sich als das westliche Gegenstück des Ea in der ihnen gemeinsamen Haupteigenschaft: Ea ist der «Herr der Weisheit», El wird begrüßt mit den Worten: «dein Wort, El, ist weise, deine Weisheit dauert in Ewigkeit». So wie Ea im *Apsu*, im kosmischen Ozean, seinen Wohnsitz hat, wohnt El «an der Quelle der beiden Ströme, inmitten der Flußbetten der beiden Abgründe», nämlich der beiden Arme des Flusses, der die Erde und das Himmelsgewölbe umschließt (vergleiche die «Wasser oberhalb» und die «Wasser unterhalb» *Gn* 1, 7). Da über den Verlauf der schöpferischen Akte nichts Genaueres gesagt ist, könnte man, von diesen beiden Angaben ausgehend, die Vermutung aufstellen, daß in den kanaanäischen Spekulationen

a. das *Wort* und die *Weisheit* des Schöpfergottes eine Rolle spielen mußten (vgl. Gn 1, 3: «Da sprach Gott...» und Psalm 104, 24: «Wie sind deiner Werke so viele, Jahwe! Du hast sie alle mit Weisheit geschaffen»);

b. die Trennung der Wasser ein wesentliches Moment der Schöpfung war (vgl. Gn 1, 7: «Gott schied die Wasser unterhalb des Gewölbes von den Wassern oberhalb des Gewölbes»).

Nähere Angaben über «das Geschaffene» fehlen. Wir wissen übrigens, daß El der Vater der Götter ist, seine Gemahlin Athirat ist ihre Mutter. Der Titel *ab adm*, Vater des Menschen, den Ea in der Keret-Legende erhält, bedeutet vielleicht nicht «Erzeuger der Menschheit» im allgemeinen, sondern «Vater des Volkes» im Sinne von «Beschützer», so wie Jahwe Vater Israels genannt wird (siehe *Isaias* 1, 2; *Oseas* 11, 1). Der Mensch kann nur implizit zu den Werken Els gezählt werden.

Nicht nur in Ugarit wurde die Schöpfung als das Werk des Gottes El angesehen; man darf vielmehr annehmen, daß es sich hier um eine allen Semiten des Nordwestens gemeinsame Vorstellung handelt. An mehreren Stellen dieses Raumes finden wir die Erwähnung eines *El, des Schöpfers der Erde.* «Schöpfer» gibt hier eine von der semitischen Wurzel *qny* abgeleitete Nominalform wieder, die im ugaritischen Sprachgebrauch sowie an einigen Stellen der Bibel «zeugen» oder «gebären» zu bedeuten scheint (Athirat wird *qnyt ilm* «Mutter der Götter» genannt), und in *Genesis* 4, 1 heißt es: «Ich habe geboren – *qânîtî* – einen Menschen…». Andere hebräische Wendungen geben dem Wort einen Sinn, der weniger direkt wiederzugeben ist, zum Beispiel *Psalm* 139, 13: «denn du hast geschaffen *(qânîtâ)* meine Nieren.»

Als Zeugnisse für diese Gottheit seien angegeben:

Einmal hat H. Otten in den hethitischen Tafeln von Boghazköy die Fragmente eines kanaanäischen Mythos entdeckt, in dem der Wettergott (Baʻal), die Göttin Athirat und der Gott *Ilkunirsa* vorkommen; in dem letzten Namen erkennt man eine Transkription des semitischen *ʼl qn ʼrs*, «El, Schöpfer der Erde».

Zweitens findet sich unter den am Schluß der Texte von Karatepe (Kilizien um das 8. Jahrhundert v. Chr.) genannten Zeugen-Göttern in der phönikischen Inschrift *ʼl qn ʼrs;* die Version in «hethitischen» Hieroglyphen gibt ihm *A-â* (den mesopotamischen Ea) als Äquivalent.

Drittens weist eine neo-punische Inschrift aus Leptis Magna (Tripolis-römische Epoche) den göttlichen Namen *ʼl qn ʼrs* auf.

Schließlich zeigen eine Inschrift und einige Täfelchen aus Palmyra (römische Epoche) ihn gleichfalls in seiner aramäisierten Form *ʼlq nrʻ* oder in der halbaramäisierten Form *ʼlqwnrʻ*.

Das interessanteste Zeugnis gibt *Genesis 14, 19*: «Melchisedech, der Priesterkönig von Salem, segnet Abraham durch El-'El jôn, den Schöpfer Himmels und der Erde» (hebräisch = *qônêh schâmajim wâ'âres*). *Genesis* 14 rechtfertigt Ereignisse, die sich unter der Herrschaft Davids zutrugen, indem sie sie vor-bildet; so kündet der Feldzug des Patriarchen gegen die vier Könige die Kriege König Davids an, wie sie in 2. *Samuel* 8, 1–6 resümiert werden. Abrahams Segnung durch Melchisedech legitimiert die Macht Davids über Jerusalem; denn der König von Israel tritt als Nachfolger der Priesterkönige der kanaanäischen Stadt auf, ist er doch selbst durch die Stadtgottheit El-'El jôn, die Jahwe angeglichen wird, eingesetzt (siehe *Psalm* 110, 4). Das politische Beieinanderwohnen von Judäern und Kanaanäern, das sich in Jerusalem vollzog, konnte einen religiösen Synkretismus nach sich ziehen.

IV. SPUREN VON KOSMOGONIEN

Ist es möglich, die etwas dürftige Auskunft der kanaanäischen Urkunden, nach denen die Weltschöpfung das Werk eines Gottes wäre, dessen Wort weise ist und der seinen Wohnsitz dort hat, wo die beiden Arme des kosmischen Flusses zusammenstoßen, zu bereichern? Kann man sich zumindest das Wesentliche des schöpferischen Aktes vorstellen? Die hier vorgeschlagene, auf Vergleich beruhende Rekonstruktion soll weiter nichts sein als eine bloße Hypothese.

Könnte die Episode der ugaritischen Mythen, die vom Kampfe des Gottes Ba'al gegen den Meergott Jam berichtet, etwa den Schöpfungsmythos widerspiegeln, der uns fehlt? In Ras Schamra ist Ba'al der Held des «agrarischen Dramas», das den Hauptinhalt der Texte bildet: als Fruchtbarkeitsgott, der unter den Zähnen des Korngeistes Môt stirbt und periodisch wieder aufersteht, als Personifizierung des Regens und Spender der Bodenerzeugnisse mußte er Gegenstand der glühendsten Verehrung werden. Neben dem Ba'al-Môt-Zyklus erzählen andere Dichtungen vom Streit Ba'als gegen Jam, der das Meer personifiziert und im Kampf unterliegt. Dieser unvollständige und mit dem vorhergehenden ungeschickt verbundene Zyklus hat verschiedene Deutungen erhalten: eine historische (Kampf und Sieg der Leute von Ugarit über die «Seevölker»), eine geographische (eine phantastische Ätiologie für den Ansturm der Wogen gegen die Felsen der phönizischen Küste); vor allem aber erinnert dieser Zyklus an den Kampf des Marduk gegen Tiâmat, wie er im «babylonischen Schöpfungslied» beschrieben wird. Bekanntlich öffnet Marduk, nachdem er Tiâmat besiegt hat, den Leib des Meerungeheuers, bildet daraus den Himmel und die Erde und tritt die Königsherrschaft an.

Ba'al von Ugarit befindet sich El gegenüber in einer ziemlich ähnlichen Position wie Marduk gegenüber seinem Vater Ea. Vielleicht folgte auf Ba'als Sieg – der Name Ba'al bedeutet «Herr» und erinnert an Marduks Titel Bêl – eine Weltschöpfung? Das scheint zwar mit der Qualifizierung Els als «Schöpfer der Schöpfer» unvereinbar zu sein, aber die babylonische Dichtung ist nicht frei von Inkonsequenzen dieser Art. In Babylon verdrängt Marduk als nationaler Gott den alten Schöpfergott, ohne ihn ganz zu verdecken. Eine parallele Überlegung wird ins Auge fassen, daß der Wohltäter-Gott Ba'al, nachdem er zum höchsten Gott des ugaritischen Pantheons geworden ist, El in seinen schöpferischen Funktionen, die im Sieg über die Gewässer ihren mythischen Ausdruck fanden, ersetzen konnte.

Im Ba'al-Môt-Zyklus wird der siegreiche Held «König» genannt, als er auf den Berg Saphon zurückkehrt und bei der Anhäufung der Wolken den Vorsitz übernimmt. Derselbe Titel scheint El aus anderen Gründen gegeben worden zu sein. Geschah es nur, um in ihm das Haupt der Götter zu begrüßen? Marduk von Babylon wird nach seinem Sieg über Tiâmat zum König ausgerufen. Ein hebräischer Psalm (Ps 93) verbindet aber das Königtum Jahwes mit der durch den Sieg des Gottes über die «Ströme» sichergestellten Festigkeit des Weltalls. Das Königtum Jahwes ist ein vielschichtiger Begriff, bei dem die geschichtlichen Beweggründe die kosmischen überwiegen; aber gerade diese sind es, die dem 93. Psalm seinen Farbenreichtum geben. Hier erhalten wir eine Vorstellung von dem großen Gott, der kraft seines Sieges über die Wasser das Weltall ordnet und deshalb König wird. Der 93. Psalm hat unter allen Psalmen, die Jahwes Königtum verkündigen (Ps 47 und Ps 95–99), etwas Besonderes, das die Hypothese nahelegt, man habe auf den Gott Israels die königliche Vollmacht und die Akte seines kanaanäischen Vorgängers übertragen, und die Entpersonalisierung der besiegten Mächte habe genügt, um den Text mit der jahwistischen Ausschließlichkeit in Einklang zu bringen. Dieses Zusammentreffen von Angaben läßt vermuten, daß die Kanaanäer sich die Erschaffung und Ordnung der Welt als das Ergebnis des Sieges eines Gottes über ein flüssiges Chaos vorgestellt haben.

V. SPÄTE ÜBERLIEFERUNGEN

Darf man zwei aus späten griechischen Texten von dritter Hand überlieferte Auskünfte als gültige Zeugnisse für die kosmogonischen Vorstellungen Kanaans ansehen?

1. Eusebius von Cäsarea gibt in seiner *Praeparatio evangelica* lange Auszüge aus einer phönizischen Geschichte, die das Werk eines griechischen Lehrers der Redekunst und Zeitgenossen Hadrians Philo von Byblos ist. Philo versichert, er übersetze die uralten Urkunden, die ein phönizischer Mythenforscher namens Sanchunjaton «vor dem trojanischen Kriege» gesammelt habe.

2. Der Neuplatoniker Damascius (5.–6. Jh. n. Chr.) gibt in seiner Abhandlung *De principiis* ein Resumé der Schöpfungsgeschichte eines Sidoniers Mochus, die ein nicht minder hohes Alter hat.

Der Dokumentarwert des Sanchunjaton ist noch umstritten. Es ist nicht immer leicht, zu bestimmen, was hier alte Überlieferung und was Auslegung des griechischen Bearbeiters ist, der von der Lehre des Euhemerismus beeinflußt ist und sein Traktat in der Terminologie der «Mysterien» schreibt. Philos Einführung in die *phönizische Geschichte* hat daher eine bestürzende Ähnlichkeit mit der Lehre, die wir aus dem Traktat des Euhemeros von Messina kennen. Die Entdeckung der Tontafeltexte von Ras Schamra hat das Problem Sanchunjaton wieder aktuell gemacht. Die Götter, in denen Philo von Byblos seinem Euhemerismus gemäß frühere Helden und Kulturgründer sieht, tragen semitische Namen. Es ist Ugarit zu verdanken, daß man sie heute zum großen Teil wieder identifizieren kann. Der Bericht vom Kampf der Göttergenerationen erscheint als eine Umsetzung des hurritisch-hethitischen Mythos vom Gotte *Kumarbi*, der in Ras Schamra sicher bekannt war. Aber die anfängliche Lehre von der Weltentstehung (*Praeparatio* I, 10, 1) findet keine Parallele in den Texten des 2. Jahrtausends. Die Schöpfung wird dort als ein ausschließlich naturhafter Prozeß beschrieben: der Wind, das schlammige Chaos und das Verlangen, nicht aber der handelnde Wille einer Gottheit kommen darin vor. Bereits Eusebius wies auf den Atheismus dieser Kosmogonien hin. Die Natur der von Philo von Byblos eingesetzten Elemente erinnert an die sogenannten «orphischen» Kosmogonien (vgl. *O. Kern, Orphicorum fragmenta*, Berlin, 1922, S. 130 und ff.). Wir wissen nicht, ob die alten Kanaanäer sich «wissenschaftlicher» Spekulationen über die Entstehung des Alls enthielten oder nicht; die Texte, die sie uns hinterlassen haben, sind *religiöse* Urkunden. Es ist wenig wahrscheinlich, daß sie die Schöpfung ohne die Mitwirkung eines Demiurgen, des höchsten Gottes ihres Pantheons, darstellten.

Mochus setzt (in Damascius, Kap. 125) an den Ursprung der Welt den Äther und die Luft, aus denen Ulômos (semitisch ʿ*lm* = das Unendliche) entsteht. Ulômos zeugt das kosmische Ei, und Chûsôr (der Handwerkergott Kôthar-wa-Chassis aus Ugarit) teilt es in zwei Hälften und bildet daraus den Himmel und die Erde. Nur dieses letztere Detail könnte mit dem übereinstimmen, was wir vom Schema der kanaanäischen Schöpfungsgeschichte erahnen.

JÜDISCHE SCHÖPFUNGSMYTHEN

VON JEAN BOTTÉRO

I. DIE TEXTE

Einige Stellen der Bibel spielen auf den Ursprung des Universums an. Vier oder fünf von ihnen scheinen sich vornehmlich, sozusagen *ex professo*, mit einer mehr oder minder systematischen Darstellung der Lehre von der Schöpfung zu befassen. Diese Stellen müssen zunächst als Ganzes und in einer möglichst genauen Übersetzung gelesen werden[1]. Forscht man aber nach den Anfangsgründen des israelitischen Denkens, so ist es wichtig, diese Texte nach der zeitlichen Abfolge ihrer Komposition zu ordnen[2]. Das erfordert, wenigstens bei den beiden ersten Texten, ein Wort der Erklärung.

1. Die Weltentstehungslehre der Genesis

Niemand wird sich wundern, wenn an erster Stelle der berühmte Anfang des Buches *Genesis* angeführt wird, mit dem unsere Bibel beginnt und den jeder mehr oder weniger bereits kennt. Manche Leser der Bibel wissen jedoch noch nicht, daß die beiden ersten Kapitel der Genesis in Wirklichkeit *zwei* Schöpfungsberichte enthalten.

Es ist nun mehr als hundert Jahre her, daß die Aufmerksamkeit der kritischen Bibelforschung durch unzählige «Dubletten» – doppelte, ja dreifache, verschieden nüancierte Berichte über ein und dieselbe Begebenheit – geweckt wurde. Spezialisten unterzogen die sogenannten «geschichtlichen» Bücher der Bibel einer systematischen Prüfung hinsichtlich ihres Wortschatzes, ihrer Grammatik, Stilistik und Ideologie. Sie konnten dabei feststellen, daß diese Werke, als Ganzes oder einzeln betrachtet, nicht aus einer einzigen Quelle und von einem einzigen Verfasser stammen, sondern Kompilationen von Quellenwerken darstellen. Die Jahrbücher Israels wurden im Laufe des Jahrtausends, das dieses Volk vor unserer Zeitrechnung durchlebte, nicht nur einmal geschrieben: sie waren der Gegenstand mehrerer geschichtlich-religiöser Systeme, die teils eigenständig, teils mehr oder minder voneinander beeinflußt waren; jedes von ihnen hatte einen anderen Verfasser, der seine eigene Ansicht und die seiner Zeit darin zum Ausdruck brachte. Später, zweifellos um das 4. Jahrhundert, hat man diese Arbeiten, in der

Absicht, jede einzelne ehrfürchtig zu bewahren, gleichzeitig aber ihre Übereinstimmung zu betonen, in mehr oder weniger breite Abschnitte zerschnitten und sie dann in einer Art Flickwerk oder Mosaik wieder zu einem fortlaufenden Bericht zusammengefügt. Diese Arbeit wurde im allgemeinen recht sorgfältig ausgeführt, damit der unbefangene Leser es nicht allzusehr merke; aber den «Laboratoriums-Untersuchungen» hielt sie nicht stand. Diese Untersuchungen wollen keineswegs die biblische Geschichte zerstören, sie haben sie vielmehr gewissermaßen von innen her bereichert, da sie dort, wo man nur eine Quelle bewahrt zu haben glaubte, mehrere Quellen zutage gefördert haben.

So hat man in der *Genesis* drei verschiedene, ursprünglich selbständige Erzählungen der ältesten Geschichte Israels ausgesondert. Eine von ihnen ist leicht von den beiden anderen zu trennen: ihre abstrakte Sprache, ihr unpersönlicher und kühler Stil, ihre beständige Sorge um Klassifizierung, um präzise Namen und exakte Daten, ihre vielfachen stehenden Formeln, ihre besondere theologische, rundweg gesagt, klerikale Auffassung der Dinge wie auch ihr sehr besonderer Wortschatz haben es seit langem ermöglicht, ihre Eigenart zu bestimmen und sie in eine ziemlich vorgerückte Epoche der israelitischen Geschichte zu verlegen, die zweifellos nach der babylonischen Gefangenschaft, etwa um das 6. Jahrhundert vor unserer Zeit, anzusetzen ist. Sie ist, wie fast alle Schriften des alten Orients und der Bibel, anonym und wird *Priesterschrift* genannt, weil sie in ihrer ganzen Komposition von einem Geist geprägt ist, der stark an den Geist der Priesterschaft aus den Anfängen des Judaismus erinnert.

Was nach der Aussonderung der *Priesterschrift* übrigbleibt, ist schwieriger voneinander zu trennen. Die ziemlich zahlreichen «Dubletten», die sich darin finden, sowie viele stehende Eigentümlichkeiten in der Sprache, der Wortschatz und die Art die Dinge zu sehen, gestatten es aber, darin eine Kompilation zweier älterer Berichte zu entdecken, deren einer die geschichtlich-religiöse Tradition des Nordreichs, der andere die des Südreichs um das 8. Jahrhundert darzustellen scheint. Dieser wurde von den Sachverständigen *Jahwist* genannt, weil er den Gott Israels meistens mit seinem Eigennamen «*Jahwe*» bezeichnet; den anderen nannte man *Elohist*, weil er zu demselben Zweck den allgemeineren Ausdruck Elohim (= Gott) verwendet.

Soweit wir aus dem, was uns erhalten geblieben ist, beurteilen können, läßt der *Elohist* seine Geschichte Israels mit der Geschichte des ersten und größten Ahnherrn dieses Volkes, Abraham, beginnen (Gn 12 ff.)[3]. *Jahwist* und *Priesterschrift* sahen die Ereignisse von einem höheren Standort und verfolgten sie bis zum Ursprung des Menschen und der Welt. Deshalb beginnen beide mit einer lehrhaften Darlegung von der Weltschöpfung.

2. Der Bericht des Jahwisten

Es folgt also nun zuerst der älteste israelitische Bericht über den Ursprung der Welt und des Menschen – der einzige, der aus der Zeit vor der babylonischen Gefangenschaft verblieben ist –, nämlich das erste Kapitel der *jahwistischen Geschichte* (Genesis 2, 4b–25).

Die Anfangswüste

(4b) Zur Zeit, als Jahwe Erde und Himmel schuf, (5) als es auf der Erde noch keine Sträucher auf dem Felde gab und noch keine Pflanzen auf den Fluren gewachsen waren, weil Jahwe noch keinen Regen auf die Erde hatte fallen lassen, und auch noch keine Menschen da waren, um den Ackerboden zu bestellen[4],

Die Anfangsgründe

(6) ließ Jahwe eine Wasserflut aus der Erde aufsteigen und tränkte die ganze Oberfläche des Erdbodens. (7) Da bildete Jahwe den Menschen[5] aus dem Staub der Ackererde und blies ihm den Lebensodem in die Nase; so wurde der Mensch zu einem lebenden Wesen.

Der erste Garten

(8) Hierauf pflanzte Jahwe einen Garten in Eden nach Osten hin und versetzte dorthin den Menschen, den Er gebildet hatte.
(9) Dann ließ Jahwe allerlei Bäume aus dem Erdboden hervorwachsen, die lieblich anzusehen waren und wohlschmeckende Früchte trugen, dazu auch den Baum des Lebens mitten im Garten und den Baum der Erkenntnis des Guten und des Bösen.

Hydrographie des Gartens.

(10) Es entsprang aber ein Strom in Eden, um den Garten zu be-

wässern, und teilte sich von dort aus, und zwar in vier Arme. (11) Der erste heißt *Pison*: dieser ist es, der das ganze Land Hawila umfließt, woselbst sich das Gold findet (12) – das Gold dieses Landes ist kostbar –, dort kommt auch das Bedolachharz vor und der Edelstein Soham. (13) Der zweite Strom heißt *Gihon:* dieser ist es, der das ganze Land Kusch umfließt. (14) Der dritte Strom heißt Tigris: dieser ist es, der östlich von Assyrien fließt; und der vierte Strom war der Euphrat.

Der Mensch, «ein Pächter Gottes».

(15) Als nun Jahwe den Menschen genommen und in den Garten Eden versetzt hatte, damit er ihn bestelle und behüte, (16) gab Jahwe dem Menschen die Weisung: «Von allen Bäumen des Gartens darfst du nach Belieben essen; (17) aber vom Baum der Erkenntnis des Guten und des Bösen – von dem darfst du nicht essen; denn sobald du von diesem ißt, mußt du des Todes sterben.»

Die Gefährten des Menschen.

1. Die Tiere.

(18) Hierauf sagte (sich) Jahwe: «Es ist nicht gut für den Menschen, daß er allein ist; ich will ihm eine Hilfe schaffen, die zu ihm paßt.»

(19) Da bildete Jahwe aus der Ackererde alle Tiere des Feldes und alle Vögel des Himmels und brachte sie zu dem Menschen, um zu sehen, wie er sie benennen würde: und wie der Mensch jedes einzelne benennen würde, so sollte es heißen. (20) So legte denn der Mensch allen zahmen Tieren, allen Vögeln des Himmels und allen wilden Tieren Namen bei; aber für den Menschen fand er keine Hilfe (Gefährtin) darunter, die zu ihm gepaßt hätte.

2. Die Frau.

(21) Da ließ Jahwe einen tiefen Schlaf auf den Menschen fallen, so daß er einschlief; dann nahm er eine von seinen Rippen heraus und verschloß deren Stelle wieder mit Fleisch; (22) die Rippe aber, die Gott aus dem Menschen genommen hatte, gestaltete Jahwe zu einer Frau und führte diese dem Menschen zu. (23) Da rief der Mensch aus: «Diese endlich ist es; Gebein von meinem Gebein und Fleisch von meinem Fleisch! Diese soll *ischscha* (=Männin) heißen, weil diese vom *isch* (vom Manne) genommen ist[6].»

(24) Darum verläßt ein Mann seinen Vater und seine Mutter und hängt seinem Weibe an, und sie werden *ein* Fleisch sein.

Der Urzustand des Menschen.

(25) Und sie waren beide nackt, der Mann und sein Weib, und doch schämten sie sich nicht voreinander.

Es folgt der Bericht vom ersten Abfall des Menschen; was wir soeben gelesen haben, war offenbar im Plan des Schöpfers dazu bestimmt, diesen Fall vorzubereiten.

3. Der Bericht der Priesterschrift

Die übrigen ausreichend vollständigen und zusammenhängenden Darlegungen der Schöpfungslehre sind alle nach der babylonischen Gefangenschaft geschrieben worden, also nach der ersten Hälfte des 6. Jahrhunderts. Wir wollen zunächst das erste Kapitel der *Priesterschrift* vornehmen, weil es in der uns überlieferten Bibel ganz nahe bei dem oben wiedergegebenen Schöpfungsbericht des Jahwisten steht (Gn 1–31 und 2, 1–4a).

a. Das Ur-Chaos

(1) Im Anfang schuf Elohim den Himmel und die Erde[7]; (2) die Erde war aber eine Wüstenei und Öde: Finsternis lag über dem Abgrund, und der Geist Elohims schwebte über der Wasserfläche.

b. Das Licht

(3) Da sprach Elohim: «Es werde Licht!» und es ward Licht. (4) Und Elohim sah, daß das Licht gut war; da schied Elohim das Licht von der Finsternis (5) und nannte das Licht «Tag», der Finsternis aber gab Er den Namen «Nacht». Und es wurde Abend und wurde Morgen, erster Tag.

c. Die Trennung der Wasser: der Himmel

(6) Dann sprach Elohim: «Es entstehe ein festes Gewölbe inmitten der Wasser und bilde eine Scheidewand zwischen den beiderseitigen Wassern!» Und es geschah so. (7) So machte Elohim das feste Gewölbe und schied dadurch die Wasser unterhalb des Gewölbes von den Wassern oberhalb des Gewölbes. (8) Und Elohim nannte das feste Gewölbe «Himmel». Und es wurde Abend und wurde Morgen: zweiter Tag.

d. *Die Trennung von Erde und Meer*

(9) Dann sprach Elohim: «Es sammle sich das Wasser unterhalb des Himmels an einen besonderen Ort, damit das Trockene sichtbar wird!» Und es geschah so. (10) Und Elohim nannte das Trockene «Erde», dem Wasser aber, das sich gesammelt hatte, gab Er den Namen «Meer». Und Elohim sah, daß es gut war.

e. *Das Pflanzenreich*

(11) Dann sprach Elohim: «Die Erde lasse junges Grün sprossen, samentragende Pflanzen und Bäume, die je nach ihrer Art Früchte mit Samen darin auf der Erde tragen!» Und es geschah so: (12) die Erde ließ junges Grün hervorgehen, Kräuter, die je nach ihrer Art Samen trugen, und Bäume, die Früchte mit Samen darin je nach ihrer Art trugen. Und Elohim sah, daß es gut war. (13) Und es wurde Abend und wurde Morgen: dritter Tag.

f. *Die Gestirne*

(14) Dann sprach Elohim: «Es sollen Lichter am Himmelsgewölbe entstehen, um Tag und Nacht voneinander zu scheiden; die sollen Merkzeichen sein und zur Bestimmung von Festzeiten sowie zur Zählung von Tagen und Jahren dienen! (15) Und sie sollen Leuchten sein am Himmelsgewölbe, um Licht über die Erde zu verbreiten!» Und es geschah so. (16) Da machte Elohim die beiden großen Lichter: das größere Licht zur Herrschaft über den Tag und das kleinere Licht zur Herrschaft über die Nacht, dazu auch die Sterne. (17) Elohim verteilte sie dann über das Himmelsgewölbe, damit sie Licht über die Erde verbreiteten (18) und am Tage und in der Nacht die Herrschaft führten und das Licht von der Finsternis schieden. Und Elohim sah, daß es gut war. (19) Und es wurde Abend und wurde Morgen, vierter Tag.

g. *Die Wassertiere*

(20) Dann sprach Elohim: «Es wimmle das Wasser von einem Gewimmel lebender Wesen, und Vögel sollen über der Erde am Himmelsgewölbe hinfliegen!» Und es geschah so. (21) Elohim schuf die großen Seetiere (Drachen) und alle Arten der kleinen Lebewesen, die da sich regen, von denen die Gewässer wimmeln, dazu alle Arten der beschwingten Vögel. Und Elohim sah, daß es gut war. (22) Da segnete Elohim sie mit den Worten: «Seid fruchtbar und mehret euch und erfüllet das Wasser in den Mee-

ren! Auch die Vögel sollen sich auf Erden mehren!» (23) Und es wurde Abend und wurde Morgen, fünfter Tag.

h. Die Landtiere

(24) Dann sprach Elohim: «Die Erde bringe alle Arten lebender Wesen hervor, Vieh, Kriechgetier und wilde Landtiere, jedes nach seiner Art!» Und es geschah so. (25) Da machte Elohim alle Arten der wilden Tiere und alle Arten des Viehs und alles Getier, das auf dem Erdboden kriecht, jedes nach seiner Art. Und Elohim sah, daß es gut war.

i. Der Mensch

(26) Dann sprach Elohim: «Laßt uns Menschen machen nach unserm Bilde, uns ähnlich, die da herrschen sollen über die Fische im Meer und über die Vögel des Himmels, über das (zahme) Vieh und alle (wilden) Landtiere und über alles Gewürm, das auf dem Erdboden kriecht!»

(27) Da schuf Elohim die Menschen:
nach dem Bilde Elohims erschuf Er sie;
als Mann und Frau erschuf Er sie.

(28) Dann segnete Elohim sie mit den Worten: «Seid fruchtbar und mehrt euch: füllt die Erde an und macht sie euch untertan! Herrscht über die Fische im Meer und über die Vögel des Himmels und über alle Lebewesen, die auf der Erde sich regen!»

(29) Dann fuhr Elohim fort: «Hiermit übergebe ich euch alle samentragenden Pflanzen auf der ganzen Erde und alle Bäume mit samentragenden Früchten: die sollen euch zur Nahrung dienen! (30) Aber allen Tieren der Erde und allen Vögeln des Himmels und allem, was auf der Erde kriecht, was Lebensodem in sich hat, weise ich alles grüne Kraut zur Nahrung an!»

j. Ende der Schöpfung

(31) Und Elohim sah alles an, was Er geschaffen hatte, und siehe: es war sehr gut. Und es wurde Abend und wurde Morgen: der sechste Tag.

(2, 1) So waren der Himmel und die Erde mit ihrem ganzen Heer vollendet.

k. Der Ruhetag

(2) Da brachte Elohim am siebten Tage sein Werk, das Er geschaffen hatte, zur Vollendung und ruhte am siebten Tage von

all seiner Arbeit, die Er vollbracht hatte. (3) Und Elohim segnete den siebten Tag und heiligte ihn; denn an ihm hat Er von Seinem ganzen Schöpfungswerk und Seiner Arbeit geruht.

l. Abschluß

(4a) Dies ist die Entstehungsgeschichte des Himmels und der Erde, als sie geschaffen wurden.

4. Psalm 104

Die beiden kosmogonischen Texte der Bibel, die noch zu lesen übrigbleiben, sind längere Gedichte. Das eine, ein Auszug aus dem Buche *Job*, ist ungefähr ein Jahrhundert später als die *Priesterschrift* (siehe unten S. 195), das andere, ein Lied aus der kanonischen Sammlung der Psalmen, ist schwieriger zu datieren. Vielleicht ist es ziemlich spät in der zweiten Hälfte des ersten Jahrtausends vor unserer Zeit verfaßt worden. Da ein sicheres Merkmal fehlt, ist es zweifellos besser, es aus Bequemlichkeitsgründen unmittelbar hinter den Bericht der *Priesterschrift* zu stellen; denn er scheint als eine Art Kommentar geschrieben worden zu sein, der die kosmogonischen Themen dieses Berichtes in hymnischer Form und mit lyrischem Schwung erläutert[8]. Zudem bildet er ein in sich abgeschlossenes Ganzes, während der Auszug aus dem Buche *Job* wieder in seinen Kontext gestellt werden muß.

Eingangsanrufung

1 «Lobe Jahwe, meine Seele!

Jahwe, mein Gott, wie bist du so groß!

In Majestät und Pracht bist du gekleidet,

2 du, der in Licht sich hüllt wie in ein Gewand,

Der Himmel

der den Himmel ausspannt wie ein Zeltdach,

3 der seine Söller auf Wassern sich baut,

der Wolken macht zu seinem Wagen,

einherfährt auf den Flügeln des Windes;

4 der Winde zu seinen Boten bestellt,

zu seinen Dienern flammende Blitze.

Die Erde

5 Er hat die Erde gegründet auf ihre Säulen,

so daß sie in alle Ewigkeit nicht wankt.

6 Mit der Urflut, gleich einem Kleide, bedecktest du sie:
bis über die Berge standen die Wasser.

7 Doch vor deinem Schelten flohen sie,
vor der Stimme deines Donners wichen sie zurück.

Das Meer

8 Da stiegen die Berge empor, und die Täler senkten sich
an den Ort, den du ihnen verordnet.

9 Eine Grenze hast du gesetzt, die sie nicht überschreiten:
sie dürfen die Erde nicht nochmals bedecken.

Die Flüsse

10 Quellen läßt er den Bächen zugehn:
zwischen den Bergen rieseln sie dahin;

11 Sie tränken alle Tiere des Feldes,
die Wildesel löschen ihren Durst;

12 an ihnen wohnen die Vögel des Himmels,
lassen ihr Lied aus den Zweigen erschallen.

Der Regen

13 Er tränkt die Berge aus seinem Himmelspalast:
vom Segen deines Schaffens wird die Erde satt.

Die Pflanzen

14 Gras läßt er sprossen für das Vieh
und Pflanzen für den Bedarf der Menschen,
um Brotkorn aus der Erde hervorgehn zu lassen
und Wein, der des Menschen Herz erfreut;

15 um jedes Antlitz erglänzen zu lassen vom Öl
und durch Brot das Herz des Menschen zu stärken,

Die Bäume

16 Es trinken sich satt die Bäume Jahwes,
die Zedern des Libanon, die er gepflanzt,

17 woselbst die Vögel ihre Nester bauen,
der Storch, der Zypressen für Wohnung wählt.

Die Berge

18 Die hohen Berge gehören den Gemsen,
die Felsen sind der Klippdachse Zuflucht.

Die Gestirne, der Tag und die Nacht

19 Er hat den Mond gemacht zur Bestimmung der Zeiten,

die Sonne, die ihren Niedergang kennt.

20 Läßt du Finsternis entstehn, so wird es Nacht,
da regt sich alles Getier des Waldes:

21 die jungen Löwen brüllen nach Raub,
indem sie von Gott ihre Nahrung fordern.

22 Geht die Sonne auf, so ziehn sie sich zurück
und lagern sich in ihren Höhlen;

23 dann geht der Mensch hinaus an seine Arbeit
und an sein Tagwerk bis zum Abend.

Erneute Anrufung

24 Wie sind deiner Werke so viele Jahwe!
du hast sie alle mit Weisheit geschaffen,
voll ist die Erde von deinen Gütern!

Das Meer und die Wassertiere

25 Da ist das Meer so groß und weit nach allen Seiten:
drin wimmelt es ohne Zahl von Tieren klein und groß.

26 Dort fahren die Schiffe einher;
da ist der Leviathan, den du geschaffen, mit ihm zu spielen.

Die Vorsehung

27 Sie alle warten auf dich,
daß du Speise ihnen gebest zu seiner Zeit;

28 gibst du ihnen, so lesen sie auf;
tust du deine Hand auf, so werden sie satt des Guten;

29 doch verbirgst du dein Angesicht, so befällt sie Schrecken;
nimmst du weg ihren Odem, so sterben sie
und kehren zurück zum Staub, woher sie gekommen;

30 Läßt du ausgehn deinen Odem (oder Geist),
so werden sie geschaffen,
und so erneust du das Antlitz der Erde.

Schlußanrufung

31 Ewig bleibe die Ehre Jahwes bestehn,
es freue sich Jahwe seiner Werke!

32 Blickt Er die Erde an, so erbebt sie;
rührt er die Berge an, so stehn sie in Rauch.

33 Singen will ich Jahwe mein Leben lang,
will spielen meinem Gott, solange ich bin.

34 Möge mein Sinnen ihm wohlgefällig sein:

ich will meine Freude haben am Herrn!
35 Möchten die Sünder verschwinden vom Erdboden
und die Gottlosen nicht mehr sein! –
36 Lobe Jahwe, meine Seele!»

5. Jahwes Rede im Buch Job

Das Buch *Job*, das wahrscheinlich um die Mitte des 5. Jahrhunderts
verfaßt wurde, handelt vom Leiden des Gerechten und der göttlichen Gerechtigkeit. Das Thema wird zuerst verhandelt zwischen
Job, der sich zu Unrecht geschlagen glaubt und Klage gegen Gott
erhebt, und seinen drei Freunden als den Vertretern der in Israel
traditionellen Ansicht, nur der Sünder und der Gott Ungetreue
könnte und müßte von diesem ins Unglück gestürzt werden. Diese
parallelen Streitreden führen zu nichts. Zum Schluß ergreift plötz-
lich Gott das Wort «inmitten eines Gewitters», das heißt, mit seiner
ganzen furchterregenden Majestät, die in der Erschütterung der
Natur irgendwie gegenwärtig wird. Er antwortet nicht direkt auf
die gestellten Fragen, er beantwortet sogar keine einzige Frage,
vielmehr begnügt er sich damit, daran zu erinnern, welche Rolle
ihm in Wirklichkeit zukommt, und wie unendlich hoch er dadurch
über dem menschlichen Gerede, den menschlichen Problemen und
dem menschlichen Begreifen steht. Diese Stelle soll hier angeführt
werden. Buchstäblich genommen, beschränkt sich das kosmogonische Thema nur auf die ersten elf Verse von Kapitel 38. Im ganzen
übrigen Teil der Rede – sie wird durch das erste demütige Geständnis Jobs unterbrochen, dann aber weitergeführt, als wolle Gott
seinen «Ankläger» für immer mit seiner Last erdrücken – erinnert
Gott vor allem an Sein tägliches, allumfassendes Walten über der
von Ihm geschaffenen Welt. Abgesehen davon, daß Züge, die sich
auf die eigentliche Schöpfung beziehen, sich mit solchen vermi-
schen, die einfach die Vorsehung rühmen[9], ist die enge, schon in
Ps 104 spürbare Verbindung dieser beiden Aspekte der göttlichen
Wirksamkeit in sich selbst sehr lehrreich und trägt, wie wir noch
sehen werden, dazu bei, das kosmogonische Denken Israels zu
charakterisieren und klar zu bestimmen. Der Leser soll deshalb die
Rede Jahwes in *Job* als Ganzes vor Augen haben; sie ist übrigens

eine der stärksten und wundervollsten Dichtungen der ganzen
Bibel.

Gottes Aufforderung an Job

38, 1 Da antwortete Jahwe dem Job aus dem Wettersturme
heraus folgendermaßen:

2 Wer ist's, der meinen Heilsplan verdunkelt
mit Worten ohne Einsicht?

3 Auf, gürte dir die Lenden wie ein Mann:
so will ich dich fragen und du belehre mich!

Die Erde

4 Wo warst du, als ich die Erde baute?
sprich es aus, wenn du Einsicht besitzest!

5 Wer hat ihre Maße bestimmt, du weißt es ja,
oder wer hat die Meßschnur über sie ausgespannt?

6 Worauf sind ihre Grundpfeiler eingesenkt worden
oder wer hat ihren Eckstein gelegt,

7 während die Morgensterne allesamt laut frohlockten
und alle Elohimsöhne [10] jauchzten?

Das Meer

8 Und wer hat das Meer mit Toren verschlossen,
als es hervorbrach, aus dem Mutterschoß heraustrat?

9 als ich Gewölk zu seinem Kleide machte
und dunkle Nebel zu seinen Windeln?

10 als ich ihm seine Grenze setzte
und ihm Riegel und Tore herstellte

11 und sprach: «Bis hierher darfst du kommen,
doch nicht weiter,
hier soll sich der Stolz deiner Wellen brechen!»

Der Tag

12 Hast du jemals, seitdem du lebst, das Morgenlicht bestellt,
dem Frührot seine Stätte angewiesen,

13 daß es die Säume der Erde erfasse
und die Frevler von ihr verscheucht werden?

14 Sie verwandelt sich alsdann wie Wachs unter dem Siegel,
und alles stellt sich dar wie ein Prachtgewand.

15 den Frevlern aber wird ihr Licht entzogen,
und der zum Schlagen schon erhobne Arm zerbricht.

Die Abgrundflut

16 Bist du zu den Quellen des Meeres gekommen
und hast du die tiefsten Tiefen des Weltmeers durchwandelt?
17 Haben sich vor dir die Pforten des Todes aufgetan
und hast du die Pförtner des Schattenreiches gesehen?
18 Hast du die weiten Flächen der Erde überschaut?
Sage an, wenn du dies alles weißt!

Das Licht

19 Wo geht denn der Weg nach der Wohnung des Lichts?
und wo hat die Finsternis ihre Heimstätte?
20 Daß du sie in ihr Gebiet hinbringen könntest
und daß die Pfade zu ihrem Haus dir bekannt wären?
21 Du weißt es ja, denn damals warst du schon geboren,
und die Zahl deiner Lebenstage ist groß!

Die «oberen Wasser»

22 Bist du zu den Vorratskammern des Schnees gekommen
und hast du die Speicher des Hagels gesehen,
23 den ich aufgespart habe für die Drangsalszeiten,
für den Tag des Kampfes und des Krieges?
24 Auf welchem Wege entschwindet der Nebel
und breitet der Ostwind sich über die Erde?
25 Wer hat der Regenflut Kanäle gespalten
und einen Weg dem Donnerstrahl gebahnt?
26 um regnen zu lassen auf menschenleeres Land,
auf die Steppe, wo niemand wohnt;
27 um die Einöde und Wildnis reichlich zu tränken
und Pflanzengrün sprießen zu lassen?
28 Hat der Regen einen Vater?
Oder wer erzeugt die Tropfen des Taues?
29 Aus wessen Mutterschoße geht das Eis hervor
und wer läßt den Reif des Himmels entstehen?
30 Wie zu Stein verhärten sich die Wasser
und das Antlitz der Abgrundflut verfestigt sich.

Die Gestirne

31 Vermagst du die Bande des Siebengestirns zu knüpfen
oder den Gürtel des Orion zu lösen?
32 Läßt du die Bilder des Tierkreises zur rechten Zeit hervortreten

und leitest du den Großen Bären samt seinen Jungen?
33 Kennst du die für den Himmel gültigen Gesetze
oder bestimmst du seine Herrschaft über die Erde?

Gewitter und Regen

34 Kannst du deine Stimme hoch zu den Wolken dringen
lassen, daß strömender Regen dich bedecke?
35 Entsendest du die Blitze, daß sie dahinfahren
und zu dir sagen: «hier sind wir!»?
36 Wer hat Weisheit in die Wolkenschichten gelegt
oder dem Luftgebilde Einsicht verliehen?
37 Wer zählt die Federwolken mit Weisheit ab,
und die Schläuche des Himmels,
wer läßt sie sich ergießen,
38 wenn das Erdreich sich zu Metallguß verhärtet
und die Schollen sich fest zusammenballen?

Die wilden Tiere

39 Erjagst du für die Löwin die Beute
und stillst du die Gier der jungen Leuen,
40 wenn sie in ihren Höhlen kauern,
im Dickicht auf der Lauer liegen?

Die Raben

41 Wer verschafft dem Raben sein Futter,
wenn seine Jungen zu El schreien[11]
und wegen Mangels an Nahrung umherirren?

Das Wild

39,1 Kennst du die Zeit, wo die Steinböcke werfen?
Überwachst du das Kreißen der Hirschkühe?
2 Zählst du die Monde, während deren sie trächtig sind,
weißt du die Zeit, wann sie gebären?
3 Sie kauern nieder, lassen ihre Jungen zur Welt kommen,
entledigen sich leicht ihrer Geburtsschmerzen.
4 Ihre Jungen erstarken, werden im Freien groß;
sie laufen davon und kehren nicht wieder zu ihnen zurück.

Die Wildesel

5 Wer hat den Wildesel frei laufen lassen
und wer die Bande dieses Wildfangs gelöst?
6 dem ich die Steppe zur Heimat angewiesen habe

und zur Wohnung die Salzgegend?
7 Er lacht des Gewühls der Stadt,
den lauten Zuruf des Treibers hört er nicht,
8 Was er auf den Bergen erspäht, ist seine Weide,
und jedem grünen Halme spürt er nach.

Die Büffel
9 Wird der Büffel Lust haben, dir zu dienen
oder nachts an deiner Krippe zu lagern?
10 Kannst du den Büffel mit seinem Leitseil an die Furche
binden
oder wird er über Talgründe die Egge hinter dir herziehn?
11 Darfst du ihm trauen, weil er große Kraft besitzt,
und ihm deine Feldarbeit überlassen?
12 Darfst du ihm zutrauen, daß er deine Saat einbringen
und sie auf deiner Tenne zusammenfahren werde?

Die Straußvögel
13 Die Straußenhenne schwingt fröhlich ihre Flügel
mit leichten Federn und ihrem ganzen Gefieder;
14 doch sie vertraut ihre Eier der Erde an
und läßt sie auf dem Sande brüten;
15 sie denkt nicht daran, daß ein Fuß sie zerdrücken
und ein wildes Tier sie zertreten kann.
16 Hart behandelt sie ihre Jungen, als gehörten sie ihr nicht;
ob ihre Mühe vergeblich ist, das kümmert sie nicht.
17 Denn Elôah[12] hat ihr die Weisheit versagt
und ihr keinen Verstand zugeteilt.
18 Doch sobald sie hoch auffährt zum Laufen,
verlacht sie das Roß und den Reiter.

Die Pferde
19 Gibst du dem Roß die gewaltige Stärke?
Bekleidest du seinen Hals mit der wallenden Mähne?
20 Machst du es springen wie die Heuschrecke?
sein stolzes Schnauben wie erschreckend!
21 Es scharrt den Boden im Blachfeld und freut sich seiner Kraft,
springt voran in den Kampf.
22 Es lacht über Furcht und erschrickt nicht,
macht nicht kehrt vor dem Schwert.

23 Auf ihm klirrt ja der Köcher,
blitzen der Speer und der Kurzspieß.
24 Mit Ungestüm und Stampfen frißt es den Boden
und läßt sich nicht halten, wenn die Posaune erschallt.
25 Bei jedem Trompetenstoß ruft es «hui» und wittert
den Kampf von fern,
den Kommandoruf der Heerführer und das Schlachtgetöse.

Die Raubvögel

26 Hebt der Habicht dank deiner Einsicht die Schwingen
und breitet seine Flügel aus nach Süden zu?
27 Oder schwebt der Adler auf dein Geheiß empor und
baut sein Nest in der Höhe?
28 Unbeweglich verbringt er die Nacht auf einsamem Felsen
und horstet auf abgelegenem Gipfel wie auf seiner Burg;
29 von dort späht er nach Beute aus:
in weite Ferne blicken seine Augen,
30 und seine Jungen verlangen schon gierig nach Blut,
wo Erschlagene liegen, da ist auch er.

Erneute Aufforderung an Job

40, 1 Hierauf wandte sich Jahwe weiter an Job mit der Frage:
2 Zieht sich der Tadler Schaddais nun zurück?
Der Ankläger Elôahs gebe Antwort[12]!

Die Antwort Jobs

3 Da antwortete Job dem Jahwe:
4 «Ach, ich bin zu gering: was soll ich dir entgegnen?
Ich lege meine Hand auf meinen Mund!
5 Einmal habe ich geredet, doch werde ich nichts mehr
entgegnen;
ein zweites Mal habe ich es getan,
doch niemals tue ich es wieder.»

Jahwe nimmt seine Rede wieder auf

6 Weiter antwortete Jahwe dem Job aus dem Wettersturme heraus folgendermaßen[13]:
8 Willst du wirklich mein Recht zunichtemachen,
Mich schuldig sprechen, damit du recht behältst?
9 Hast du etwa einen Arm wie El[14], und vermagst du den
Donner so laut rollen zu lassen wie er?

10 So schmücke dich doch mit Erhabenheit und Hoheit
und kleide dich in Pracht und Herrlichkeit!
11 Laß die Ausbrüche deines Zorns sich ergießen!
und gewahrst du irgendeinen Hochmütigen, so wirf ihn nieder!
12 Ja, gewahrst du irgendeinen Hochmütigen, so demütige ihn
und stürze die Frevler nieder, wo sie stehen!
13 Laß sie allesamt tief in den Staub sinken,
laß ihr Angesicht erstarren in Todesgrauen!
14 Dann will auch ich dich lobend anerkennen,
weil deine Rechte dir den Sieg verliehen hat.

Zwei außergewöhnliche Wesen, die Gott erschuf – Behemoth
15 Sieh doch Behemoth (wohl Nilpferd, Anmerkung des
Herausgebers) vor dir, den ich geschaffen habe wie dich!
Von Pflanzen nährt er sich wie ein Rind!
16 Sieh doch, welche Kraft bei ihm in den Lenden wohnt
und welche Stärke in den Muskeln seines Leibes!
17 Er macht seinen Schwanz so starr wie eine Zeder;
die Sehnen seiner Schenkel sind fest verflochten.
18 Seine Knochen sind Röhren von Erz,
seine Gebeine gleich geschmiedeten Eisenstangen.
19 Er ist der Erstling der Schöpferat Els[15],
sein Bildner hat ihm auch sein Schwert verliehen.
20 Er entfernte von ihm das Hochland,
wo alle wilden Tiere sich lustig tummeln.
21 Unter Papyrusstauden lagert er sich,
im Versteck von Schilfrohr und Sumpf;
22 Lotusbüsche geben ihm Deckung mit ihrem Schattendach
und die Weiden des Baches umgeben ihn.
23 Selbst wenn der Strom mächtig anschwillt,
gerät er nicht in Unruhe;
er bleibt wohlgemut,
wenn auch ein Jordan gegen seinen Rachen andringt.
24 Wer will ihn mit dem Angelhaken jagen?
Wer mit dem Fangseil ihm die Nase durchbohren?

Leviathan
25 Kannst du den Leviathan (hier wohl Krokodil)
mit der Angel fischen?

und ihm die Zunge mit dem Fangseil niederdrücken?

26 Kannst du ihm einen Binsenring durch die Nase ziehen
und einen Haken durch seinen Kinnbacken bohren?

27 Meinst du, es werde viele Bitten an dich richten
oder dir gute Worte geben?

28 Wird es einen Vertrag mit dir schließen,
wonach du es für immer in deine Dienste nähmest?

29 Wirst du mit ihm spielen wie mit einem Vöglein
und es für deine Mägdlein anbinden?

30 Treibt die Fischerzunft Handel mit ihm,
daß sie es stückweise an die Händler abgibt?

31 Kannst du ihm die Haut zum Spießen spicken
und seinen Kopf mit Harpunen durchbohren?

32 Vergreife dich nur einmal an ihm: mache dich
auf Kampf gefaßt! Du wirst's gewiß nicht wieder tun!

61,1 Deine Hoffnung würde als Trug sich erweisen:
schon bei seinem Anblick brächest du zusammen.

2 Niemand ist so tollkühn, daß er es aufstört;
und wer ist's, der ihm entgegengetreten und heil davon
gekommen wäre?

3 Niemand unter dem ganzen Himmel.

4 Nicht schweigen will ich von seinen Gliedmaßen,
weder von seiner Kraftfülle,
noch von der Schönheit seines Baues.

5 Wer hat je sein Panzerkleid oben aufgedeckt
und wer sich in die Doppelreihe seines Gebisses hineingewagt?

6 Wer hat je das Doppeltor seines Rachens geöffnet?
Rings um seine Zähne herum lagert Schrecken.

7 Prachtvoll sind die Reihen seiner Schilder,
jeder einzelne eng anliegend wie durch ein festes Siegel,

8 einer schließt sich eng an den anderen an,
und kein Lüftchen dringt zwischen ihnen ein,

9 jeder haftet fest an dem anderen,
sie greifen untrennbar ineinander.

10 Sein Niesen läßt einen Lichtschein erglänzen,
und seine Augen gleichen den Wimpern des Morgenrots.

11 Aus seinem Rachen schießen Flammen,

sprühen Feuerfunken hervor.

12 Aus seinen Nüstern strömt Rauch heraus
wie aus einem siedenden Topf und wie aus Binsenfeuer.

13 Sein Atem setzt Kohlen in Brand,
und Flammen entfahren seinem Rachen.

14 In seinem Nacken wohnt Kraft,
und vor ihm her stürmt bange Furcht dahin.

15 Die Wampen seines Leibes haften fest zusammen,
sind wie angegossen an ihm, unbeweglich.

16 Sein Herz ist hart wie ein Stein
und unbeweglich wie ein unterer Mühlstein[16].

18 Trifft man es mit dem Schwert – das haftet
ebensowenig wie Speer, Wurfspieß und Pfeil.

19 Eisen achtet es gleich Stroh,
Erz gleich morschem Holz.

20 Der Sohn-des-Bogens[17] bringt es nicht zum Fliehen,
Schleudersteine verwandeln sich ihm in Spreu.

21 Wie ein Strohhalm kommt ihm die Keule vor,
und nur ein Lächeln hat es für den Anprall der Lanze.

22 Seine Unterseite bilden spitze Scherben,
wie ein Dreschschlitten drückt es sich in den Schlamm.

17 Wenn es auffährt, zittern die Fluten,
die Wellen weichen vor ihm zurück.

23 Es macht die tiefe Wasserflut wie einen Kochtopf sieden,
rührt das Meer auf wie einen Salbenkessel.

24 Hinter ihm her leuchtet sein Pfad:
es ist als ob der Abgrund weiße Haare hätte!

25 Auf Erden gibt es nicht seinesgleichen;
ohne Furcht ist es erschaffen.

26 Vor ihm fürchten sich die Stolzesten:
der König ist es über alle wilden Tiere!

Zweite Antwort Jobs

42,1 Da antwortete Job dem Jahwe folgendermaßen:

2 Ich habe erkannt, daß du alles vermagst
und daß kein Plan dir unausführbar ist!

3 (...)[18] So habe ich denn im Unverstand geurteilt über die
Dinge,

die zu wunderbar für mich waren, die ich nicht verstand (...[18]).
5 Nur durch Hörensagen hatte ich von dir vernommen,
jetzt aber haben meine Augen dich geschaut.
6 Darum bekenne ich mich schuldig und bereue
im Staub und in der Asche.

II. DIE GRUNDVORSTELLUNGEN

1. Die theologische Kosmogonie

Was bei der Lektüre dieser Texte zunächst auffällt, ist der theologische Charakter der Lehre von der Weltentstehung, so wie sie sich in der Bibel darbietet: theologisch, das heißt sozusagen von einer bestimmten Vorstellung des Göttlichen abgeleitet oder zumindest damit in logischen Zusammenhang gebracht.

a. Grundzüge der theologischen Kosmogonie

Die wesentlichen Aussagen dieser Theologie, die Vorstellungen, die das kaum zu bestreitende Besondere der biblischen Schöpfungslehre ausmachen, wenn man sie den zeitgenössischen Kosmogonien gegenüberstellt, sind die, daß das Weltall eine von ihm unterschiedene und unabhängige Ursache hat; daß diese Ursache *eine* ist; daß sie es ist, die auch weiterhin mit derselben Wirkmächtigkeit den Gang des Weltalls lenkt.

b. Personhaftigkeit des Schöpfers

Alle Texte stimmen zunächst in diesem Punkte überein: sie benennen ihn mit seinem «Eigennamen» *Jahwe (Jahwist, Psalm* 104, *Job)* oder Gott-Elohim *(Priesterschrift)*; alle stellen an den Ursprung des Kosmos einen *Schöpfer,* das heißt eine autonome Persönlichkeit. Nirgendwo wird gesagt, daß die Schöpfung ein aus innerer Nötigung entstandenes, unvermeidliches Werk gewesen sei; im Gegenteil, alles beweist, daß der Urheber der Welt den Weltenplan ganz frei ersonnen und ausgeführt hat.

Im Bericht des *Jahwisten* sieht man, wie Gott den Entschluß faßt, die Tiere zu erschaffen, um dem Menschen Gefährten zu geben: «Ich will ihm eine Hilfe schaffen, die zu ihm paßt!» (Gn 2, 18). Auch in der *Priesterschrift* beschließt er, zuletzt die Menschen zu erschaffen: «Laßt uns Menschen machen nach unserem Bilde, uns ähnlich...» (Gn 1, 26). Offensichtlich hat dieser Schöpfer als solcher keine anderen Beziehungen zum Weltall als die, welche Ursache und Wirkung miteinander verknüpfen.

c. Der *eine* Schöpfer

Dieselben Texte versichern ebenfalls übereinstimmend, daß diese Ursache und dieser Schöpfer eins sind. Alle «Werke», durch die die Welt entstand und bevölkert wurde, kommen von ihm allein: der Himmel, die Erde, das Meer, das Licht, die Gestirne, die Pflanzen, die Tiere und der Mensch, alle verdanken ihm ihren Ursprung. Wenn eine Stelle im Buche *Job* (38, 7) beim großen Schöpfungswerk Zuschauer aufführt – die «Morgensterne» der Welt und der himmlische Hofstaat der «Elohimsöhne» –, so waren diese Wesen, die, wie wir von anderer Stelle her wissen, ihre Existenz ebenfalls Gott verdankten, nur da, um die Wunder, die vor ihren Augen geschahen, «laut zu preisen» und die Ehre des Schöpfers zu «besingen». Die Verwendung der ersten Person pluralis «Laßt uns den Menschen machen nach unserem Bild, uns ähnlich...» in der Priesterschrift (Gn 1, 26) [19] kann im Textzusammenhang keine andere Bedeutung haben als die eines pluralis majestatis, der noch heute, in unseren Sprachen von den Großen der Welt, den Herrschern der Völker benutzt wird. Im übrigen ist der Name *Elohim*, der im klassischen Hebräisch Gott bedeutet, selbst ein Plural, obgleich er stets für den *einen* Gott verwendet wird. Diese Stelle kann also kaum herangezogen werden, um in der biblischen Theologie über den Ursprung des Weltalls an eine Pluralität von Schöpfern zu denken.

d. Kontinuität zwischen der Erschaffung und der Lenkung des Kosmos

Die Kontinuität zwischen der Tätigkeit Gottes bei der Erschaffung und in dem darauf folgenden Lauf der Welt erscheint lebendiger als anderswo im Buche *Job*. Gleich nach der Erzählung von der Bildung der Erde und des Meeres (Jb 38, 4–11) erinnert Gott an sein tägliches Wirken in der Natur: Er ist es, der jeden Morgen das Frührot aufgehen läßt (V. 12 ff.), er spendet, wo es notwendig ist und in der von ihm gewollten Ordnung das Licht des Tages und die nächtliche Finsternis (19 ff.), gibt regelmäßig Regen, Schnee, Hagel, Reif und Frost, Gewitter und Winde (V. 22–30 und 34–38), er arbeitet genau die Himmelsmechanik der Sternbilder aus (V. 31 ff.) und kümmert sich um alle wilden Tiere, die vom Menschen weder den Bedarf an täglicher Nahrung, noch Hilfe bei ihrer Fortpflanzung erwarten können (V. 39 ff.). Selbst wenn beschrieben wird, wie die helfende Hand Gottes im Ablauf des täglichen Naturgeschehens spürbar wird, erscheinen zahlreiche Züge, die sich unmittelbarer, ja ausschließlich, auf die eigentliche Beschaffenheit dieser Natur und damit auf die Kosmogonie beziehen. Wenn beispielsweise Gott «weiß, wo das Licht und die Finsternis wohnen» (Job 38, 19 ff.), so deshalb, weil er der Urheber ihrer uranfänglichen «Trennung» ist (vgl. Gn 1, 4) und beiden ihren Wohnsitz angewiesen hat. Die «Kanäle», die dem Regen den Weg bahnen bis zu dem Lande hin, auf das er fallen soll (Job 38, 25), gehen von dem unermeßlich großen Reservoir der «oberen Wasser» aus, das eine der ersten Wirkungen der Ordnungsgesetze des Urchaos war (Gn 1, 7). Damals also hat Gott die ungeheuren «Vorräte an Schnee und Hagel» geschaffen (Job 38, 22), aus denen er seither schöpft, wann immer es notwendig ist. In dem sehr langen Abschnitt, der den Tieren gewidmet ist, werden eher die Eigenart und das Verhalten der einzelnen Tiere, ihre überraschenden und unerwarteten Charakterzüge hervorgehoben: die metereologische «Intelligenz» des Ibis und des Hahns (Job 38, 36), die Dummheit der Straußenhenne (39, 13 ff.), die wilde Unabhängigkeit des Wildesels (39, 5), der unzähmbare Charakter des Büffels (39, 9 ff.), das Feuer und der wunderbare Mut des Pferdes (39, 19 ff.), die grausamen und auf Einsamkeit gerichteten Instinkte der Raubvögel (39, 26 ff.), dies alles sind unerklärliche Züge, wenn man sie nicht in Zusammenhang bringt mit einem endgültigen[20], unendlich weisen und vielschichtigen «Plan», den Gott verwirklicht hat, als er die Prototypen dieser

Tiere erschuf. Bei der Schilderung der beiden «Ungeheuer» Behemoth und Leviathan (40, 15 ff.) scheint es sich meines Erachtens ebenfalls um ihre außergewöhnliche Beschaffenheit, mit anderen Worten, um die Art ihrer Erschaffung zu drehen: alles, was über sie gesagt wird, ist darauf ausgerichtet, Staunen und Bewunderung vor der Weisheit und Macht ihres Schöpfers zu erwecken.

In kürzerer Form und inhaltlich anders als die Reden aus *Job* zeigt *Psalm 104* die Kontinuität zwischen der Erschaffung des Alls und seiner täglichen Lenkung: an die Bildung von Erde und Meer (V. 5–9) schließt sich die Bewässerung des Landes durch Flüsse und Regen an (V. 10–13), und was sich in unbegrenzter Wiederholung daraus ergibt: die üppige Fülle der eßbaren Pflanzen (V. 14). Und so fort.

Wenn das in den in Prosa geschriebenen Berichten des *Jahwisten* und der *Priesterschrift* nicht so klar hervortritt, so deshalb, weil wir die Schriftstellen aus ihrem späteren Textzusammenhang herausgelöst haben, nämlich aus der menschlichen Geschichte, die durch die kosmogonische Einführung erst vorbereitet wird und in der die Intervention und das Handeln desselben Gottes fortwährend sichtbar wird. So führt im *Jahwisten* das Verbot, vom Baum-der-Erkenntnis-des-Guten-und-des-Bösen zu essen, zur Erzählung vom ersten Ungehorsam des Menschen, der die Quelle jeglichen Ungehorsams ist und Gott so oft zwingt, einzugreifen, um sein Werk zu erneuern, zu verbessern oder zu retten.

e. Die Schöpfung in der Gesamtheit göttlicher Wirksamkeit

Im ganzen genommen ist die *Entstehung des Kosmos* in der biblischen Theologie nur der erste Akt: die Mitspieler der *Geschichte* erhalten ihren Platz zugeteilt, und der *eine* Regisseur ist verantwortlich für das ganze Stück. Als Gott jedes Wesen oder jeden Prototyp schuf, gab er ihm die Rolle ein, die es immerdar zu spielen hat, es und jeder seiner Nachkommen: alle haben nur noch ihre Rolle vorzutragen unter der ewigen Leitung und dem wachsamen Auge des göttlichen Spielleiters. Und wie dieser nach dem Bericht aus *Job* über das Meer verfügte, so verfügt er über alles: sobald es aus dem Chaos befreit und in sich selbst Bestand gewonnen hatte, hat er ihm seine unüberschreitbaren «Grenzen gesetzt» und ihm sein unabänderliches «Gesetz» auferlegt (Job 28, 8–11; vgl. auch Ps 104, 9). Derselbe Gedanke findet sich bei *Jeremias* (38, 25) am Ende des 7. Jahrhunderts v. Chr.

«So gewiß mein Bund mit Tag und Nacht besteht,
so gewiß ich die Ordnungen des Himmels und der Erde
festgesetzt habe…»

Und später, zweifellos in nachexilischer Zeit, heißt es in *Psalm* 148:

5 Alle Wesen sollen loben den Namen Jahwes!
denn Er gebot, da waren sie geschaffen;
6 Er hat sie hingestellt für immer und ewig
und ihnen ein Gesetz gegeben, das übertreten sie nicht.

Noch später, zu Beginn des zweiten Jahrhunderts, sagt *Ekklesiastikus* oder *Jesus Sirach:*

16, 26 Als der Herr im Anfang seine Werke schuf
und sie von der Schöpfung an in ihre Teile schied,
27 da ordnete er für alle Zeiten seine Werke:
von ihrem Ursprung an bis zu den letzten Geschlechtern
28 hungern sie nicht und werden nicht müde
und hören nicht auf, ihre Arbeit zu tun.
29 Keines stößt mit dem andern zusammen,
und sie widerstreben niemals seinen Satzungen.

Die Schöpfung ist also in der Bibel nicht ein Akt für sich, der, abgesetzt von allem übrigen, ein- für allemal vollbracht ist und nicht wiederholt werden kann. Sie ist nur ein «Anfang» (Gn 1, 1; vgl. Sir 16, 26 und Spr 8, 23): das bedeutet, daß der von Gott gelenkte Gang der Welt andere gleichartige Momente enthält. So wird beispielsweise die Sintflut (Gn 6, 5 und 9, 7), besonders von der *Priesterschrift*, ausdrücklich als eine neue Weltschöpfung dargestellt: göttlicher Wille, alles neu zu beginnen (Gn 6, 7); Rückkehr zum wässerigen Chaos (siehe weiter unten S. 218) durch die Vermischung der «oberen» und der «unteren» Wasser (7, 2); die wieder ganz mit Wasser bedeckte Erde (7, 18–20); erneute Trennung der «oberen» und der «unteren» Wasser (Gn 8, 2), danach des feuchten Elements und der Erde (8, 3 ff.); neues ins Daseintreten aller Tiere, Art für Art (8, 15–19); neues Fruchtbarkeits- und Fortpflanzungsgebot und neue Einteilung der Geschöpfe, die einander als Nahrung dienen sollen (9, 1 ff.). Gewisse «wunderbare» Eingriffe Gottes in den Lauf der Dinge, plötzliche, durch ihn bewirkte Veränderungen in der Naturordnung erinnern ebenfalls sehr lebhaft an seine schöpferische Wirksamkeit. So wenn in *Isaias 41* Gott den aus der babylonischen Gefangenschaft Zurückkommenden für die Zeit, wo sie vor ihrer Heimkehr nach Palästina die Wüste durchqueren, folgende Verheißungen macht:

18 «Ich will Ströme auf den Sanddünen eingraben
und Quellen inmitten der kahlen Gebirgspässe;
ich will die Wüste zum Wasserteich machen
und dürres Land zu Wasserbrunnen.
19 Ich will in der Wüste Zedern wachsen lassen,
Akazien, Myrthe und Ölbäume,
will in der Steppe Wacholdersträucher pflanzen,
Platanen und Zypressen allzumal...²¹»

Oder wenn er droht, Babylon in einer noch nie dagewesenen Katastrophe, einer kosmischen Umwälzung *(Isaias 13)* zu vernichten:

10 «Denn die Sterne des Himmels und die großen Sternbilder
lassen ihr Licht nicht mehr leuchten:
die Sonne verfinstert sich schon bei ihrem Aufgang,
und der Mond läßt sein Licht nicht scheinen...²²»

III. KOSMOGONIE UND MONOTHEISMUS

Eine solche theologische Lehre von der Herkunft und dem Gang des Weltalls verdankt ihre charakteristischen Züge und ihren Zusammenhang, letzten Endes auch ihren Ursprung, der Tatsache, daß sie das Hauptaxiom der Religion Israels, den absoluten Monotheismus auf den kosmogonischen Bereich überträgt.

«Vor mir ist kein Gott geschaffen worden,
und nach mir wird keiner sein,
ich allein bin Jahwe,
und außer mir gibt es keinen Retter!» (Is 43, 10–11)

Diese Aussage stammt von einem der größten israelitischen Schriftsteller; die Überlieferung verbindet sein Werk mit dem des

Propheten Isaias; da die Fachleute über seine Person nichts wissen, nennen sie ihn den Deutero-Isaias. Er schrieb um die Mitte des 6. Jahrhunderts und kündigte das Ende des Exils an. Der monotheistische Gedanke, der in seinem Text so stark zum Ausdruck kommt, ist aber tatsächlich älter als er. Virtuell war er schon im Denken Moses, des Gründers der israelitischen Religion, vorhanden, und im Anfang des ersten Jahrtausends nahm er Gestalt an. Wie wir bereits gesehen haben, gibt der Jahwist ihn genau wieder, wenn er als den *einen* Schöpfer und Gott Jahwe erkennt.

Nach Moses befestigt sich der Monotheismus dank den großen Propheten, er läutert und vervollkommnet sich, bis er zur unvermeidlichen Schlußfolgerung kommt und zur *Transzendenz* führt, das heißt in die radikale Unterscheidung, die totale Verschiedenheit von Gott und Weltall einmündet. Auf diesem Umweg hat sich die kosmogonische Theologie der Bibel, die bereits seit der Zeit des Jahwisten in ihren wesentlichen Elementen vollständig war, ausgerundet und vertieft.

1. Die Person des Schöpfers

Wir möchten zunächst die Darstellung, die der vorexilische Bericht von der Person des Schöpfergottes gibt, mit derjenigen der *Priesterschrift* vergleichen. Im *Jahwisten* hatte der Schöpfer es mit *einem* Garten zu tun, mit *einem* Strom – und zwar einem großen –, mit *einem* Mann, den er ein wenig als seinen Pächter ansieht, mit *einem* Tier jeder Art, mit *einer* Frau, mit den bescheidenen Anfängen eines Kosmos, an dessen Ausgestaltung auch der Mensch mit einem nicht geringen Anteil beteiligt ist. (Siehe den Anfang des jahwistischen Berichtes in Gn 2, 4b–5.) In der *Priesterschrift* wird derselbe Schöpfer nur den großen Weltdingen gegenübergestellt: dem Wasser, der Erde, dem Himmel, dem Licht, der Finsternis, den Gestirnen, den Arten der Pflanzen- und Tierwelt, dem Menschengeschlecht. Man spürt, daß, wenn er sein Werk beendet hat, die Entfaltung des Weltalls im wesentlichen nur noch eine Frage der Zahl und der Vermehrung der Einzelwesen ist (Gn 1, 22 und 28).

Psalm 104 hebt mit seinen leuchtenden Bildern den Ruhm und die Größe des Weltenerbauers noch stärker hervor. Aber die absolute Transzendenz des einen Gottes und Schöpfers kommt in der ganzen Bibel wohl nirgends stärker und erhabener zum Ausdruck als in der doppelten Rede Gottes im Buche *Job*, besonders wenn man sie in ihren Kontext stellt. Wenn Gott hier das Wort ergreift, so geschieht es bei den Fragen Jobs, der zu wissen *begehrt*, warum er, der Unschuldige, durch Gott leidet; es geschieht vor den engstirnigen Lehrsätzen der drei Freunde Jobs, nach deren Ansicht Gott *verpflichtet* sein soll, nur den Sünder zu bestrafen und nur den Gerechten zu belohnen; es geschieht, um die menschlichen Anmaßungen zunichte zu machen. Gott diskutiert nicht, er begnügt sich, einige Aspekte seines einzigartigen, unnachahmlichen, unendlich großen und unbegreiflichen Werkes in der Beschaffenheit und im Gang des Universums aufzuzeigen. Ohne daß es einer Erklärung bedarf, stellt dieses Werk ihn so hoch über den ganzen Kosmos und sogar über sein Meisterwerk, den Geist des Menschen, daß diesem nur eine Haltung anzunehmen übrigbleibt: das demütige Geständnis seiner Unwissenheit, seiner endgültigen Unfähigkeit, die göttliche Erhabenheit zu verstehen, Anbetung und Hingabe an seinen Willen.

2. Die Art der schöpferischen Tätigkeit

Die Erfahrung der Transzendenz hat noch einen anderen Tatbestand der biblischen Schöpfungslehre vervollkommnet: die Auffassung von der Art der schöpferischen Tätigkeit Gottes. Im Bericht des *Jahwisten* zeigt sie sich noch ziemlich materiell und vermenschlicht, selbst wenn der Verfasser sich des bildlichen Charakters der von ihm verwendeten Ausdrücke bewußt zu sein scheint. Gott legt dort sozusagen persönlich Hand an: wie ein Brunnengräber «läßt er Wasser aus der Erde emporsteigen», wie ein Gärtner «legt er einen Garten mit Bäumen an»; er ist als Töpfer tätig, wenn er den Leib des Menschen und später den Leib seiner Gefährten (der Tiere) «aus Lehm bildet»; dann haucht er diesen Leibern «den Lebensodem in die Nase», wodurch sie zu «lebenden Wesen» werden. Solche, der menschlichen Tätigkeit entlehnten Bilder finden sich noch an anderen Stellen, sogar in jüngeren biblischen Werken, in denen der poetische Charakter oft sehr deutlich ist: wenn Gott «die Ausdehnung der Erde berechnet» und die «Meßschnur spannt», wie es die Baumeister und Maurer tun (Ps 104, 5; Job 38, 4-6), dürfen diese Metaphern zweifellos nicht wörtlicher verstanden werden, als wenn Er «das Meer abriegelt» und «Nebel zu seinen Windeln macht» (Job 38, 8 ff.). Oder wenn Er «die Himmel auseinanderfaltet, wie der Beduine sein Zelt auffaltet» (Ps 104, 2). Die offenkundige Sorgfalt, mit der die *Priesterschrift* solche Ausdrücke vermeidet, ist bedeutsam; in ihrem Bericht *handelt* Gott sozusagen nicht; Er *spricht* nur, und alles geschieht sogleich, alles wird durch das befehlende Wort erschaffen[23].

Welcher Herkunft diese Vorstellung vom «wirksamen göttlichen Wort» auch sein mag – ob sie aus Mesopotamien stammt (siehe oben S. 243 A. 5) oder aus Ägypten (siehe oben S. 60) –, es unterliegt keinem Zweifel: wenn sie im Bericht der *Priesterschrift* auf die Weltschöpfung angewandt wird, so geschieht es, um die Transzendenz des Weltschöpfers dadurch zu akzentuieren, daß man seine schöpferische Tätigkeit noch mehr *vergeistigt*.

Im Verlangen, den Schöpfer und die Schöpfung noch höher zu stellen, geht Israel sogar noch weiter: über das in gewissem Sinne noch materielle Wort hinaus kommt es zum konkretisierten Begriff, zum ausgedachten «Plan» (schon in *Job* 38, 2), zu den wunderbar weiten, bewundernswerten, unfehlbaren göttlichen Ideen, deren Summe man als die göttliche *Weisheit* bezeichnet. In einer der jüngsten auf die Schöpfung bezüglichen Textstellen der Bibel — sie ist einem Teil der «Sprüche» entnommen, der wahrscheinlich später zu datieren ist als das 6. Jahrhundert – stellt sich uns die vor jedem göttlichen Werk präexistente Weisheit als die höchste Kraft vor, die die Tätigkeit des Schöpfers lenkte:

Spr 8, 22 Jahwe hat mich an die Spitze seiner Werke gestellt,
Vor alles, was er gemacht hat, vom Anfang an!
23 Ich ward gegründet von Ewigkeit her,
von Anbeginn, vor dem Ursprung der Erde:
24 Als der Abgrund noch nicht da war, bin ich geboren worden,
Ehe es sprudelnde Bronnen und Quellen des Meeres gab;
25 Bevor die Berge eingesenkt wurden,
vor den Hügeln bin ich geboren worden,
26 als er die Erde und die Fluren noch nicht geschaffen hatte
und die ersten Schollen des Erdreichs.

27 Als er den Himmel baute, war ich dabei,
als er einen Kreis auf die Fläche der Urflut zeichnete;
28 als er die Wolken droben ausbreitete,
als er die Quellen des Abgrunds hervorbrechen ließ,
29 als er dem Meer seine Grenze setzte,
damit seine Wasser die Schranke nicht überschritten,
als er die Grundpfeiler der Erde feststellte,
30 da war ich ihm zur Seite, unzertrennlich...

IV. UNTERSCHICHTIGE
MYTHOLOGISCHE KOSMOGONIEN

Als die israelitischen Denker ihre «Theologie» der Schöpfung entwarfen – seit mindestens dem 8. Jahrhundert vor unserer Zeit –, haben sie zumeist nichts anderes getan, als eine ganze Auswahl kosmogonischer Vorstellungen, die ihnen aus vor und außerhalb ihrer Zeit und Welt liegenden Überlieferungen zuflossen, mit ihrer eigenen religiösen Mentalität und Ideologie zu durchtränken.

Wie zur Genüge aus der vorliegenden Arbeit ersichtlich ist, hat man sich im alten Vorderen Orient lange vor Israel und seiner Jahwe-Religion Fragen über den Ursprung der Welt und des Menschen gestellt und versucht, sie zu beantworten, jedes Volk oder jede Zeit gemäß der ihnen eigentümlichen religiösen Schau der Dinge. So entstanden zahlreiche kosmogonische «Systeme», deren jedes in den Augen seiner Anhänger mehr oder weniger Glaubwürdigkeit besaß, genau so wie das oben dargelegte biblische «System» in den Augen der Jahwe-Gläubigen.

Alle diese Kosmogonien sind *mythologischer Art*, das heißt, ihre Erarbeitung entstammt einem Denken, das noch nicht vorgedrungen war bis zu den reinen Ideen und nicht gelernt hatte, wesensbestimmende Urteile zu bilden, und deshalb in Bildern und Vorstellungsverknüpfungen einherging; dabei ging es ihm viel weniger um die kontrollierte und objektive Genetik eines Grundgeschehens als um die Reihenfolge von mit mehr oder weniger Phantasie rekonstruierten Ereignissen, die genügte, sie zu erklären.

Einige dieser von Kulturen wie der mesopotamischen getragenen

«Systeme», die im alten Vorderen Orient eine beachtliche Bedeutung und Verbreitung besaßen oder auch einfach von Nachbarvölkern Israels erarbeitet worden waren, sind diesem bekannt gewesen. Wenn wir die kosmogonischen Texte der Bibel analysieren und dabei die der Bibel eigene Theologie beiseite lassen, finden wir die Fährte der mythologischen Weltentstehungslehren wieder, entweder als Spuren früherer Glaubensanschauungen oder als Unterlage für die der Jahwe-Religion eigentümlichen Vorstellungen.

1. Der Bericht des Jahwisten

a. Die eigentliche Kosmogonie

Die Reihenfolge von Verbildlichungen, die im *jahwistischen* Bericht (siehe oben S. 187) den Ursprung des Weltalls schildern, läßt sich im wesentlichen hierauf zurückführen: *vorher*[24] Brachland ohne jede Vegetation, *nachher* dasselbe Land ausgestattet mit Kräutern, mit wildwachsendem Kraut (Dickicht) und mit nutzbaren Kräutern (Wiesland), dann auch mit fruchttragenden Bäumen (Gn 2, 5–8). Der Übergang von einem Zustand zum anderen ist zwei zum Urboden neu hinzukommenden Elementen und ihrer Einwirkung zu verdanken: dem Wasser, das ihn fruchtbar macht, und dem Menschen, der ihn urbar macht und bebaut (V. 5–7).

Das zugrunde liegende «Bild», das die Verarbeitung dieser Kosmogonie veranlaßt zu haben scheint, ist das der Brunnengrabung (die «Wasserflut, die von der Erde aufstieg», V. 6) und der durch bäuerlichen Eingriff «*in Kulturland umgestalteten Wüste*». Offensichtlich entsprach es dem Denken von Leuten, die gewohnt waren zu sehen, wie die Wüste der Bewässerungsarbeit und Urbarmachung der Menschen wich. Palästina selbst kann sehr wohl die Urheimat eines solchen Schöpfungsmythos gewesen sein, besonders in seinem südlichen und östlichen Teil, wo Steppe und bebautes Land nebeneinander lagen und wo dieses allmählich in die Steppe vordrang, wo das Meer – bedeutsames Übergehen! – keine Rolle spielt (es wird nicht erwähnt, auch die Fische kommen in der Aufzählung der von Jahwe in Gn 2, 19 ff. gebildeten Tiere nicht vor). Es ist sogar möglich, daß die Verfasser des Mythos ehemalige Nomaden oder

Halbnomaden waren, wenn der «mit Bäumen bepflanzte Garten (dort) nach Osten hin», also wahrscheinlich mitten in der Wüste lag und mit der «Wasserflut», die zu seiner Bewässerung «aus dem Boden hervorstieg», stark an eine Oase erinnert.

Doch die Lokalisierung des ersten Gartens «(dort) nach Osten hin» könnte auch einen anderen Sinn haben und nicht die syrisch-arabische Wüste, sondern das dahinter liegende Mesopotamien selbst bezeichnen. Diese Deutung würde durch Genesis 2, 10–14 bestätigt, wo eine genaue Lagebestimmung Edens gegeben wird. Es ist darin nicht alles durchsichtig; aber wenn auch die beiden ersten Ströme, *Pison* und *Gihon*[25], unbekannt sind, so lassen die beiden anderen, *Tigris und Euphrat*, keinem Zweifel Raum. Die auf diese Art flüchtig entworfene «Geographie» könnte an Klarheit gewinnen, wenn man unterstellt, Eden liege an der Quelle der beiden Ströme[26], die Mesopotamien abgrenzen, das heißt in dem gebirgigen Teil im Norden dieses Landes; wenn man weiterhin annimmt, *Pison* und *Gihon* wären die beiden Arme eines gewaltigen Wasserlaufs, der die Welt, mit dem Mittelpunkt Mesopotamien, von beiden Seiten umschlinge[27]. Diese rudimentäre, rundweg gesagt mythologische «Geographie» wäre typisch mesopotamisch. Nicht nur weil «das Gebirge im Norden» immer eine Rolle in der sumerisch-akkadischen Legende vom Ursprung der Götter und ihrem irdischen Wohnsitz gespielt hat[28], sondern vor allem, weil dieser kosmische Strom, der die Erde wie eine Insel umschließt, an den berühmten «Erdozean», den *Apsu*, erinnert, auf den die kosmogonischen und kosmologischen Texte Mesopotamiens so großen Wert legen (siehe oben S. 122 und weiter unten S. 223).

Man hat seit langem bemerkt, daß die bewußte Stelle *Genesis* 2, 10–14 weggelassen werden könnte, ohne daß die Fortsetzung des Berichtes darunter litte und folglich also alle Merkmale eines Einschubs hat. Wenn diese Annahme richtig ist, hätten wir in der Schöpfungslehre des *Jahwisten* eine Spur von zwei verschiedenen Überlieferungen: eine palästinische über den Ursprung der Welt und eine mesopotamische über die geographische Lagebestimmung dieses Ursprungs und über die kosmologische Vorstellung als einer vom Weltozean umgebenen Insel, ein Zug, der wiederum an die eigentliche mesopotamische Kosmogonie erinnern könnte (siehe oben S. 132 und weiter unten S. 223), die als solche im *jahwistischen* Bericht nicht vorkommt.

b. Die Lehre von der Entstehung der Menschen und der Tiere

Der Ursprung der Mythen über die Entstehung der Menschen und der Tiere ist im *Jahwisten* weniger klar. Der Mensch und die Tiere wurden von Gott aus «Lehm gebildet», dann wurden *sie* durch den «Lebensodem», den Gott *ihnen* in die Nase blies, zu «lebenden Wesen» (Gn 2, 7 und 19). Dieser mythologische Anklang an die Kunst des Töpfers oder des Bildners kleiner Statuen hat Berührungspunkte in der mesopotamischen Dichtung (siehe oben S. 132); ebensogut konnte der Gedanke aber auch irgend jemand einfallen, der einem Töpfer bei der Arbeit zusah. Das Geheimnis hingegen, daß eine Rippe des Mannes als Ausgangspunkt für die Erschaffung der Frau, der «Stammutter aller Lebenden», gewählt wird, hellt sich vielleicht auf, wenn man etwas, worauf schon seit langem hingewiesen wurde, zuhilfe nimmt, nämlich ein sumerisches Wortspiel zwischen den beiden Wörtern «Rippe» und «Leben», die beide durch dasselbe Ideogramm dargestellt und beide *ti* oder *til* ausgesprochen werden. Hier könnten also mesopotamische Anklänge sein; doch haben wir, meines Wissens, in Mesopotamien keinen Mythos über die Entstehung des Menschen gefunden, der sich diese Gleichnamigkeit zunutze macht.

Bisher ist uns auch aus keinem anderen Land des alten Vorderen Orients ein Mythos bekannt, der die Erschaffung der Menschen und der Tiere in derselben Reihenfolge bringt wie der *jahwistische* Bericht: zu allererst ist der Mensch da, ein alleinstehendes Einzelwesen (siehe oben S. 187) – sozusagen als «Pächter Gottes» erschaffen, «damit er den Garten bestelle und behüte» (Gn 2,7 und 15); dann kommen die verschiedenen Tiere, um eine «passende Hilfe» für den Menschen zu finden (Gn 18 ff.); das Suchen nach der vollkommenen Eignung dieser Hilfe führt Gott schließlich dazu, sie dem Fleisch des Mannes zu entnehmen und als Frau zu gestalten. Für einige Züge dieses Mythos ließen sich hie und da Entsprechungen in der mesopotamischen Lehre über die Entstehung der Menschen finden: die ursprüngliche Zweigeschlechtlichkeit, die dort in manchen Texten angenommen wird (siehe beispielsweise oben S. 122); ferner der Gedanke, daß der Mensch erschaffen wurde, «um den Dienst der Götter zu versehen» (siehe oben S. 129) und «um die Schöpfung zu vollenden» (siehe S. 149). Vielleicht sind diese Ähnlichkeiten aber zu wenig charakteristisch: man kann also in der Entstehung der Menschen und der Tiere des *Jahwisten* undeutliche Anklänge an mesopotamische Mythen zugestehen.

Dieselbe Beurteilung gilt übrigens für das Ganze seiner Schöpfungsmythologie[29]; besonders wenn man die Stelle Gn 2, 10–14 als später hinzugefügt ansieht, erscheint sie ziemlich ursprünglich, wahrscheinlich aus dem Land selbst stammend und nur für wenige verstreute und unsichere Angaben von Mesopotamien abhängig.

V. DIE KOSMOGONIEN
AUS DER ZEIT NACH DEM EXIL

Die Dinge ändern sich nach dem Exil. Wir wollen die Darlegungen von *Psalm* 104 und der Rede Jahwes in *Job*, wo die dichterische Erfindung neben die mythologische Bild-Vorstellung tritt und sie ersetzen kann, keiner allzu nahen Prüfung unterziehen, sondern halten es für nützlicher, unsere Aufmerksamkeit vor allem dem Bericht der *Priesterschrift* zuzuwenden, der ausschließlicher und ganz bewußt kosmogonisch ist.

1. Der nach der Zeitfolge geordnete Rahmen

Wir wollen den zeitlich geordneten Rahmen der Erschaffung zunächst beiseite lassen: die sieben Tage, die Gott brauchte, um sein großes Werk zu vollbringen. Hier haben wir offensichtlich einen Zug, der in Israel ausgedacht worden ist. Eine der hauptsächlichsten Vorschriften der Jahwereligion befaßte sich mit der Sorge um einen wöchentlichen Rhythmus der Zeit: sechs Tage waren der Arbeit gewidmet, der siebte der Ruhe und dem Gottesdienst (siehe zum Beispiel *Exodus* 20, 8–10). Der Verfasser des Mythos wollte diese Verpflichtung im Verhalten Gottes selbst begründen, um ihr eine absolutere und gewissermaßen kosmische Gültigkeit zu geben.

Deshalb hat er das Schöpfungswerk, das in Wirklichkeit *acht* wesentliche «Momente» enthält (siehe oben S. 189 die Untertitel b–i), auf sechs Tage verteilt, denen am siebten Tage die «Ruhe Gottes» folgt. Der Gedanke ist wahrscheinlich älter als die *Priesterschrift*: man findet ihn schon im *Elohisten* in *Exodus* 20, 11 (siehe oben S. 252 A. 3):

«In sechs Tagen hat Jahwe den Himmel und die Erde geschaffen, das Meer und alles, was in ihnen ist; aber am siebten Tage hat er geruht; darum hat Jahwe den Sabbattag gesegnet und ihn für heilig erklärt.»

2. Die Kosmogonie

Ist der künstliche Rahmen einmal entfernt, so stellen sich die Lehren der *Priesterschrift* über die Entstehung der Welt, der Tiere und des Menschen, die viel enger aufeinander abgestimmt sind als die des *Jahwisten*, ganz anders dar als in diesem.

Ausgangspunkt ist nicht mehr die wüstenähnliche Erde, die fruchtbar gemacht werden muß, sondern ein ungeheures Chaos, das zunächst in Ordnung zu bringen, dann auszustatten ist. Dieses Chaos besteht nicht aus Erde, sondern aus *Wasser*. Wenn es in *Genesis* 1, 2 heißt, «die Erde war eine Wüstenei und Öde», ist nicht die eigentliche «Erde» gemeint, die erst später unter dem Namen «das Trockene» erscheint (Gn 1, 9–10), sondern das «Weltall», und der einzige Urstoff dieses Alls ist der endlose und dunkle wässerige Abgrund, über dem der Wind, der «Geist Gottes», als Zeichen seiner Gegenwart und Werkzeug seiner Macht schwebte. Auf dieses Chaos bezieht sich auch *Psalm* 104, wenn er von derselben «Erde» sagt:

V. 6 «Mit der Urflut gleich einem Kleide bedecktest du sie:
bis über die Berge standen die Wasser…»

Wir sahen (weiter oben S. 208), daß auch die Sintflut als neu begonnene Schöpfung mit einer Rückkehr zum Wasserchaos beginnt[30].

Nachdem das Licht (Gn 1, 3 ff.), die unerläßliche Bedingung für jedwede Ordnung, erschienen ist, geht alles aus dem Wasser-Abgrund, aus dem Urgemisch der Wasser, hervor. Die erste Schöpfertat ist ja gerade die «Trennung der Wasser» in «obere und untere» durch ein Zwischengewölbe, das zwischen die Wasser den leeren Raum setzt, in dem unser Weltall errichtet wird (Gn 1, 6 ff.). Danach erfolgt bei den «unteren Wassern» eine weitere Trennung zwischen dem wässerigen Element, dem von nun an ein bestimmter Ort als Wohnung zugewiesen ist, das Meer, und dem trockenen Element, das die eigentliche Erde, das feste Land, bildet.

Damit ist der dreifache Rahmen des Weltalls erstellt: Himmel, Erde und Meer. Jetzt muß nur noch jeder dieser drei Bereiche ausgestattet werden. Die an erster Stelle hervorkommende Pflanzenwelt (Gn 1, 11 ff.) wird eher als eine Ergänzung und Vervollständigung des Teiles Erde dargestellt. Erst dann wird die eigentliche Bevölkerung der drei Weltsphären gebildet: die Gestirne für den Himmel (V. 14 ff.); die Wassertiere für das Meer (V. 20 ff.); endlich die Landtiere für die Erde (V. 24 ff.); zuletzt die Menschen als Krone der ganzen Schöpfung und Stellvertreter Gottes auf Erden (V. 26 ff.).

3. Der mythologische Charakter der Kosmogonie

Wir haben hier eine anscheinend logische Reihenfolge vor uns, zumindest läßt sie eine gewisse geordnete Schau des Universums erkennen. Trotzdem hat sie noch mythologischen Charakter, was unmöglich bestritten werden kann. So ist es beispielsweise eine reine Verbildlichung, wenn die Sterne als Bevölkerung des Himmels aufgefaßt werden; wenn die verschiedenen Arten irdischen Lebens auf Grund völlig phantastischer Kriterien nach Klassen geordnet, die Pflanzen als eine Art Pelz der Erde angesehen werden und die Meertiere – Fische und Vögel! – so, als wären sie ganz anderer Herkunft als die Landtiere, Vierfüßler und Kriechtiere...

Mehr noch! Bedenkt man die vorherige Einteilung des Weltalls in seine wesentlichen Bereiche, so unterstellt sie eine völlig oberflächliche und erfinderische *Kosmologie*. Man stellt sich vor, das Weltall bilde einen unermeßlich großen wässerigen Raum (Wasser oben und unten), in dessen Innerem ein festes Gewölbe (der Himmel) den Rahmen der Welt befestigt. Dieser umfaßt einen trockenen Teil (die Erde) und einen feuchten Teil (das Meer). Das wird an anderen Stellen der Bibel, die mit dieser Schilderung grundsätzlich übereinstimmen, bestätigt. So ist zum Beispiel gemäß *Sprüche* 8, 27 (oben

S. 212) und *Job* 26, 10 (unten S. 220) die Welt kreisförmig, weil das von den «Säulen» der Berge getragene Himmelsgewölbe einen «Kreis in die Oberfläche des Wasserabgrunds» einzeichnet. Die Erde wird also in die unteren Wasser getaucht, in die sie sich einsenkt und auf ihren «Grundpfeilern» ruht (siehe die angeführten Texte aus *Job* 38, 6 und *Psalm* 104, 5). Wenn man den Anfang der Rede Gottes in *Job* (38, 4–11) (und vergleiche auch Ps 104, 5–9) näher betrachtet, so geschieht alles so, als ob das Meer die Erde bedrohe und sie von allen Seiten zu überschwemmen versuche: die von Gott als «Schranken» gesetzten Küsten und Ufer, an denen «der Stolz der Meereswellen sich brechen soll», bilden also eine ununterbrochene Linie, und die Erde wird als Insel inmitten des Meeres gedacht.

Wir wollen noch weiter zurückgehen, über die Einteilung des Weltalls hinaus bis zum Ausgangspunkt der ganzen Schöpfung, ja bis zum Ursprung der Dinge, bis zum Chaosabgrund und seiner ersten Zurückdrängung und Ordnungsgestaltung. Diese letztere vollzieht sich im Bericht der *Priesterschrift* reibungs- und widerstandslos. Gott erläßt einen Befehl, und die Masse der Abgrundwasser teilt sich durch das Erscheinen des Gewölbes in zwei Teile (Gn 1, 6 ff.). Aber schon *Psalm* 104, 7 mit dem «Schelten» und der «Donnerstimme» Gottes, vor der die Wasserfluten zurückweichen, setzt eine Art Kampf zwischen Gott und dem Wasserabgrund voraus. An eine feindliche Begegnung Gottes mit dem Meer erinnert auch die Rede Gottes in *Job* (38, 1–10), das wütende «Aufzischen» der Fluten, die durch Schranken, Schloß und Riegel aufgehalten werden müssen, bis Gott ihnen sein Gesetz auferlegt wie der Sieger dem Besiegten:

«Bis hierher darfst du kommen, aber nicht weiter,
und hier soll sich der Stolz deiner Wellen brechen!»

Hier seien nun einige ausdrücklichere Züge, die sich verstreut in verschiedenen nachexilischen Büchern der Bibel, in *Deutero-Isaias*, *Job* und den *Psalmen* und den ausgesprochen kosmogonischen Kontexten finden, angeführt.

Isaias 51, 9 «Werde wach, werde wach, waffne dich mit Kraft, Arm Jahwes!
Werde wach wie in den Tagen der Vorzeit,

in den längst vergangenen Zeitläufen!
Bist *du* es nicht gewesen, der Rahab zerhauen,
der den Drachen durchbohrt hat?
10 Bist *du* es nicht gewesen, der das Meer,
die Gewässer der großen Urflut trocken gelegt hat?...»
Job 26, 10 «Eine Grenzlinie hat er über den weiten Wassern
abgezirkelt,
Bis zur äußersten Grenze,
wo das Licht mit der Finsternis zusammentrifft.
11 Die Säulen des Himmels geraten ins Wanken
und beben infolge seines Scheltens.
12 Durch seine Kraft hat er das Meer zerspalten,
durch seine Klugheit hat er Rahab zerschmettert.
13 Durch seinen Hauch gewinnt der Himmel Heiterkeit,
durchbohrt hat seine Hand die gewundene Schlange!»
Psalm 74, 13 «Du hast das Meer durch deine Kraft gespalten,
die Häupter des Drachen auf den Fluten zerschellt.
14 *Du* hast Leviathans Köpfe zermalmt,
zum Fraß ihn hingegeben den Haien des Meeres!
15 *Du* hast Quellen und Bäche hervorbrechen lassen,
Du hast nie versiegende Ströme trocken gelegt!
16 *Dein* ist der Tag, *dein* auch die Nacht,
Du hast die Leuchte und die Sonne hingestellt.
17 *Du* hast der Erde rings die Grenzen festgesetzt,
Sommer und Winter – *du* hast sie gebildet...»
Psalm 89, 10 «*Du* bist es, der den Stolz des Meeres besiegte,
Du hast seine stürmischen Wogen besänftigt!
11 *Du* hast Rahab zertreten wie ein erschlagenes Tier,
hast deine Feinde mit unwiderstehlichem Arm zerstreut!
12 Dein ist der Himmel, dein auch die Erde:
Der Erdkreis und seine Fülle – du hast sie gegründet!»
Diese Texte setzen offenkundig an den Ursprung des Weltalls einen
furchtbaren Kampf zwischen dem Schöpfer und der gigantischen
Macht der Wassermasse, des Wasserabgrunds. Die Urflut erscheint
eingekörpert in ein riesiges Ungeheuer, das verschiedene geheimnisvolle Namen trägt: Rahab, Leviathan, Drache *(Tanním)*, gewundene Schlange[31]. Man könnte sogar sagen, es habe gleich-

zeitig zwei Ungeheuer gegeben; das Meer und Rahab (*Ps* 139 und *Job* 26); der Drache und Leviathan (*Ps* 74); Rahab und der Drache (Is 51); sie werden als gleichbedeutende Benennungen gegeben, der erste Ausdruck steht jeweils für das Meer, der zweite für den Abgrund oder die Urflut. Dieselben schreckerregenden Wesen findet man im zweiten Teil der Rede Jahwes in *Job*; sie heißen dort Leviathan (der Name ist uns schon von oben bekannt) und Behemoth (= das Tier). Die Phantasie des Dichters entlehnt, um diese beiden Wesen zu beschreiben, die Züge von Tieren, die ihm als die ungeheuerlichsten des ganzen Tierreichs erscheinen, die des Nilpferds für Behemoth und des Krokodils für Leviathan. Trägt man aber den oben angeführten Texten Rechnung, so wurde diese Wahl zwangsläufig bestimmt von der Erinnerung an die beiden Urriesen, die Jahwe zu besiegen hatte; als ob seine Herrschaft über sie, mehr noch als über die Welt und ihre Bewohner, der stärkste Beweis für seine Erhabenheit und Überweltlichkeit wäre. (Erste Rede in Job 38-39.) Der Verfasser vergrößert die beiden letzten Eigenschaften noch dadurch, daß er die beiden Ungeheuer nicht zu Feinden, sondern zu *Geschöpfen* Jahwes macht. Das begegnet auch deutlich im *4. Buch Esdras*, einem jüdischen Werk aus dem ersten Jahrtausend v. Chr., das zu den «Apokryphen» gehört, jenen Schriften, die im Ton und in der Ideologie der Bibel sehr nahe kommen, aber nicht in den «Kanon» der Heiligen Schrift aufgenommen wurden:

Esdras 6 (47) «Am fünften Tage (der Schöpfung) befahlst du dem siebenten Weltteil, wo auf deinen (Befehl hin) die Wasser (unterhalb des Gewölbes) sich gesammelt hatten, Tiere, Vögel und Fische hervorzubringen. (48) Und es geschah also: das stumme, leblose Wasser brachte diese Tiere nach Gottes Befehl hervor, damit die Völker bei diesem Anlaß von Deinen Wundern erzählen. (49) Dann sondertest Du zwei Lebewesen aus, deren eines Du Behemoth nanntest, das andere Leviathan.

(50) Du trenntest sie, denn der siebente Weltteil, wo das Wasser sich gesammelt hatte, konnte sie nicht beherbergen. (51) Dem Behemoth gabst Du zur Wohnung einen der (sechs) Weltteile, die am dritten (Schöpfungs)tage trocken geworden waren: den Teil, wo sich die tausend Berge befinden[32]. (52) Dem Leviathan gabst Du (als Wohnsitz) den siebenten Weltteil, den feuchten

Teil (= das Meer). Du bewahrtest sie auf, damit sie denen zur Speise dienen, denen Du willst und wann Du willst...»

Dieser Abschnitt[33], der einer Art erweiterter Wiedergabe des Schöpfungsberichtes nach *Genesis* 1 entnommen ist, hilft uns zum besseren Verständnis einer Stelle aus diesem Bericht: als Gott die Wassertiere erschafft, beginnt er mit den «Drachen» (Gn 1, 21) (*Tannînîm*, Plural von *Tannîn*, einer der Namen der Ur-ungeheuer siehe oben). Die *Priesterschrift* wie auch *Job* (siehe auch Ps 104, 26) hatten also die Ungeheuer, die uns andere Texte als Feinde und Besiegte Gottes beim Ursprung der Welt schildern, in einfache Geschöpfe verwandelt.

4. Herkunft dieser Mythologie

Wenn der eindeutig mythologische Charakter dieser in der Kosmogonie der *Priesterschrift* (und ihrer anderen biblischen Parallelen) durchschimmernden Züge unleugbar ist, kann man auch über den Herkunftsort einer solchen Mythologie kaum noch unschlüssig sein: es ist Mesopotamien. Nur der in *Genesis* 1 fortlaufend erteilte Auftrag, das *Weltall* durch Fortpflanzung zu *bevölkern*, hat zurzeit keine gesicherte Entsprechung in der Literatur dieses Landes und kann also bis auf weiteres den israelitischen Denkern zugeschrieben werden.

Hingegen ist die durch Einordnen der Bereiche des Alls vorausgesetzte *Kosmologie* in ihren wesentlichen Linien identisch mit jener, welche die Weisen Mesopotamiens mühevoll erarbeitet hatten, lange bevor Israel existierte und anfing zu denken und zu schreiben.

Besonders der *erste Akt bei der Erschaffung* der Welt gibt die Mythologie über den Ursprung genauso wieder, wie man sie in dem berühmten «babylonischen Schöpfungsepos» *Enuma elisch* verarbeitet findet (Übersetzung und Kommentar siehe oben S. 121). Wie im *Enuma elisch* lassen auch die post-exilischen Texte, wenn sie in richtigen Zusammenhang gebracht und analysiert werden, die Schöpfung mit einem riesigen Kampf zwischen dem Schöpfergott (Marduk in Mesopotamien – Jahwe in Israel) und einem unermeßlichen Wasserchaos, in dem zwei unförmliche Massen miteinander verschlungen sind, beginnen. In Mesopotamien sind es *Tiâmat*, das

Weltmeer, und *Apsu*, der Erdozean. In Israel sind die Namen unterschiedlich und wie wir sahen, nach Traditionen verschieden. Die erste der beiden Wassermassen trägt mehrmals den Namen «Abgrund» (oder Urflut), wie man gewöhnlich das hebräische *Tehôm* übersetzt, das vielleicht ein Eigenname ist, linguistisch jedenfalls identisch mit *Tiâmat*. Sogar das Wort *Apsu* erscheint in dem hebräischen *Aphsê-Eres* = «die Enden der Erde» (Deuteronium 33, 17), womit gleichzeitig die Grenzen der Erde und die Ufer des sie umgebenden Erdozeans bezeichnet werden (siehe oben S. 122). Die Trennung der wässerigen Masse, die nach der *Priesterschrift* in Wasser «oberhalb» und «unterhalb» (des Gewölbes) geteilt werden, erinnert an die Teilung des Leibes *Tiâmats*: aus dem einen Teil wurde der Himmel, aus dem andern die Erde gebildet (siehe S. 128). Selbst das Wort «zerspalten», das in *Isaias* 51, 9 und *Job* 26, 12 gewählt wird, um den Akt zu kennzeichnen, durch den der Schöpfergott das kosmische Ungeheuer besiegt, weist auf einen konkreten Tatbestand aus dem babylonischen Schöpfungsepos hin, wo der «Leichnam Tiâmats» (vgl. der «Leichnam Rahabs» in *Psalm* 89, 11) von Marduk «in zwei Teile geteilt» wird (siehe oben S. 142)[34].

Es erübrigt sich, diesen Vergleich bis in alle Einzelheiten weiter durchzuführen: was wir hervorgehoben haben, ist überzeugend. Das babylonische Epos, dessen Schöpfungsmythologie, zumindest in ihren wesentlichen Zügen, der *Priesterschrift, Isaias, Job* und den angeführten *Psalmen* als Vorlage gedient hat, ist allem Anschein nach in der ersten Hälfte des zweiten Jahrtausends vor unserer Zeit verfaßt worden (siehe oben S. 121). Auf jeden Fall datieren die ältesten Handschriften, die wir davon besitzen, selbst wenn sie fragmentarisch sind, bestimmt aus dem 9. Jahrhundert. Die oben genannten biblischen Schriften hingegen sind alle nach dem 7. Jahrhundert entstanden, also nach dem Großen Exil in Mesopotamien. Es ist daher nicht schwierig, die Richtung der Anleihen zu bestimmen.

Handelt es sich um eine direkte Anleihe? Oder haben sich die mesopotamischen Mythen von Babylon aus über viele Zwischenstationen in Israel ausgebreitet und sich bei jeder Etappe mehr oder weniger abgeklärt und verändert? Es ist nicht leicht, diese Frage zu beantworten. Die Möglichkeit einer direkten Kenntnis mesopotamischer Mythen in Palästina kann nicht angezweifelt werden, wenn man bedenkt, daß mitten im zweiten Jahrtausend bereits andere babylonische Texte, wie zum Beispiel das Gilgamesch-Epos oder Abhandlungen über Divination und Astrologie im Keilschrifttext gelesen wurden, und daß einige davon in Nordsyrien, Kleinasien und Ägypten in die Landessprache übersetzt und adaptiert wurden. Anderseits läßt sich aber die Möglichkeit indirekter Übertragung nicht a priori abweisen. Man denkt dabei namentlich an Syrien und Phönizien, deren Schöpfungsmythen von dem wenigen her, das uns davon bekannt ist, ebenfalls Züge aufweisen, die offenkundig Mesopotamien entlehnt sind und in der Bibel begegnen: so Ba'als Kampf gegen das Meer (siehe oben S. 179) und wahrscheinlich auch der Wohnsitz des Schöpfergottes «an der Stelle, wo die beiden Arme des kosmischen Flusses sich vereinen» (siehe oben S. 177 und S. 253 A. 26).

Auffallen wird aber sicherlich die Tatsache, daß alle Bibeltexte, welche die babylonische Schöpfungsmythologie am klarsten widerspiegeln, *nach dem Exil* verfaßt worden sind, während die mythische Kosmogonie des *Jahwisten*, die einzige, die aus der Zeit *vor* dem Exil erhalten geblieben ist, die Erschaffung der Welt ganz anders darstellt, nämlich an einem Thema, das im wesentlichen nahezu sicher aus dem Land selbst stammt; hierbei sind die mesopotamischen Anleihen entweder stark begrenzt (vgl. «die Geographie von Eden» oben S. 214 ff.) oder sehr unklar und unbestimmt (siehe oben S. 216). Es findet sich auf jeden Fall keine, die unbezweifelbar die dem *Enuma elisch* eigene Mythologie verriete. Unter diesen Umständen kann man sich des Gedankens nicht erwehren, die mesopotamische Kosmogonie, die, soweit wir aus unseren Urkunden beurteilen können, im vorexilischen Israel wenig oder nur mangelhaft bekannt war, sei den Israeliten erst in Mesopotamien selbst zur Kenntnis gelangt, oder die israelitischen Denker hätten sie, nachdem sie in Mesopotamien in direkte Berührung mit ihr gekommen waren, viel höher geschätzt und bis zu einem gewissen Grade angenommen.

VI. THEOLOGIE UND MYTHOLOGIE

Mythologie und Theologie zeigen sich dem Historiker als zwei aufeinanderfolgende Entwicklungsstufen des kosmogonischens Denkens in Israel. Zwischen beiden besteht gleichzeitig eine gewisse Kontinuität und eine gewisse Diskontinuität, die wir noch genauer zu bestimmen haben.

Die Kontinuität tritt klar zutage; denn wir haben mitten im theologischen System Israels, sowohl im *jahwistischen* Bericht als auch im Bericht der *Priesterschrift* und in allen anderen auf den Ursprung der Welt und des Menschen bezüglichen Stellen Mythen entdeckt, von denen wir heute wissen, daß sie in ganz anderen theologischen Systemen ausgearbeitet worden sind.

Die israelitischen Denker haben also einen ganzen Ballast von «Verbildlichungen», die der Jahwereligion fremd sind, beibehalten und ihrer eigenen Schöpfungslehre integriert.

Eine gewisse Anzahl dieser früheren Spuren scheint den dichterischen Schwung der biblischen Schriftsteller gefördert zu haben: den *Deutero-Isaias*, die Verfasser des Buches *Job* und der *Psalmen*. Aber da die Dichter sich oft an der Folklore, das heißt am Aberglauben und üblichen Volksglauben inspirieren, ist es durchaus möglich, daß, was in den Augen dieser großen Geister bloße Metapher war, in den Augen des gewöhnlichen Volkes einen absoluteren Wert besaß. Hier kann uns die spätere Geschichte der Bibel belehren: wenn man sich nämlich die gefährlichen Gegenströmungen und Kämpfe in Erinnerung bringt, die unter den Gläubigen, für die die Bibel das «Heilige Buch» bleibt, entstanden, als die genetischen Wissenschaften – angefangen bei der Geologie und Anthropologie – aufkamen und ihre ersten Fortschritte machten, wird man die Bedeutung der Mythen und kosmologischen Vorstellungen für die alten Jahwegläubigen an dem Wert ermessen, den sie mehr als zwei Jahrtausende nacher und sogar bis zum heutigen Tage behalten haben, nicht nur in den Augen der einfachen Leute, sondern zuweilen auch in denen gelehrter Köpfe und großer Geister[35].

Man kann sich also die Frage stellen, ob die biblischen Schriftsteller selbst nicht ebensosehr an die kosmogonischen «Bilder», die sie entworfen haben, gebunden waren wie an die «religiösen Vorstellungen», die sie vermittelten. Wer will uns zum Beispiel sagen, in welchem Maße der Verfasser des *Jahwisten* trotz seiner bereits hohen Gottesvorstellung Tatsachen – zumindest dunkel – für wahr hielt, die für uns nur Metaphern sein können, wie das «Bilden» des Menschen und der Tiere?

Es gibt Fälle, wo die Abhängigkeit der biblischen Schriftsteller hinsichtlich des von ihnen angenommenen mythologischen Systems weiter geht und das Gebiet der eigenen «religiösen Vorstellungen» trifft. So kommt es, daß wenigstens in der Bibel selbst der seither erarbeitete Begriff der eigentlichen Erschaffung *ex nihilo* noch nicht erscheint. Gott ordnet ein unermeßliches Chaos, wandelt es um, stattet es aus; aber dieses Chaos bestand «im Anfang», und nirgendwo wird in unbezweifelbarer Weise gesagt, daß Gott sein Urheber ist und es aus einem vorher absoluten Nichts hervorgebracht hat[36]. Das aber ergibt sich aus der Art, wie die Frage nach der Weltentstehung in der mesopotamischen Mythologie gestellt wird, wo nur das *Werden* in Betracht gezogen wird und nicht der *absolute Ursprung* der Wesen.

Es muß indessen zugegeben werden, daß es sich hier um eine Ausnahme handelt und daß auf dem Gebiet der herrschenden kosmogonischen Vorstellung die *Diskontinuität* zwischen der israelitischen Theologie und jener, welche die früheren Mythen vortragen, viel handgreiflicher ist.

Im Bericht des *Jahwisten* ist ihr Wettstreit weniger spürbar, weil wir die zugrunde liegenden Mythen in ihrem wirklichen Zusammenhang nicht kennen, und auch, weil das in seinen Hauptlinien schon festliegende israelitische «System» darin noch nicht vollkommen entwickelt ist (siehe oben S. 214).

Sucht man aber nicht mehr nach den Ähnlichkeiten, sondern nach den Unterschieden zwischen der babylonischen Version der Weltentstehung, nach dem *Enuma elisch* beispielsweise, und der Version der Priesterschrift und anderer post-exilischer biblischer Schriften, so erscheint die Theologie Israels deutlich als eine Glanzleistung.

Die Berichte des *Enuma elisch* und anderer mesopotamischer Schöpfungsberichte sind, zumindest wenn man sie so nimmt, *ut littera sonat*, durchtränkt mit Polytheismus und Vermenschlichung

Gottes; denn es herrscht nicht nur häufig Streit unter den Göttern, nicht nur sind Neid, Angst, Begierde, Grausamkeit, alle menschlichen Laster die ständigen Beweggründe der auf den Ursprung unserer Welt bezüglichen göttlichen Entscheidungen, sondern, was viel schwerer wiegt und von weittragenderer Bedeutung ist, die Weltentstehung beginnt mit der Entstehung der Götter, *das Werden der Götter ist einbezogen in das Werden des Alls*, und alle Götter gehören restlos zum Kosmos.

Alle diese Züge sind in der Bibel ausgemerzt worden: hier ist der Schöpfergott der einzige Gott; die Urgottheiten, die den «Rohstoff» der Welt bildeten, haben ihren göttlichen Charakter verloren und nur ihr gigantisches und ungeheuerliches Aussehen behalten; dem Schöpfergott haften keine Fehler mehr an: er ist unendlich vollkommen und gerecht; weder Neid noch Notwendigkeit veranlaßten ihn, das All zu erschaffen. Wenn *Job, Deutero-Isaias*, die *Psalmen* noch Spuren seines «Kampfes» gegen das Chaos-Ungetüm enthalten, die *Priesterschrift* erwähnt diesen Kampf nicht. Sie «vergeistigt» das göttliche Tun, indem sie das «wirksame Wort» intervenieren läßt, selbst «im Anfang» behält sie nur ein unpersönliches Chaos, und die furchtbaren Wesen, die es verselbständigten, verwandelt sie in einfache Geschöpfe (wie *Job* und *Psalm* 104). Vor allem *ist der Schöpfer nicht mehr Teil des Kosmos*, er ist keinem *Werden* mehr unterworfen, das Werden ist von nun an nur noch dem Kosmos vorbehalten: es gibt nicht mehr ein einziges All, das alles Bestehende unter seinen Gesetzen vereint, sondern *zwei irreduktible Bereiche*, den Schöpfer und das Geschöpf.

Hierin liegt meines Erachtens eine Umgestaltung von nicht zu ermessender Bedeutung und der eigentliche Gipfelpunkt des israelitischen Weltentstehungssystems. Diese Umgestaltung ist zweifellos in der Bibel nicht zu Ende geführt, vielmehr setzt diese nur den Ausgangspunkt, die wesentliche intuitive Schau. Über ihre objektive Bedeutung mag man verschiedener Meinung sein; es muß jedoch zugegeben werden, daß sie im metaphysischen Bereich eine der höchsten Errungenschaften des menschlichen Geistes darstellt und im religiösen Bereich eine staunenswerte Vertiefung gibt.

ANMERKUNGEN

GEFÜGE UND FUNKTION DER SCHÖPFUNGSMYTHEN

1 E. S. C. HANDY, *Polynesian Religion* (Honolulu, 1927), S. 10–11; auch *Traité d'Histoire des Religions* (3ᵉ éd., Paris, 1959), S. 350–351.

2 M. ELIADE, *Le Mythe de l'Éternel Retour* (Paris, 1949), S. 27; *Images et Symboles* (Paris, 1952), S. 47.

3 SPENCER UND GILLEN, *The Arunta* (London, 1926), I, S. 374, auch E. DE MARTINO, *Angoscia territoriale e riscatto culturale nel mito Achilpa delle origini* in *Studi e Materiali di Storia delle Religioni*, XXIII, 1951–1952, S. 51–66.

4 SPENCER UND GILLEN, op. cit. S. 386.

5 MIRCEA ELIADE, *Le Chamanisme et les techniques archaïques de l'extase*, (Paris, 1951), passim.

6 *Le Mythe de l'Éternel Retour*, S. 27.

7 C. TG. BERTLING, *Vierzahl, Kreuz und Mandala in Asien* (Amsterdam, 1954), S. 11.

8 Man findet diesen Motivkreis auch in China, Indien, Indonesien und Neu-Guinea; BERTLING, op. cit. S. 8.

9 WERNER MÜLLER, *Kreis und Kreuz* (Berlin, 1938), S. 60.

10 W. MÜLLER, op. cit. S. 65.

11 *Le Chamanisme*, S. 235.

12 *Le Mythe de l'Éternel Retour*, S. 30; *Images et Symboles*, S. 33; *Centre du Monde, Temple, Maison* (Rom, 1957).

13 M. ELIADE, *Mythes, rêves et mystères* (Paris, 1957), S. 211.

14 Ibidem, S. 240.

15 H. S. NYBERG, *Questions de cosmogonie et de cosmologie mazdéennes*, in *Journal Asiatique*, 1929, S. 221.

16 H. W. BAILEY, *Zoroastrian Problems in the Nineth Century Books* (Oxford, 1943), S. 121.

17 *Le Mythe de l'Éternel Retour*, S. 90.

18 THEODORE H. GASTER, *Thespis. Ritual, Myth and Drama in the Ancient Near East* (New York, 1950), S. 140, 317.

19 *Le Mythe de l'Éternel Retour*, S. 91.

20 Ibidem, S. 40.

21 M. ELIADE, *Manole et le Monastère d'Arges*, in *Revue des Études roumaines*, III–IV, Paris, 1957, S. 7–28.

22 AD. E. JENSEN, *Hainuwele* (Frankfurt am Main, 1959), S. 59; idem *Das religiöse Weltbild einer frühen Kultur* (Stuttgart, 1948), S. 33 et passim.

23 GUDMUND HATT, *The Corn Mother in America and Indonesia* in *Anthropos*, XLVI, 1951, S. 853–914, S. 892.

24 HATT, *Asiatic Influences in American Folklore* (Kopenhagen, 1949), S. 12.

25 Materialien finden sich in O. DÄHNHARDT, *Natursagen* I (Leipzig-Berlin, 1907), S. 1–89; UNO HARVA, *Die religiösen Vorstellungen der altaischen Völker* (Helsinki, 1938), S. 101; P. WILHELM SCHMIDT, *Der Ursprung der Gottesidee* XII (Münster i. W., 1955), S. 9. Wir haben diesen Mythos bereits in *Preistoria unui motiv folkloric românesc (Buletinul Bibliotecii Române*, 1956) besprochen in einer noch unveröffentlichten Monographie: *Mythologies asiatiques et folklore sud-est européen*.

26 U. HARVA, *Die religiösen Vorstellungen der Mordwinen* (Helsinki, 1954), S. 154.

27 R. PETTAZZONI, *Mythes des origines et mythes de la création (Proceedings, VIIth Congress for the History of Religion*, Amsterdam 1951, S. 67–78), S. 69–78.

28 *Kosmogonische Mythen und magische Heilungen* in *Paideuma*, VI, Nr. 4, Nov. 1956, S. 194–204. Siehe auch *Le Mythe de l'Éternel Retour*, S. 124.

29 *Kosmogonische Mythen*, S. 201; *Le Yoga. Immortalité et Liberté* (Paris, 1954), S. 186 und 270.

ÄGYPTISCHE SCHÖPFUNGSMYTHEN

1 Wir können hier nicht die zahlreichen sekundären Fragen erörtern, zu denen die größeren kosmogonischen Systeme Anlaß geben – wie etwa die Frage nach der Bestimmung des Einzelschicksals durch den Schöpfer –, und noch weniger können wir auf alle Lokalsysteme eingehen, von denen sich zahlreiche Spuren in den verschiedenen Texten finden lassen.

2 Die ausgewählten Texte, welche die Fortsetzung dieser Darlegung über die Grundzüge der ägyptischen Kosmogonien bilden, sind von 1–31 durchgezählt. Die Verweisungszeichen wie «(Urk. 22)» weisen auf diese Urkunden hin.

3 Interessante, aber in manchen Punkten vielleicht allzu kategorische Bemerkungen in SPEELERS, *Cercueils*, S. XXXII–XXXIII.

4 *Pyr.*, § 1466b. – Siehe auch die Belegsammlung von GRAPOW, *Welt*, die zum Vergleich einige biblische, babylonische, indische und germanische Texte heranzieht.

5 Textausgabe von G. DARESSY, RT, 18 (1916), S. 181; Kommentar von DE BUCK, *Oerheuvel*, S. 16.

6 HERODOT, *Historien* II, 4. – Wichtiger Kommentar H. BRUNNER, *Menes als Schöpfer* in *Zeitschrift der Deutschen Morgenländischen Gesellschaft*, 108 (=N.F. 28), 1953, S. 22–26.

7 Hierüber siehe den Text des Tempels von Edfu, übersetzt und kommentiert von J. VERCOUTTER, BIFAO, 48 (1949), S. 120–127.

8 Siehe GRAPOW, *Welt*, S. 67; über den Ausdruck, der die absolute Finsternis des Chaos bezeichnet, HORNUNG, S. 29–30.

9 Unter den Acht Göttern der hermopolitanischen Überlieferung heißt der erste selbst *Nun*. Neben ihm steht seine weibliche Dublette

Naunet (siehe S. 36–38). Obwohl dieser Geist Nun manchmal von «Nun, dem Alten» unterschieden wird, verschmilzt er gewöhnlich mit der Personifizierung des Ur-Ozeans; er und Naunet sind die Eltern von drei Paaren, von denen sich übrigens nicht sagen läßt, ob sie in gerader Linie oder in Seitenlinie verwandt sind.

10 *Buch der Kuh*, S. 62–64.

11 Eine im Neuen Reich verfaßte und in zwei Versionen bekannte Hymne, Berliner Papyrus Nr. 3056, II, 1, und Ibistempel, Kol. 31 (Hinweise weiter unten, Nr. 28).

12 Zu den «Verwandlungen», G. THAUSING, *Der Auferstehungsgedanke in ägyptischen religiösen Texten* (Sammlung Orientalischer Arbeiten 16), Leipzig 1943, S. 15–19. – Gut überschaubare Zusammenfassung von J. LECLANT, *Revue Philosophique*, CXXXVII (1946), S. 339–341.

13 SANDMAN, S. 31–63, *Ptah as creator*.

14 *Atum* (der Allgott oder «der Vollendete») war ohne Zweifel der älteste heliopolitanische Stammesgott. Man identifizierte ihn frühzeitig mit *Chepri*, «dem Werdenden», dem Skarabäusgott. Der Sonnengott von Heliopolis wurde sehr bald *Re* genannt, nach der in der ägyptischen Sprache gewöhnlichen Bezeichnung für die Sonne: *re*. Später nahm man dann ohne weiteres an, daß das Tagesgestirn morgens Chepri, mittags Re und abends Atum war. Außerdem verschmolz das Bild des Re mit dem des Falken *Horus*, einem Himmelsbild, das selbst wieder mit einem geheimnisvollen Sonnenwesen «*Achti*», «dem Gott der äußersten Weltgrenzen», identifiziert wurde. – Daher die vielfältigen Benennungen: *Re-Harachte, Re-Atum* oder *Atum-Re, Re-Atum-Chepri* usw.

15 Siehe zum Beispiel Urkunde 27 oder *Les Hymnes à Sobk-Ra, seigneur de Smenou* aus den Papyri Nr. 2 und 7 der Bibliothèque Nationale de Strasbourg, herausgegeben und übersetzt von P. BUCHER in *Kêmi* 1 (1928), S. 41–52 und 147–166, und *Kêmi* 3 (1930–1935), S. 1–19, insbesondere die Stellen II, 1–4, 9–10, 19–28, die sich auf die schöpferischen Aspekte von Sobek-Re beziehen. Über die Hymnen an die Sonne im allgemeinen, Literaturverzeichnis in BIFAO, 53 (1953), S. 71.

16 Siehe vor allem die Urkunden 5, 6, 9. – Über die Darstellung von Schu, Geb und Nut, wie sie seit der 21. Dynastie auf den Särgen üblich war, siehe E. VARGA, *La représentation de la création du monde sur le fragment de cercueil au Musée des Beaux Arts*, Nr. 7 (1955), S. 3–9. Über den Gott Schu und die Theologischen Spekulationen, die an seine Person anknüpfen, grundlegende Arbeit von A. DE BUCK, *Sjoe* (1947).

17 Über die Neunheit siehe die sehr klare Darstellung von B. VAN DE WALLE, *L'Ennéade d'Héliopolis dans les textes des Pyramides*, in *Mercer* IV, Excursus II, S. 6–18.

17 LANZONE, pl. 3 (Überlieferung von Krokodilopolis).

18 BONNET, S. 459.

19 BONNET, S. 514–515.

20 Siehe S. 93.

21 Siehe S. 72–74.

22 Die Einführung der Ahetkuh, die zwangsläufig zur Himmelskuh wurde und die Sonne von den verderbten Menschen fernhielt, in den hermopolitanischen Mythenkreis ist indirekt bekannt durch das *Buch von der Himmelskuh*, durch das Ritual des Lotos (*Edfu* VI, 338–339, und *Mam. Edfu*, 33), durch Spuren aus Theben (Ibishymne) und Krokodilopolis (*Papyrus* vom Mörissee); es steht aber fest, daß diese Identifizierung in Hermopolis selbst mehr als geduldet wurde: eine dort ausgegrabene Stele des Pharao Nektanebo II. (359 v. Chr.) zählt als Urgottheiten der Stadt auf: «Re, der aus dem großen See der Insel des Aufflammens hervorging» (siehe weiter oben S. 56–57, Manu S. 41–42), «die Acht Vorfahren aus der allerersten Zeit» und «Neith-Ahet, die Große, die Re zur Welt brachte», ROEDER, *Zwei hier. Inschr.*, S. 403 und 413.

23 Berliner Papyrus Nr. 3050, IX, 4; Abschrift, Übersetzung und Kommentar von S. SAUNERON, L'Hymne au Soleil levant du papyrus de Berlin 3050, 3056 und 3048, in BIFAO, 53 (1953), S. 65–91.

24 *Amun*, §§ 106, 110, 115.

25 Noch unveröffentlichte Texte (siehe S. 84).

26 Eine sehr originelle Begräbnisformel könnte die Neunheit als die durch die schöpferische Tat vollendete Form der Achtheit erklären wollen: «Ich bin 1, der 2 wird, ich bin 2, der 4 wird, ich bin 4, der 8 wird, und ich bin der Eine...», MASPERO, *«La progression numérique de l'Ennéade héliopolitaine*, RT, 23 (1901), S. 196–197.

27 Die Zweigeschlechtlichkeit der Schöpfergötter war Gelegenheit zu interessanten Schriftspielen, siehe VAN DE WALLE und VERGOTE, S. 54–55.

28 Berliner Papyrus Nr. 3050, VIII, 1–2 (Hinweis weiter oben S. 80), Nr. 22 (Anhang S. 2).

29 Ibishymne, Kol. 41. Ausgabe *The Temple of Hibis* in *El Khargeh Oasis*, Part. III, *The Decoration*, New York 1953 (Metropolitan Museum of Art, Egyptian Expedition Publications, vol. XVII), pl. 33. Diese Version stammt aus der Regierungszeit des Darius (522–485 v. Chr.); aber der Schluß des Textes ist uns im Berliner Papyrus Nr. 3056 erhalten, der aus dem 8. Jahrhundert v. Chr. stammt. Veröffentlicht in *Hieratische Papyrus aus den Königlichen Museen zu Berlin*, II, pl. 27–29. Tatsächlich stammt die Urfassung dieses Hymnus aus dem Neuen Reich, da sie den Redaktor einer magischen Sammlung sichtlich inspiriert hat. Die Sammlung ist aus einem ramessidischen Manuskript bekannt (1300–1000 v. Chr.), O. LANGE, *Der Magische Papyrus Harris*, Kopenhagen 1927, S. 43–44.

30 Zum Thema des Urhügels siehe die Abhandlung von A. DE BUCK, *Oerheuvel;* wir entnahmen ihr die meisten der angeführten Beispiele; auf die übrigen ist im besonderen hingewiesen. Zur metaphorischen Verwendung des Wortes «Hügel», DRIOTON, ASAE, 50, 1951, S. 585–586: *Le mot égyptien signifiant «principe» et «maxime».*

31 Nach der Kosmogonie von Edfu, einem dunklen Werk, von dem bisher noch keine Übersetzung und kein ausführlicher Kommentar erschienen ist. Ausgabe *Edfu* VI, 186–187. Kürzere Fassung: *Edfu* IV, 359⁵.

32 GRAPOW, *Welt*, S. 67.

33 LANZONE, pl. 3.

34 G. POSENER, *La première domination perse en Egypte* (Institut français d'Archéologie orientale, Bibliothèque d'Etude, II), Le Caire 1936, S. 6–7.

35 Auf der Insel Elephantine als Urhügel, P. BARGUET, *La stèle de la famine à Séhel* (Institut français d'Archéologie orientale, Bibliothèque d'Etude, 24), Le Caire 1953, S. 18.

36 Siehe *Texte d'Esna*, Nr. 206; Amun, § 95, und der weiter oben (S. 80) unter Nr. 28 angegebene Hymnus.

37 Zu diesem Thema finden die Soziologen mancherlei Bestätigungen in anderen afrikanischen Kulturen, S. SAUNERON, *Copte: Kalahé* in *Mélanges Maspero*, nouvelle série (mémoires publiées par les membres de l'Institut Français d'Archéologie Orientale), Paris (im Druck).

38 Eine Auswahl charakteristischer Texte und Bilder in *Der Gott auf der Blume*. In dieser Arbeit von S. MORENZ, S. 22–30, geht der Verfasser von der Voraussetzung aus, das Thema des Urlotos habe seinen Ursprung in Herakleopolis. Er stützt sich dabei auf den Namen des herakleopolitanischen Gottes Herischef (= der auf seinem Teich ist) und auf einige Darstellungen, die diesen Gott auf einer Lotosblume zeigen. Wenn Herischef wirklich manchmal auf einer Lotosblume sitzt, so liegt das daran, daß er mit der Sonne identifiziert wurde. Die Deutung seines Namens bleibt eine Vermutung.

39 BUDGE, S. 178–179.

40 G. ROEDER, *Kosmogonie*, S. 10–11. Vgl. die Urkunden 15 und 16.

41 KEES, *Götterglaube*, S. 55–56.

42 ʿETHE, Amun, § 38 und passim.

43 *Der Gott auf der Blume*, S. 37–41. Neferhotep, der Gott von Hu (Nachbarort von Dendera), wurde ebenfalls als Schlange, die auf einem Lotos steht, angesehen, *Edfu* III, 273.

44 BONNET, S. 72; KEES, *Götterglaube*, S. 215–216.

45 G. DARESSY, in RT, 26 (1904), S. 133.

46 BONNET, S. 594–596.

47 Chepri, eine der Göttergestalten, unter denen der Demiurg in Heliopolis verehrt wurde, wird gewöhnlich in der Gestalt eines Skarabäus dargestellt, BONNET, S. 134. – Nach dem gräko-ägyptischen Schriftsteller Horapollon glaubten die Ägypter, «dieses Tier entstehe aus sich selbst, ohne von einem weiblichen Tier getragen zu werden» (VAN DE WALLE und VERGOTE, S. 48–49). Über den Skarabäus als Sinnbild der Wiedergeburt, siehe A. PIANKOFF, in ASAE, 49 (1949), S. 138–144.

48 Später macht man daraus «seine Hand», eine Göttin, die eine unbe-

deutende Nebenfigur des Schöpfers ist. E. CHASSINAT, BIFAO, 10 (1912), S. 159–160. Die «göttliche Anbeterin, Priesterin und Königin, die während der ersten Hälfte des ersten Jahrtausends vor unserer Zeit die höchste Amtsverrichtung der thebanischen Priesterschaft innehatte, war die göttliche Gemahlin des Amun-Re. Auf Grund dieser Tatsache trug sie den Titel «Hand Gottes».

49 Zum Beispiel *Edfu* V, S. 85, 5; VIII, S. 321, 7–8; *Dendera* II, 178, 3.

50 Zur schöpferischen Macht der Töne und der heiligen Etymologie, S. SAUNERON, *Les prêtres de l'ancienne Egypte*, Paris 1957, S. 123–127. – Siehe BONNET, S. 866, der vorschlägt, zwischen der ägyptischen Auffassung von der Wortmagie und dem metaphysischen Begriff des Wortes als Träger der Vorstellung von den Dingen einen Unterschied zu machen.

51 Siehe weiter oben S. 93, *Tempel in Esne*, inscr. 202 (unveröffentlicht).

52 Horapollon berichtet noch in bester pharaonischer Überlieferung, daß «das Herz den Körper leitet» und die Zunge «Schöpfer alles Existierenden» ist, VAN DE WALLE und VERGOTE, S. 62.

53 *Edfu* IV, 153, 13–154, 1; siehe A. R. BLACKMANN, *Jea*, 31 (1945), S. 65, Anmerkung 41.

54 BONNET, S. 137; eine Auswahl charakteristischer Texte bei Ahmad Mohammed, BADAWI, *Der Gott Chnum* (1937), S. 53–54.

55 Ein berühmtes Weisheitsbuch, *die Lehren des Amenophis*, erklärt mit Bestimmtheit: «Der Mensch ist aus Lehm und (gehacktem) Stroh. Gott ist sein Baumeister; täglich zerstört er ihn und baut ihn wieder auf.» (O. LANGE, *Das Weisheitsbuch des Amenope*, Kopenhagen 1925, S. 120–121). Hier handelt es sich aber offenbar nicht um eine direkte Anspielung auf die «handwerkliche Erschaffung» der Körper, sondern um ein Gleichnis, wo der Mensch mit baufälligen Häusern aus gestampfter Erde verglichen wird, die leicht aufzubauen und ebenso leicht niederzureißen sind.

56 Zu dieser gelehrten Interpretation siehe S. SCHOTT, *Die beiden Neunheiten als Ausdruck für «Zähne» und «Lippen»*, in *Z Ae S*, 74 (1939), S. 94–96.

57 *Buch der Kuh*. Übersetzungen: ROEDER, *Urkunden zur Religion*, S. 142–156; PIANKOFF, *Shrines*, S. 37–34. Ein guter Aufsatz über diesen Mythos in ERMAN, *Religion*, S. 89–91.

58 *Amun*, § 102.

59 S. SAUNERON, *L'abaton de la campagne d'Esna*, in *Mitteilungen des Deutschen archäologischen Instituts (Abteilung Kairo)*, 16 (1959).

60 Nicht ohne Grund wurde der Vorschlag gemacht, den Namen *benben* aus einer Wurzel *ben* «hervorsprudeln», «emporschießen» zu erklären. Es wäre vielleicht interessant, die zahlreichen ägyptischen Wörter auf *ben* oder *benben*, die sich auf das Aufsprudeln von Wasser oder den Sonnenaufgang oder die Erzeugung von Nachkommen beziehen, einer

Neuuntersuchung zu unterziehen. (Vgl. die semitische Wurzel *bânâ?*)

61 Die beiden letzten Sätze enthalten eine Anspielung auf den Aufruhr der Menschen und die Niederwerfung desselben durch das furchtbare Auge der Sonne. Diese Geschehnisse sind in menschlicher und lebendiger Weise im «*Buch von der Himmelskuh*» erzählt.

62 *Pyr.*, § 1040 a–d; siehe MERCER II, S. 181; PIANKOFF, *Shrines*, S. 25; GRAPOW, Welt, S. 35.

63 *Pyr.*, § 1587 a–d; MERCER I, S. 246, und III, S. 761–762; KEES, *Lesebuch* Nr. 1. – Siehe die Übersetzung und den Kommentar von GARNOT, *L'hommage*, S. 192–195.

64 *Pyr.*, § 1652; MERCER I, S. 253, und III, S. 779–781; KEES, *Lesebuch* Nr. 2b; GARNOT, *L'hommage*, S. 197–203; WILSON, *Anet*, S. 3.

65 *Pyr.*, § 1248; MERCER I, S. 206, und III, S. 621–622; KEES, *Lesebuch* Nr. 2a.

66 *Pyr.*, §§ 1870–1872; MERCER I, S. 279, und III, S. 852; GARNOT, *L'hommage*, S. 204–210.

67 CT II, S. 19; SPEELERS, *Cercueils*, S. 50.

68 Zu den Hehu siehe zuletzt, PIANKOFF, *Shrines*, S. 30–35.

69 CT II, S. 3–8; SPEELERS, *Cercueils*, S. XXXVI und S. 47–48.

70 CT II, S. 18; SPEELERS, *Cercueils*, S. 50.

71 CT II, S. 19; SPEELERS, *Cercueils*, S. 50.

72 Anfang von Spruch 80 der Sargtexte (CT II, S. 27–43); die Fortsetzung des Spruches kompiliert fast alle Elemente der heliopolitanischen Kosmogonie. Siehe SPEELERS, *Cercueils*, S. 51–54. Zum Schluß dieses Spruches siehe weiter unten S. [240], Nr. 161.

73 Das heißt: die Errichtung des Himmels durch Schu.

74 Anspielung auf einen Mythos, der von einem Sieg erzählt, den der Sonnengott über seine ersten, geheimnisvollen Feinde davontrug.

75 Die Götter, welche die Neunheit bilden, sind zugleich die «Glieder» und die «Namen» des Schöpfers.

76 Kritische Ausgabe: *Urk.* V, S. 6–10. Übersetzungen von GRAPOW in dem Heft *Religiöse Urkunden*, S. 1–4; KEES, *Lesebuch*, Nr. 3; PIANKOFF, *Shrines*, S. 48; WILSON, *Anet*, S. 3–4. Dieses Kapitel erscheint schon in den *Sargtexten*; wir benutzen aber die Fassung aus dem Neuen Reich mit ihren ausführlichen Glossen.

77 *Pap. Bremner Rhind*, S. 69–72. Übersetzung R. O. FAULKNER, in JEA, 24 (1928), S. 41–42.

78 *Pap. Bremner Rhind*, S. 60–61. Übersetzungen: F. LEXA, *La Magie dans l'Egypte antique II*, Paris 1925, S. 92–93; R. O. FAULKNER, in JEA, 23 (1937), S. 172–173; PIANKOFF, *Shrines*, S. 24; WILSON, *Anet*, S. 6–7.

79 Zur Bedeutung des Verbs *cheper* und des von ihm abgeleiteten *cheperu* siehe oben S. 10. Dadurch daß wir systematisch mit «existieren», «Existenz» übersetzen, haben wir versucht, das deutlich empfundene Wortspiel des Ägyptischen spürbar zu machen, ohne diesen Wörtern die

Bedeutung geben zu wollen, die sie in den Werken der heutigen Philosophie haben.

80 Ein Text, der die Natur der Heka und ihrer Aufgabe in der Schöpfung erklärt: CT III, S. 382–389; Übersetzung KEES, *Lesebuch* Nr. 4.

81 Wörtlich: «des Chepri», des Sonnengottes in Skarabäusgestalt.

82 Dogmatische Bekräftigung der Überlegenheit des heliopolitanischen Sonnengottes über jeden «Protodemiurgen».

83 Von dieser Stelle an gibt das Manuskript dieselben Sätze zweimal hintereinander in verwirrender Weise wieder. In dem Abschnitt, den wir in eckige Klammern setzten, wird der Text so vorgelegt, wie die kritische Analyse ihn wiederzugeben und verständlich zu machen ermöglicht.

84 Wörtlich: «und drei Götter waren es, zu denen ich (geworden) war»; die Konstruktion verwendet den präpositionalen Ausdruck der Identität [vgl. JEA, 29 (1943), S. 27, Anmerkung a; JEA, 31 (1945), S. 66, 53; ASAE, 40 (1940), S. 612–621].

85 Zweifellos der Demiurg selbst in seiner passiven, trägen Form.

86 ROEDER, *Zwei hier. Inschr.*, S. 371–372, und an letzter Stelle, S. 439.

87 LANZONE, pl. 3 und pl. 8; P. E. NEWBERRY, *The Amherst Papyri*, London 1899, pl. XVII (Kol. 1) und pl. XVIII.

88 Zur Achtheit siehe *Amun*, § 63–§ 154; ROEDER, *Kosmogonie*, S. 183–185, und *Der Urzeit-Bezirk und die Urgottheiten von Hermopolis*, in *Z Ae S*, 67 (1931), S. 82–88; JEQUIERS, *Considérations*, S. 153–160; J. A. WILSON, *Before Philosophy*, S. 60–61.

89 LANZONE, pl. 8, 1 (Papyrus Boulaq Nr. 1).

90 Urk. VIII, Nr. 90; denselben Text siehe auch Nr. 95 k. Übersetzungen von SETHE, *Amun*, § 125.

91 *Edfu* V, 85, 12–15.

92 C. BONNER, *Studies in Magical Amulets* (University Michigan, Humanistic Series, 49 [1950]), S. 140.

93 *Mystères des Egyptiens*, VII, 1 (Übersetzung P. QUILLARD, 1948).

94 E. JELINKOVA-REYMOND, *Les inscriptions de la statue guérisseuse de Djed-her le Sauveur* (Institut français d'Archéologie orientale, Bibliothèque d'Etude, 23), Le Caire 1956, S. 42–43.

95 Ein nicht zum Ritus gehörender Text, *Edfu* VI, S. 16, kompiliert verschiedene, über die Opferformeln verstreute Elemente; infolge seiner Kürze und Gedrängtheit sagt er weniger aus als diese. Da die auf die Darbringung des Lotos bezüglichen Texte von Edfu und Dendera nie systematisch übersetzt und analytisch untersucht worden sind, haben wir uns erlaubt, vermehrte Hinweise auf die Originaltexte in den Anmerkungen zu geben.

96 *Edfu* VII, S. 78. Ähnliche Texte: *Edfu* V, S. 149–150; *Mam. Edfu*, S. 33; *Dendera* III, S. 190–191, und IV, S. 172 usw.

97 *Edfu* V, S. 51 und S. 84; VII, S. 221; *Mam. Edfu*, S. 204; Dendera III, S. 177.

98 *Edfu* IV, S. 392.

99 *Edfu* III, S. 185; VI, S. 339; VII, S. 79; Dendera III, S. 132.

100 *Edfu* IV, S. 392–393. Ähnliche Sprüche: *Edfu* VI, S. 247; *Mam. Edfu*, S. 205 usw.

101 *Dendera* II, S. 177–178.

102 *Edfu* III, S. 185; VI, S. 247 und 338–339 usw.

103 *Edfu* III, S. 51 und 84; VI, S. 247 und 338–339; VII, S. 168; Dendera IV, S. 172; *Mam. Edfu*, S. 23 und 81.

104 Das ägyptische Wort *neserser* ist offensichtlich das von dem Verb *neserser* abgeleitete Verbalsubstantiv, Iterativ oder Intensiv (qetaltal) des bekannten Wortes *neser* «brennen». Es heißt also «aufflammen», «prasseln», «aufglühen».

105 *Edfu* IV, S. 392 und S. 140; VI, S. 339; *Mam. Edfu*, S. 23; die Erklärung der «doppelten Glut» liefert *Edfu* VI, S. 16.

106 Siehe DNG I, S. 45–46, und vor allem KEES, *Die Feuerinsel*.

107 *Edfu* III, S. 186; IV, S. 139 und 393; V, S. 342; VI, S. 258; VII, S. 79.

108 *Edfu* V, S. 51 und 84; VI, S. 247 und 338–339; VII, S. 162; *Dendera* IV, S. 172; *Mam. Edfu*, S. 25 und 81. Siehe DNG V, S. 153–154.

109 *Edfu* V, S. 84 und 162. Siehe *Amun*, § 93.

110 *Edfu* III, S. 185–186; V, S. 84 und 150; VI, S. 338–339; VII, S. 162 und 321. Siehe DNG V, S. 114, und weiter unten Urkunde 21.

111 *Mam. Edfu*, S. 81; *Dendera* IV, S. 713; *Urkunden* VIII, Nr. 181 c. Siehe DNG V, S. 98.

112 *Edfu* VI, S. 247.

113 *Edfu* IV, S. 392.

114 *Edfu* III, S. 185–186; Dendera III, S. 191; *Mam. Edfu*, S. 23. – In manchen Arbeiten kann man lesen, daß der kleine Gott Nefertum, der Sohn des Ptah, eine Personifizierung des Urlotos war. Tatsächlich war Nefertum der Gott der duftenden Wohlgerüche, denn der blaue Lotos war seine Erscheinungsform; erst spät hielt man ihn für den Urlotos; siehe in diesem Sinne s. MORENZ in *Der Gott auf der Blume*, S. 14–22; L. KEIMER in BIFAO, 56 (1957), S. 112.

115 Zum Beispiel *Dendera* IV, S. 173.

116 ERICHSEN-SCHOTT, S. 348–356.

117 Die Ergänzung der verlorenen Wörter (in eckige Klammern gesetzt) entspricht der von s. SCHOTT vorgeschlagenen Interpretation.

118 *Dendera* III, S. 190–191.

119 *Edfu* IV, S. 139 (vgl. den Nachbartext, VI, S. 16). Der genaue Sinn der Schlußsätze ist schwer zu präzisieren: vielleicht müssen wir sie eher so verstehen, daß die Acht sich in ihrem Nachkömmling «vereint» haben, der in sich «die Summe der Göttervorfahren» ist. Siehe Urkunde 16 b und weiter oben S. 15 (34).

120 *Edfu* V, S. 84–85.

121 *Edfu* VII, S. 321–322.

122 *Edfu* VI, S. 247–248. Ähnlicher Text: *Dendera* III, S. 132–133.

123 *Edfu* VII, S. 78–79.

124 *Edfu* VI, S. 16.

125 Zu diesem Thema, LEFEBVRE, *L'œuf divin d'Hermopolis; Amun,* § 122–124 und 157–160; KEES, *Lesebuch* Nr. 5–6; DRIOTON, *Un oudja à représentation hermopolitaine;* ROEDER, Kosmogonie, S. 10 und 25; und endlich S. MORENZ, *Ägypten und die altorphische Kosmogonie* (1950).

126 CT III, S. 208–209.

127 Im Ägyptischen kann *Negeget weret* dem Namen nach ein weiblicher Falke sein, ist aber eher eine Gans. Zur zoologischen Bestimmung des Vogels, dessen Schrei *negeg* ist, und über die hermopolitanischen Zusammenhänge des «Großen Schreiers», CH. KUENTZ, *L'oie du Nil (Chenalopex aegyptiaca) dans l'antique Egypte* (Archives du Museum d'Histoire Naturelle, 14), Lyon 1929, S. 44–48.

128 Das heißt die Luft, die, als sie aus dem Ei entwich, sich zwischen Himmel und Erde legte.

129 *Totenbuch,* Kapitel 56; siehe BUDGE, S. 126.

130 BUDGE, S. 130–131.

131 CT IV, S. 63. Diese Formel findet sich wieder im *Totenbuch,* Kapitel *85,* BUDGE, S. 185.

132 LANGE, Der magische Papyrus Harris, S. 53–54.

133 Die Deutung dieses Ortsnamens ist umstritten: man kann übersetzen «der See der beiden Messer» (SETHE, *Amun,* § 157–158) oder «Die Insel der beiden Messer» (DNG I, S. 50, und VI, S. 134 und 138). Er bezeichnete jedenfalls einen mythischen Ort, wurde aber im Laufe der Zeit in Hermopolis lokalisiert, Siehe KEES, *Die Feuerinsel,* S. 45–47.

134 Ostrakon des Kairiner Museums, Ausgabe A. ERMAN in ZAeS, 38 (1900), S. 24.

135 Ibishymne, Zeile 22–23 (Hinweis weiter oben S. 80, Nr. 28).

136 *Amun,* § 122 und Tafel II, Zeile 9–12; SANDMAN, S. 119.

137 *Petosiris* Nr. 81 und 61–62, veröffentlicht in *Lefebvre I,* S. 140.

138 Eines der ägyptischen Wörter, das «der Hauch des Windes» bedeutet (= *suh*), war fast gleichlautend mit dem Wort «Ei» (= *suhe*) und ist zweifellos aus demselben Wortstamm gebildet.

139 Rein hypothetisch wurde vorgeschlagen, den aus dem Ei von Hermopolis hervorgegangenen jungen Vogel mit dem Ibis, dem Tier des Gottes Thot, zu identifizieren. (R. WEILL, *Recueil d'études égyptologiques dédiées à la mémoire de* J. F. CHAMPOLLION, Paris 1922, S. 659.)

140 Grundlegende Veröffentlichung mit Übersetzung und Kommentar: JUNKER, *Götterlehre,* wo die ältere Literatur angegeben ist. Gute Übersetzungen: ROEDER, *Urkunden zur Religion,* S. 164–168 (ein wenig veraltet), KEES, *Lesebuch* Nr. 15a; WILSON in ANET, S. 4–6. Handliche Zusammenfassung in VANDIER, *La religion égyptienne,* S. 34–36 und 52–53.

141 CHR. DESROCHES-NOBLECOURT, *Un petit monument de théologie mem-phite* in *La Revue des Arts (Musée de France)*, 7, 1957, S. 177–178. Die Verfasserin veröffentlicht eine Gruppe kleiner Holzfiguren, die sie, unter Vorbehalt, als die «plastische Übersetzung der theologischen Vorstellungen von Memphis» deutet.

142 Horus, als Prototyp des Pharao und Personifikation der Entscheidungsgewalt; Thot, der Gott der Schrift, also der Verwaltung, personifiziert die Organisationsgewalt.

143 Untersuchung VON B. GRDSELOFF, *Sur un passage de l'instruction de Shabaka* in *Archiv Orientální* (Prag), XX/3–4 (1952). S. 484–486,

144 Anspielung auf die Tatsache, daß Ptah-ta-tenen, das heißt *die Erde*, die Pflanzenwelt auf ihrem Rücken trägt und die Minerale in ihrem Schoß «wachsen läßt» (eine Rolle, welche die Überlieferung von Heliopolis dem Gott Geb zuschreibt).

145 Berliner Papyrus Nr. 3048, IV, 3 und folgende; Abschrift und Übersetzung W. WOLF, *Das Berliner Ptah Hymnus* in *ZAeS*, 64 (1929), S. 23–24 und 26–27; siehe DE BUCK, *Oerheuvel*, S. 53–56.

146 Ptah-ta-tenen, ein chthonischer Gott, hat seinen eigenen Leib gebildet. Die Entstehung der Sonne und die dynamische Erscheinung des Demiurgen sind konkomitant.

147 Oder dein eigener «Bildner», Anspielung auf Chnum, den Töpfergott.

148 *Edfu* I, S. 574; II, S. 37; I, S. 85.

149 ERICHSEN-SCHOTT, S. 362–364.

150 Ein auf den Obelisken der Königin Hatschepsut in Karnak eingemeißelter Hieroglyphentext (ungefähr 1500 v. Chr.); siehe KEES, *Lesebuch* Nr. 7.

151 Erstausgabe mit Übersetzung und Kommentar, ZANDER, *De Hymnen;* andere Übersetzungen A. H. GARDINER, *Hymns to Amon from a Leyden Papyrus* in *ZAeS*, 42 (1905), S. 12–42; KEES, Lesebuch Nr. 8–10; WILSON in ANET, S. 8; DAUMAS, *Amour de la vie et sens du divin dans l'Egypte* in *Etudes carmélitaines*, «Magie des Extrêmes», 31e année (1952), S. 117.

152 Text: MARIETTE, *Les papyrus égyptiens du Musée de Boulaq*, pl. 11–13. Zusammenhängende Übersetzung: E. GREBAUT, *Hymne à Amon-Ra des papyrus égyptiens du Musée de Boulaq*, Paris 1874; ROEDER, *Urkunden zur Religion*, S. 4–8.

153 *Urkunden VIII*, Nr. 142–143, und DRIOTON, *Les dédicaces de Ptolémée Evergète* II, S. 11–162.

154 Die Gottesväter und Propheten waren die unteren Stufen der thebanischen Priesterschaft, die das Kultbild des Amun verehrten und lebendig erhielten. Der Schreinträger trug den Schrein des Gottes (wie Schu den Himmel trägt), während eine vornehme Dame, die als königliche Erbin der Tefnut galt, dem Demiurgen als dauernde und unentbehrliche Gattin diente.

155 Die vier Himmelsgegenden, an denen die Weltpfeiler aufgerichtet sind, sind die Wohnstätte der vier Winde des Himmels.

156 Tempel in Esne, Texte Nr. 230 A und 264 B. Vgl. *Edfu*, S. 84–85.

157 Tempel in Esne, Text Nr. 206.

158 Tempel in Esne, Text Nr. 394.

159 Tempel in Esne, Text Nr. 319, 16–17.

160 Tempel in Esne, Text Nr. 378, passim.

161 CT II, S. 42; siehe SPEELERS, *Cercueils*, S. XXXIV–XXXV, und vor allem S. MORENZ, *Eine Naturlehre in den Sargtexten*, in *Wiener Zeitschrift für die Kunde des Morgenlandes*, *54* (1957), S. 119.

162 Dazu J. JANSSEN, *De farao als goede Herder* in *Mens en dier* (Mélanges Sassen), Anvers-Amsterdam 1954, S. 71–79.

163 Der folgende Satz deutet auf einen dunklen Mythos hin, wonach das Meer in sagenhaften Zeiten versuchte, die übrige Welt tributpflichtig zu machen.

164 POSENER, *La légende égyptienne de la mer insatiable* in *Annuaire de l'institut de philologie et d'histoire Orientales et Slaves*, 13 (Mélanges I. LEVY), Brüssel 1955, S. 461–478. Text und Übersetzung: A. VOLTEN, *Zwei altägyptische politische Schriften, (Analecta Aegyptiaca 4)*, Kopenhagen 1945, S. 73–74 und 76–78. Siehe den auf S. 109–110 angeführten Abschnitt von F. DAUMAS.

165 Zum Beispiel in dem berühmten Sonnenhymnus Amenophis' IV., der so oft übersetzt worden ist. Siehe weiterhin S. SAUNERON, *La séparation des langages d'après la tradition égyptienne*.

166 K. SETHE, *Kosmopolitische Gedanken der Ägypter des Neuen Reiches in bezug auf das Totenbuch*, in *Studies dedicated to D. L. Griffith*, S. 432–433 (1932); E. DRIOTON, in *Syria*, 15 (1934), und *Pages d'Egyptologie*, Le Caire 1957, S. 380.

167 CH. MAYSTRE und A. PIANKOFF, *Le livre des Portes*, in (Mémoires de l'Institut français d'Archéologie orientale, 74), Le Caire 1946, S. 272 bis 279. Eine Übersetzung von A. PIANKOFF, in *The Tomb of Ramesses VI (The Bollingen Series)*, New York 1954, Text, S. 169.

168 Die Menschen (erme) sind aus den Tränen (erme) des Gottes entstanden. Ähnliche Wortspiele erklären unmittelbar danach die Entstehung der Völkerrassen. Die Rede des Gottes enthält eine Anspielung auf die Ereignisse der Urzeit: Tränen der Sonne, Aufruhr der Menschen und Unterdrückung des Aufstands, Entfernung des Gestirns zum Himmel und Flucht des Sonnenauges. Unter diesen Umständen sollen sich durch die Zauberkraft der Worte die Rassen unterschieden haben.

169 Siehe HORNUNG, *Chaotische Bereiche*.

170 Über die apokalyptischen Gefahren kann man das Kapitel 175 des *Totenbuchs* (KEES, Lesebuch Nr. 40, S. 28) nachlesen, ebenso die Rede des Großen Neith in *Les Aventures d'Horus et de Seth* (G. LEFEBVRE, *Romans et contes égyptiens de l'époque pharaonique*, Paris 1949, S. 186.)

1 Siehe weiter unten «Der Dilmun-Mythos», erster Teil.

2 *Abzu*, sumerisches Wort, das von den Akkadern übernommen und bei ihnen *Apsu* ausgesprochen wird.

3 Hymne auf Eridu: A. FALKENSTEIN, Sumer 7, 1951, S. 119–125; 1, 4–8; 11–13 und 22–25 = Sumerische Hymnen S. 133.

4 Zylinder A I, 1–3.

5 Hymne auf Eridu 1, 1–4.

6 KRAMER, AS 10, 1, 1–15.

7 Ibidem, 1, 22–25.

8 KRAMER, AS 10, 1, 26–29.

9 OIP, XV, Nr. 58, 1, 2–4: TH. JACOBSEN, JNES, V, S. 131, Nr. 8. Über den Unterschied, den man möglicherweise in Zeile 2 zwischen «Tiara» und «Krone» machen kann, cf. die folgende Seite 1, 16–17.

10 Cf. CH. F. JEAN, RA, 26 (1929), S. 34 ff.

11 Eine Art Faun-Gott.

12 Vgl. Dilmun-Mythos S. 114, 98–102, und S. 115, 118–121.

13 Der Sinn des Wortes ist «Bildung», «Kundgebung».

14 Das Wort «Vater» gilt hier als Titel, nicht als Verwandtschaft.

15 Der Text führt die Aufzählung der verschiedenen land- und viehwirtschaftlichen Anordnungen, welche die Götter trafen, fort.

16 POEBEL, PBS, IV, I, S. 13, 1, 13–14. «Die Herrin des Gebirges» ist ein Titel, der sowohl von der Gattin Enlils wie Enkis geführt wird. Cf. S. 114, 75.

17 KRAMER, BASOR, SS Nr. 1.

18 Isin-Larsazeit, um das 20. Jahrhundert v. Chr.

19 Wörtlich: «die einzigen» oder «die einen».

20 Wörtliche Übersetzung eines Vogelnamens.

21 Gemeint ist vielleicht: kein Mädchen hat seine Periode.

22 Dieses Wort ist ein Ehrentitel, kein Verwandtschaftsband.

23 Dieses Wort ist ein Ehrentitel, kein Verwandtschaftsband.

24 «Die Sonne bei einem Himmelsumlauf.»

25 Der Dichter zählt die neun Tage auf. Wir wollen uns diese Anreihung ersparen.

26 Diese Zeilen weisen zweifellos auf ein schmerzloses Gebären hin.

27 Die Herrin, die den Pflanzen Wachstum gibt.

28 Ninkur ist die Schutzherrin der Steinmetze und Juweliere.

29 Uttu scheint die Schutzherrin der Spinnerinnen und Weberinnen zu sein.

30 Wörtlich: «Im Hause wird er mir an die Leine gehen, Enki wird mir an die Leine gehen.» Das sumerische Wort bezeichnet die Kette und das Halsband, die man einem Tier anlegt.

31 Im Text heißt es: «Sie klatschte ihm mit den Händen Beifall zu.»

1 Über den Begriff «akkadisch », cf. oben: *Sumer*, S. 103.

2 F. THUREAU-DANGIN, *Rituels accadiens*, Paris 1921, S. 136. Anu ist der sumerische Himmelsgott An, *Enlil* der Gott der Erde.

3 R. LABAT, *Le poème babylonien de la création (PBC)*, Adrien Maisonneuve, Paris 1935, S. 64.

4 Wir verweisen den Leser, der das ganze Schöpfungslied kennenlernen möchte, auf das Buch von R. LABAT, das eine ausgezeichnete Einführung gibt. Der Autor bereitet gegenwärtig eine neue Übersetzung des *Enuma elisch* vor.

5 Es handelt sich hier um die Wirksamkeit des schöpferischen Wortes. Das Tun des Wortes hat sich nicht in der Erschaffung des Kosmos gezeigt, sondern in verschiedenen magischen Nebenhandlungen. Am Anfang der Tafel IV zum Beispiel läßt Marduk auf seinen Befehl hin ein Gewand erscheinen und verschwinden. (Cf. ebenso *En. el.* I, 63.)

6 Cf. *En. el.* II, III: Tiâmat, eine Frau...

7 E. EBELING: *Tod und Leben nach den Vorstellungen der Babylonier* (TuL), Berlin und Leipzig 1931, S. 28.

8 Über die Zwitter, cf. H. BAUMANN: *Das doppelte Geschlecht*, Berlin 1955.

9 *Bêl* heißt «Herr». Es ist einer der Namen Enlils, des Erdgottes, der von den Theologen mit Marduk identifiziert wird.

10 Ein kürzlich entdecktes Fragment der Tafel V bestätigt teilweise diese Besonderheit. Cf. die nachfolgende Übersetzung V, 59.

11 Bruderschaft der Klagemänner. Cf. E. DHORME: *Les religions de Babylonie et d'Assyrie* (Collection MANA), Paris 1949, S. 207.

12 F. THUREAU-DANGIN, *Revue d'Assyriologie* (Ra), XVI, S. 147 ff.

13 Cf. F. THUREAU-DANGIN, RA, XIX, 1922, S. 81.

14 Über dieses Thema: Erschaffung des Welt-Embryo, cf. A. J. WENSINCK: *The ideas of the western semites concerning the navel of the earth*, Amsterdam 1916.

15 Vgl. L. OPPENHEIM: Orientalia XVI, 1947, S. 208. – E. SPEISER, Ancient Near Eastern Texts relating to the Old Testament (ANET), herausgegeben von J. B. PRITCHARD, in Princeton, S. 61, Nr. 2. Über die verschiedenen Ansichten von Mummu, siehe den Artikel von A. HEIDEL, in dem Journal of near-eastern studies (JNES), VII, 1948, S. 98–105.

16 Oder vielleicht einfacher «Gesamtheit der höheren Elemente» und «Gesamtheit der niederen Elemente» (cf. die Worte *An.ta* und *Ki.ta*, die «oben» und «unten» bedeuten), denn weder der Himmel noch die Erde bestehen als solche.

17 Ea ist niemand anders als der sumerische Enki.

18 Über den Assimilationsprozeß, der nicht direkt zu dieser Studie gehört, siehe R. LABAT, PBC, S. 40 44.

19 Orientalia XVI, S. 210.

20 Nach anderen Traditionen ist Marduk nicht von Ea gezeugt worden. «Ich bin, der sich durch seinen eigenen Willen geschaffen hat», sagt er zu den Dämonen. (w. G. LAMBERT: *Archiv für Orientforschung*, 1954–1956, S. 315, F, 1, 6.) Es scheint uns unvorsichtig, Spekulationen anzustellen über die metaphysische Bedeutung, die die Babylonier dieser Behauptung gegeben haben.

22 J. P. VERNANT hat den Mechanismus bezüglich der Mythen sehr gut aufgezeigt in seinem Artikel: *Du mythe à la raison.* – *La formation de la pensée positive dans la Grèce archaïque* (*Annales* 12/II, 1957, S. 183 sq.).

23 Das Verständnis dieser durch jüngste Funde vervollständigten Stelle verdanken wir RENE LABAT. Wir freuen uns, ihm hier für die Ratschläge, die er uns bei unserer Übersetzungsarbeit gegeben hat, danken zu können.

24 Diese Stellen betreffen die Studie über die Kosmogonien in strengem Sinne nur indirekt. Wir bringen davon nur eine Zusammenfassung.

25 Cf. das Wörterbuch von Chicago, CAD, Band 6, S. 173 b. THEO BAUER in *Akkadische Lesestücke*, II, S. 45, Notiz von 1, 137 übersetzte: *bestimmt dazu, getrocknet zu werden.*

26 Der Bericht über die Erschaffung des Menschen, Nr. 4 in der vorliegenden Sammlung, ist in seiner Bedeutung schwieriger zu erkennen. Die Tafel ist in drei Kolumnen eingeteilt; die beiden letzten bringen den sumerischen Text und seine akkadische Übersetzung; die erste enthält kabbalistische Zeichen, die gelegentlich als Musiknoten angesehen wurden, die Gesamtinterpretation aber verdunkeln. Es gibt noch einen anderen Bericht über die Erschaffung der Menschen durch die Göttin Mami, von dem wir in dieser Einführung nur einige Auszüge bringen; er besaß die Kraft, Unglück zu verhüten und wurde deshalb bei Wöchnerinnen gesprochen.

27 B. LANDSBERGER, JNES, XVII, 1958, S. 56.

28 B. LANDSBERGER und TH. JACOBSEN, JNES, XIV, 1955, S. 15 sq.

29 Cf. DE MARTONNE: Traité de géographie, II, S. 992–997.

30 Wörtlich «Fingerspitzen».

31 Er bildet den *Durmachu*, gleichbedeutend mit *Duranki:* «Band des Himmels und der Erde». Über die Symbolik des Mittelpunkts in Babylonien, cf. E. BURROWS: *Some cosmological patterns*, veröffentlicht in «*The Labyrinth*», Verlag S. H. Hooke, S. 45–70.

32 Aus den assyrischen Kommentaren erfahren wir: «Die Taube, die man fortschleudert, ist Tiâmat; nachdem man sie fortgeschleudert hat, teilt man sie in zwei Teile.» (EBELING, TuL, S. 36, 1, 19.)

33 Im Text heißt es einfach: «ihr Erzeuger». Der Klarheit wegen haben wir in all diesen Fällen die Pronomen durch ihre Bezugsworte ersetzt.

34 Es handelt sich um Schilfreste, deren Ablagerungen allmählich festes Land bilden.

35 Die genaue Beschaffenheit dieser Zauberfigur entzieht sich unserer Kenntnis. [E. EBELING in Hugo Greßmann übersetzt: «Zauberkreis».]

36 Wörtlich: «die höhere, heilige Beschwörung». L. OPPENHEIM hat verstanden: (dem von Apsu erdachten Zauber) überlegen. Doch beweist nichts, daß ein magischer Kampf bevorstand. Das Wort *schuturu* kann man absolut setzen (cf. *atra-basis*, «der sehr kluge»), daher die vorgeschlagene Übersetzung.

37 Der übernatürliche Glanz, der von den Göttern ausstrahlt.

38 Die orientalischen Machthaber werden zuweilen so abgebildet, vor ihren besiegten Feinden, die einen Nasenring tragen.

39 Wörtlich: eine «Doppelgestalt», ein «Doppelgott».

40 Diese beiden Verse, die wahrscheinlich der bewundernde Mund des Anu spricht, bilden ein unübersetzbares sumerisch-akkadisches Wortspiel: *Mariautu* bedeutet «mein Kindchen», kann aber zerlegt werden in *mari*: «mein Sohn», und *utu*: sumerisches Wort, Name des Sonnengottes. Daher Vers 102.

41 Von dieser Zeile an ist der Text teilweise abgebrochen; doch ist seine Bedeutung im allgemeinen klar.

42 Aus Mangel an Ruhe.

43 Tiâmat.

44 Wir halten diese beiden Verse für Befehle, die Tiâmat gab.

45 Die Gesamtheit der Götter, die auch Anunna heißen.

46 Die Schicksale der Welt sind auf eine Tafel geschrieben. Wer sie besitzt, besitzt die göttliche Oberhoheit.

47 Das heißt die höchste Gewalt: Anu ist das Haupt des klassischen Pantheon.

48 Die Feuersglut Marduks. Cf. Vers 96.

49 Unverständlicher Vers. Wir folgen der Übersetzung von L. Oppenheim, *Orientalia XVI*, S. 219. Der *Magscharu* ist eine Waffe; ihr Name ist aus der Wurzel *gascharu* abgeleitet und heißt: «mächtig sein». Es handelt sich vielleicht um ein unübersetzbares Wortspiel.

50 Marduk sichert sich gegen den giftigen Atem Tiâmats durch zauberkräftige Waffen.

51 Marduk.

52 Der verderbte Text könnte etwa heißen: «Du bist wichtig.» Es ist schwierig, ihn wörtlich zu übersetzen. Wir beschränken uns darauf, den allgemeinen Sinn dieser Stelle wiederzugeben.

53 Kingu wird eine Gottheit der Unterwelt.

54 Eine Art Krummdolch.

55 Es könnte eine Anspielung auf die Goldadern sein. Man hielt das Gold für das Blut der Götter (L. OPPENHEIM, *Orientalia*, XVI, S. 230).

56 Da Tiâmat das Meer war, befindet sich die Hälfte ihrer Wasser von nun an am Himmel.

57 Nach SCHOTT (ZA, XLII, S. 132) müßte man übersetzen: um dort

das Viereck des Apsu «viereckig zu machen». Aber das Wort *mechratu* bedeutet auch «gleichförmiges Abbild» und entspricht dem allgemeinen Sinne dieser Stelle, gleichgültig, welche exakte Form der Apsu hat.

58 Die «Standorte» sind die Teile des Himmels, die vom Einfluß eines Gestirns betroffen werden.

59 Marduk teilt also den Himmel in sechsunddreißig Teile. R. LABAT macht aufmerksam, daß «diese sechsunddreißig Bereiche des Himmels» den zehn Graden eines Tierkreiszeichens der Griechen entsprechen.

60 Die Zeichen des Tierkreises.

61 Jupiter, der Stern Marduks. Seine Position in der Mitte des Himmels verhilft ihm dazu, die Himmelsmechanik zu beherrschen, damit jeder Irrtum in der Bewegung der Gestirne vermieden wird.

62 Das Eingangs- und Ausgangstor der Sonne im Orient und im Okzident.

63 Einer der Namen des Mondgottes *Sin*. Der Dichter beschreibt seine Phasen.

64 Wörtlich: «um die Tage zu bestimmen.» Die Babylonier verließen sich bei der Zeitbestimmung hauptsächlich auf den Mond.

65 Die Mondscheibe.

66 Von Zeile 22 an wird der Text fragwürdig. Die Transkription der folgenden Stelle wurde mir von Fräulein Erica Reiner mitgeteilt, der ich hier besonders danken möchte.

67 Trotz dem Pronomen mit männlicher Endung kann es sich nur um den Kopf der Tiâmat handeln.

68 Oder «Leuchtende».

69 Wörtlich: Kunstvolles.

70 Der Ausdruck *Lullu* bezeichnet eine Art «Wilder». Der rauhhaarige Gefährte Gilgameschs ist ein *Lullu*.

71 Die *Igigi*, Himmelsgötter, Anhänger Marduks, und die *Anunnaki*, Erdgötter, Anhänger Tiâmats. Zuweilen werden beide Gruppen mit dem Gattungsnamen *Anunnaki* bezeichnet. Cf. den Vers 40.

72 Sumerische Benennung Marduks, die «König der Götter, des Himmels und der Erde» bedeutet.

73 Tempel des Enlil in Nippur. Cf. *Sumer*, oben S. 104.

74 Tempel des Anu in Uruk. Cf. oben, *Sumer*, S. 105.

75 Wohnung Eas (Enki), Gott von Eridu. Cf. oben, *Sumer*, S. 104.

76 Übersetzung fußt auf Vermutung. Wörtlich: eine Quelle inmitten des Meeres war eine Schöpfrinne. S. hierüber A. HEIDEL, BG, S. 62, Nr. 7.

77 Der Tempel von Eridu hat denselben Namen wie der von Babylon. Cf. E. DHORME, *Religions de Babylonie et d'Assyrie* (MANA), S. 141.

78 Name Marduks, der im Sumerischen «König des heiligen Hügels» bedeutet. Über den *dukugga* oder *dulkug*, siehe oben, *Sumer*, S. 108.

79 Die Anunnaki und die Igigi.

80 Gott der Herden. Anderer Name für *Schak(k)an*.

* Diese Städte und Tempel sind wohl als himmlische gedacht, nach deren Muster die irdischen erbaut werden. Anmerkung der deutschen Übersetzung von A. Ungnad.

81 Wörtlich: eine Fingerspitze Lehm.

82 Den Ziegelgott.

83 Den Zimmermannsgott.

84 Den Schmiedegott.

85 Den Gott des Gebetes.

86 Gott der Goldschmiede.

87 «Herr der Kraft», ebenfalls eine Gottheit der Schmiede.

88 Den Steinschneidergott.

89 Göttin der Steinmetze.

90 Getreidegott.

91 Gott der Herden.

92 Gott des Weines.

93 Gott des Pflanzenwuchses.

94 Koch und Mundschenk Marduks.

95 Die Erwähnung Schamaschs (babylonischer Sonnengott) in der höchsten Dreiheit ist ungewöhnlich.

96 Handwerker-Götter.

97 Vermerk des Abschreibers. Das Dokument, das er kopierte, war bereits in schlechtem Zustand.

98 Die beiden ersten Menschen. Ihre Namen bedeuten im Sumerischen «Üppigmacher» und «Füllemachende(r)».

99 Herr und Herrin der Üppigkeit.

100 Göttin des Getreides, der Schriftsteller und der Weisheit.

101 Anweisung zum Gebrauch des Zahnarztes. Der Nerv des Zahns wird als ein Wurm angesehen, der sich festklammert und dessen Fuß, das heißt dessen äußerstes Ende, man ergreift.

SCHÖPFUNGSMYTHEN DER HURRITER UND HETHITER

1 Vgl. A. PARROT und J. NOUGAYROL, *Revue d'Assyriologie*, 42 (1948), S. 1–20. Man beachte, daß *Kumarbi* König von *Urkisch* ist, so wie *Enlil* König von *Nippur* ist, *Anu* von *Uruk*, *Ea* von *Eridu*. Erhöhung zum Stande der großen Götter von Sumer?

2 Mitanni, hurritisches Reich: es wird von einer indoarischen Aristokratie beherrscht, die sich seit dem 17. Jahrhundert v. Chr. in Nordmesopotamien gebildet hatte.

3 H. OTTEN wies darauf hin, daß Feste des Berges Hazzi gefeiert wurden, was durch die Funde von Boghazköy bestätigt wird (vgl. H. OTTEN, *Mythen vom Gotte Kumarbi*, 35, Anmerkung 8).

4 Man beachte auch H. OTTEN, *Ein kanaanäischer Mythos aus Boghazköy*,

in *Mitteilungen des Instituts für Orientforschungen* I, S. 125–150 (Mythos von Aschertu und El-Kunirsa, i.e. el qôneh ha-arets).

5 Über die Frage, ob der Mythos von *Kumarbi* mit den mit Baʻal Saphôn verbundenen Mythen zusammenhängt, schlage man nach bei O. EISSFELDT. *Baʻal Zaphon*, und w. PORZIG in *Kleinasiatische Forschungen*, 381 ff.; über die Zusammenhänge mit den phönikischen Mythen, die Philo von Byblos (nach Sanchunjaton, 10. Jh. v. Chr.?) wiedergegeben hat, und vor allem über die Frage nach dem orientalischen Ursprung der Mythen des Hesiod: Theogonie und Geschichte des Typhon (auch von Apollodoros und Nonnos berichtet), lese man nach bei R. D. BARNETT, *The Epic of Kumarbi and the Theogony of Hesiod* in *Journal of Hellenic Studies* XLV, 1945, S. 100 f.; H. G. GÜTERBOCK, *Kumarbi, Mythen vom churritischen Kronos*, S. 100 ff.; ibidem *Oriental Forerunners of Hesiod*, in *American Journal of Archaeology* LII, 1948, S. 123–134; H. OTTEN, *Vorderasiatische Mythen als Vorläufer griechischer Mythenbildung*, in *Forschungen und Fortschritte*, 1949, S. 145 ff.

6 Texte: Keilschrifturkunden aus Boghazköy (= KUB) XXXIII, 120, The Hittite Version of the Hurrian Kumarpi Myths, XXXVI 31; KUB XXXVI 1 = A III, S. 26 ff. Vgl. E. FORRER, *Eine Geschichte des Götterkönigtums aus dem Hatti-Reich* in *Annuaire de l'institut de philologie et d'histoire orientales*, 4, 1936, S. 687–713 (= Mélanges Cumont); H. G. GÜTERBOCK, *Kumarbi…*; ibidem A J A LII, 1948, S. 123–125; H. OTTEN, *Mythen vom Gotte Kumarbi, Neue Fragmente* (Deutsche Akademie der Wissenschaften zu Berlin, Institut für Orientforschung, Nr. 3, 1950); A. GOETZE in J. B. PRITCHARD, *Ancient Near Eastern Texts relating to the Old Testament* (=ANET), 1950, S. 120–125; O. R. GURNEY, *The Hittites*, 1952, S. 190 bis 194; P. MERRIGI in *Athenaeum*, 1953, S. 101 ff.

7 Wir folgten im allgemeinen der Rekonstruierung des Textes, so wie A. GOETZE sie im Hinblick auf die von ihm in ANET publizierte Übersetzung erstellt hat, und bedienten uns ebenfalls der von H. OTTEN publizierten neuen Fragmente. Es erübrigt sich, zu betonen, wieviel die Anordnung der Texte den Untersuchungen von E. LAROCHE verdankt: *Revue Hittite et Asiatique*, 47, S. 21 ff.

8 Das Thema vom sich empörenden Mundschenk – wie die folgenden Ereignisse es zeigen – findet sich auf mesopotamischem Gebiet wieder, besonders in der Legende von Sargon von Agade, dem Mundschenk des Königs von Kisch, Ur-Zababa. Zweifellos handelt es sich da um ein traditionsgemäßes und folkloristisches Thema, das den Hurritern vertraut sein mußte, denn wir besitzen den hurritischen Text einer legendären Erzählung über die Könige von Agade, KUB XXVII, 38.

9 Die sumerisch-akkadische Mythologie scheint die mystische Bewertung der Zahl « 9 », die hier das Ende des göttlichen Königtums bezeichnet, nicht zu kennen.

10 Euphemismus für «Scham». Bei H. OTTEN heißt es «Lenden».

11 Hurritischer Name des Tigris.

12 Der Begleiter des Wettergottes.

13 Eine der heiligen Städte Sumers, Sitz des Gottes Enlil.

14 Text: die Erstellung des Textes des *Gesanges* ist höchst unsicher. Man schlage nach bei H. OTTEN, Mythen..., S. 13 ff., und ziehe auch die Arbeit von H. G. GÜTERBOCK heran, *The Song of Ullikummi*, Journal of Cuneiform Studies, 5, S. 135–161, und 6, S. 8–42. Die Übersetzung von GOETZE in ANET entspricht nicht mehr dem gegenwärtigen Zustand des Textes.

15 Es handelt sich nicht um Siebenmeilenstiefel: die Schuhe sind einfach deswegen schnell, weil sie das Gehen leichter machen.

16 *Pudenda?*

17 Die Göttinnen, die dem Schicksal vorstehen: *Hutena* und *Hutelurra*, Gottheiten des hurritischen Pantheons.

18 «Der Zerstörer (?) des Kummija», zweifellos glossiert durch den Satz «er soll Kummija stürzen».

19 Upelluri ist der Atlas der hurritischen Mythologie.

20 Diese Übersetzung ist allgemein angenommen. R. CAMPBELL THOMPSON, *A Dictionary of Assyrian Chemistry*, S. 189 ff., sagt «Bimstein, Lava», was mehr Wahrscheinlichkeit für sich hat, wenn man die Umstände der Geburt des Ullikummi in Betracht zieht.

21 Die Wohnung der Götter (?)

22 Der hethitisch-hurritische Pantheon kennt neben einem Sonnengott des Himmels eine Sonnengottheit der Erde (vielleicht eine weibliche Gottheit, vgl. H. OTTEN, *Journal of Cuneiform Studies*, 4, 1950, S. 120, Nr. 7), einen Sonnengott des Wassers und natürlich die große Sonnengöttin von Arinna, die Gemahlin des Wettergottes (vgl. E. TEENER, *Tages- und Nachtsonne bei den Hethitern* in *Zeitschrift für Assyriologie*, NF 4, 1929, S. 186–190).

23 Einer der Diener des Wettergottes, dessen Geburt im «Königtum in den Himmeln» erzählt wird: vgl. weiter oben S. 161.

24 Diese Wiederherstellung scheint uns vom Charakter der Ischtar her notwendig (vgl. der hurritische Mythos von Hedammu, der Ischtar nackt sieht, der Mythos vom Berge Pischzischz (Pisaisa) und die Bemerkungen, die die Welle der Ischtar zuraunt: der Mann [= Ullikummi, der nicht mehr der Dioritstein, sondern ein wirklicher Mann ist, das unterstreicht den Entschluß Ischtars], dieser Mann ist blind: daher ist die Gebärde nutzlos; er ist taub: deshalb ist auch der Gesang nutzlos).

25 Die beiden Stiere des Wettergottes sind gewöhnlich *Scheri* und *Hurri*, siehe S. 158.

26 Der hurritische Name des Kriegsgottes, der unter seinem sumerischen Namen Zababa im Mythos vom «Königtum im Himmel» erschien (siehe weiter oben S. 159). Ursprünglich ist es der Gott der Stadt Kisch (siehe weiter oben S. 249 A. 8).

27 Die Göttin Hepat ist die Gemahlin des Wettergottes.

28 Kriegsgott, zweifellos ein Bruder des Wettergottes.

29 Bote der Hepat.

30 Die früheren Götter.

JÜDISCHE SCHÖPFUNGSMYTHEN

1 Im Rahmen der vorliegenden Arbeit war es nicht nötig, die Wahl dieser oder jener Lesart in der Textüberlieferung oder die Art, wie umstrittene Stellen zu verstehen und wiederzugeben sind, durch Anmerkungen und technische Kommentare systematisch zu rechtfertigen. Ich habe mich jedoch bemüht, so eng wie möglich am Text zu «haften», nicht nur am Geist, sondern am Buchstaben des Urtextes. Wenn das Hebräische im Ausdruck zu knapp war, habe ich in der Übersetzung die zum Sinnverständnis unerläßlichen Wörter hinzugefügt und in Klammern gesetzt. Um Unklarheiten zu vermeiden, habe ich die Fürwörter, die Gott bezeichnen, mit großen Anfangsbuchstaben geschrieben.

2 Die großen Daten der Geschichte Israels seien kurz in Erinnerung gebracht; denn die Entwicklung der Bibel und des biblischen Denkens zeichnen sich in dieser Geschichte ab.

Anfang, dann Ende des 13. Jahrhunderts v. Chr.: Moses, dann Einzug der Israeliten in Palästina.

Ende des 11. Jahrhunderts: David und das Königreich Israel.

Zweite Hälfte des 10. Jahrhunderts: Spaltung und Errichtung der beiden Königreiche, Juda im Süden, Israel im Norden.

Neuntes Jahrhundert: Die ersten großen Propheten.

Ende des 8. Jahrhunderts: Zerfall und Untergang des Nordreichs.

Anfang des 6. Jahrhunderts: Zerstörung des Südreichs, dann babylonische Gefangenschaft.

Ende des 6. Jahrhunderts: Beginnende Rückkehr der Verbannten.

Zweite Hälfte des 5. Jahrhunderts: Begründung des Judentums.

Erste Hälfte des 4. Jahrhunderts: Abschluß der endgültigen Ordnung der wichtigsten biblischen Schriften.

3 Die oben auf S. 218 angeführte und kommentierte Stelle aus Exodus 20, 8–11 zeigt, daß der Elohist zumindest gewisse Traditionen über den Ursprung kannte.

4 In den lateinischen Wörtern «homo» – «humus» kann man das hebräische Wortspiel *Adam-Adamâ* zu verstehen suchen, wie es in Vers 7 erscheint: der Mensch «homo», der dem Ackerboden «humus» entnommen ist, was mehrmals im Bericht wiederholt wird. Siehe auch *Ischschâ* (= Männin), die dem «Isch» (= Mann) entnommen ist. Vers 23 und zugehörige Fußnote.

5 Der hebräische Text und der Kontext besagen, daß ein einziges Exemplar der menschlichen Gattung von Jahwe gebildet wurde (das entspricht dem Sinn des hier verwandten hebräischen Wortes *Adam.*

Daher hat *Adam,* wie es die alten Versionen auch gut verstanden haben, sozusagen den Wert eines Eigennamens.

6 *Isch* bedeutet männliches Exemplar der menschlichen Gattung; es verhält sich zu *Adam* wie *vir* zu *homo* oder das griechische *aner* zu *anthropos.* *Ischscha* ist die weibliche Form von *isch.*

7 Sinngemäß könnte auch so übersetzt werden: Im Anfang, als Elohim den Himmel und die Erde schuf, war die Erde... usw.

8 Einige Züge scheinen auf einen Einfluß aus der Rede Jobs hinzuweisen.

9 Siehe oben S. 205–207.

10 Die «Elohim-Söhne» sind die «Engel», höhere Wesen, die im ausschließlichen Dienste Gottes stehen und sozusagen den himmlischen Hofstaat bilden.

11 Siehe Anmerkung 12.

12 *El, Elôah* und *Schaddai* sind mehr oder weniger gleichbedeutende Namen *Elohims* (siehe S. 187). Das Buch Job verwendet sie abwechselnd und zieht sie häufig dem Namen Elohim vor.

13 Der traditionelle hebräische Text, der in Vers 7 den Vers 38, 3 wiederholt, ist anscheinend von dieser überflüssigen Wiederholung zu befreien. Siehe auch weiter unten Anmerkung 18, und Job 42, 3 a–4.

14 und 15 Siehe Anmerkung 12.

16 Vers 17 des hebräischen Textes scheint von einem anderen Kontext verschoben worden zu sein: wahrscheinlich an die Stelle zwischen 22 und 23, wo ich ihn wieder eingefügt habe.

17 Spracheigenheit, um «Pfeil» zu bezeichnen.

18 Wie in Job 40, 7 (siehe oben, Anmerkung 13), enthält der durch Überlieferung überkommene Text Wiederholungen, die dem Verfasser wahrscheinlich unbekannt waren. So wiederholt der Anfang von V. 3, annähernd Job 38, 2, und V. 4, verbindet einen Teil von Job 33, 31 mit 38, 3.

19 Nach der griechischen Version *Septuaginta* und der lateinischen *Vulgata* soll Jahwe auch im Text des Jahwisten in der ersten Person Plural gesprochen haben: Gn 2, 18 als er beschloß, die Tiere zu erschaffen. Wir haben hier vielleicht nur einen Nachklang von Gn 1, 26 vor uns, der irgendeinem Kompilator oder Abschreiber zuzuschreiben ist.

20 Siehe weiter unten, S. 211 f.

21 Siehe Anmerkung 29.

22 Diese Stelle stammt nicht von Isaias selbst, auch nicht von Deutero-Isaias, sondern von einem Verfasser, der gegen Ende des Exils geschrieben haben muß.

23 Das hier in der *Priesterschrift* verwendete Verbum *bârâ* wird ausschließlich für die göttliche Tätigkeit, besonders die schöpferische Tätigkeit Gottes verwendet. Es wird nie verwendet, um ein menschliches Tun zu beschreiben.

24 Die von mir bevorzugte Übersetzung für Gn 2, 4b: «als Jahwe *gemacht hatte...*», setzt einen vorhergehenden Anfangsakt voraus, die «Erstellung» des Himmels und der Erde, mit anderen Worten, die Bildung dessen, was in den Augen des Jahwisten nur der Rahmen des Weltalls war. Da der Verfasser keine besondere Erleuchtung über diese Erstellung hatte oder es nicht für angebracht hielt, weiter danach zu fragen, blieb er im Unbestimmten, indem er das sehr allgemeine Verb «machen» verwendete.

25 Anscheinend fiktive Namen, deren erster «der Hüpfende», der zweite der «Hervorsprudelnde» bedeutet.

26 Eine kanaanäische, wahrscheinlich in Mesopotamien entlehnte Überlieferung (siehe S. 177), läßt El «an der Quelle der (beiden) Ströme, inmitten der Flußbetten der (beiden) Abgründe» wohnen. Die beiden «kosmischen Ströme», die beiden Wassermassen, die das Weltall und die Erde umgeben, haben also eine «gemeinsame Quelle», einen Punkt, wo sie sich vereinigen. Dort wohnt, zweifellos mit seinem Hofstaat, das Haupt der Götter.

27 *Chawila* ist Südarabien und *Kusch* soll das Kaukasusgebiet sein (es gibt noch ein anderes *Kusch*, womit Äthiopien gemeint ist). *Pison* und *Gihon* wären dann die Meere, die diese Landstriche – sie gelten als die beiden Stufen der Erde – abgrenzen. Da die Erde ganz von Wasser umgeben ist (siehe S. 219), gibt es also einen Punkt, wo die beiden Meere, deren jedes eine Hälfte der Insel umschließt, sich berühren. Dort entspringen die beiden großen Ströme, die einzigen, die für die Verfasser des «Mythos» in Frage kommen, der Tigris und der Euphrat.

28 Der Hinweis von 2, 8: «(dort) nach Osten hin», würde ebenfalls an Mesopotamien erinnern.

29 Im Gegensatz zur Schöpfungsmythologie der *Priesterschrift* (siehe S. 218), scheint der Bericht des *Jahwisten* abgesondert, für sich allein stehend in der Bibel. Aber vielleicht sind einige Stellen, wie die weiter oben angeführte aus Isaias 41, 18–19 mehr oder minder davon beeinflußt.

30 Die Vorstellung eines vor der Schöpfung bestehenden wässerigen Weltstoffs schwebte beispielsweise noch am Ende des ersten oder zu Beginn des zweiten nachchristlichen Jahrhunderts dem Verfasser des zweiten Petrusbriefes vor, als er von den «Spöttern» sprach, die angeblich nicht wissen, «daß es von altersher Himmel gab und eine Erde da war, die aus Wasser und mittels Wassers kraft des Wortes Gottes zustande gekommen war» (2Petr 3, 5).

31 *Rahab* bedeutet: «Tumult», «Sturm». Über die etymologische Bedeutung von *Leviathan* und *Tannim* oder *Tannin* ist man nicht ganz sicher. Das Wort *Tannim* scheint jedenfalls auch an anderen Stellen eine Art Reptil zu bezeichnen (daher die häufige Übersetzung «Drache»). Wenn das der ursprüngliche Sinn des Wortes ist und man dazu den Ausdruck

«gewundene Schlange» berücksichtigt, so hat es den Anschein, als habe man sich die mythischen Ungeheuer der Urzeit, etwa seit Mesopotamien, unter der Gestalt von Schlangen und Drachen vorgestellt.

32 Andere Überlieferung in *Job* 40, 20.

33 Wir verweisen noch auf ein anderes, ebenfalls «apokryphes» Werk, das äthiopische *Henoch*-Buch, 60, 7–9.

34 Siehe auch *Job* 40, 19, S. 201. Der Text ist hier aber verderbt und schwierig, und die von mir angenommene Übersetzung ist unsicher.

35 Siehe zum Beispiel die Arbeiten von A. HOUTIN, *La question biblique chez les catholiques de France au XIXe siècle* (Paris 1902, chez A. Picard), und *La question biblique* au XXe siècle (Paris 1906, chez E. Nourry).

36 In *Genesis* 2, 4b (siehe A. 24) ist das Verb «machen» viel zu unbestimmt, als daß sich daraus genaue Schlüsse ziehen ließen.

LITERATURVERZEICHNIS

ÄGYPTISCHE SCHÖPFUNGSMYTHEN

I. Gesamtdarstellungen und Lexika

BONNET, HANS, *Reallexikon der ägyptischen Religionsgeschichte*, Berlin 1952.

CERNY, JAROSLAV, *Ancient Egyptian Relegion*, World Relegion, Hutschinson's University Library, London, 1952.

DRIOTON, ETIENNE, *La religion égyptienne*, in M. Brillant und R. Aigrai Histoire des religions 3. Aufl. Bloud et Gay, Paris 1955.

ERMAN, ADOLPHE, *La religion des Egyptiens*, Payot, Paris 1937.

GARNOT, JEAN SAINTE FARE, *La vie religieuse dans l'Egypte ancienne, Mythes et religions*, éd P.U.F., Paris, 1948.

— *Religions égyptiennes antiques*, Bibliographie analythique, 1939–1943, Paris, P.U.F., 1952.

JÉQUIERS, GUSTAVE, *Considérations sur les religions égyptiennes*, Neuchâtel 1946.

KEES, HERMANN, *Der Götterglaube im alten Ägypten*, Berlin, Akademie-Verlag, 1956. 2. Aufl.

NOBLECOURT, CHRISTIANE DESCROCHES-, *Les religions égyptiennes*, 1948, in l'Histoire générale des religions, Quillet, Paris.

VANDIER, JACQUES, *La religion égyptienne*, «Mana», P.U.F., Paris 1949, 2. Aufl.

WILSON, JOHN A., in H. Frankfort, H-A- Frankfort, J. A. Wilson und Th. Jacobsen, *Before Philosophy. The Intellectual Adventure of Ancient Man*, «Penguin Pelican Book A 198, Penguin Books», 1949.

II. Sammlungen von Übersetzungen ägyptischer Texte

KEES, HERMANN, *Ägypten*, in A. Bertholet, Religionsgeschichtliches Lesebuch, Nr. 10, Tübingen, Mohr, 1928.

MERCER, SAMUEL, *The Pyramids Texts in translation and commentary*, 4 vol., London–New York–Toronto, 1952.

ROEDER, GÜNTHER, *Urkunden zur Religion des alten Ägypten*, Jena, 1915.

SPELEERS, LOUIS, *Textes des cercueils du Moyen Empire égyptien*, Brüssel.

WILSON, JOHN A. in J. B. PRITCHARD, *Ancient Near Eastern Texts relating to the Old Testament*, Princeton, 1950.

III. Textausgaben

BUDGE, E. A. WALLIS, *The Book of the Dead. The Chapter of Coming forth by day*. Text, London, 1898.

CHASSINAT, EMILE, *Le Temple d'Edfou*, vol. I–VIII (Mémoires publiées par les membres de la Mission archéologique française au Caire, 210–11, 20–25) 1892–1933. Le Caire.

CHASSINAT, EMILE, Le *Temple de Dendara*, vol. I–V, éd. Institut fraçais d'Archéologie orientale, Le Caire, 1934–1952.

CHASSINAT, EMILE, *Le mammisi d'Edfou* (Mémoires pupliées par les membres de l'Institut français d'Archéologie orientale 16), Le Caire, 1910–1939.

DE BUCK, ADRIAN, The *Egyptian Coffin Texts*, VI vol., Oriental Institute Publications, 34, 49, 64, 67, 73, 91, Chicago, 1935–1956.

FAULKNER R. O., *The Papyrus Bremner Rhind*, Bibliotheca Aegyptiaca 3, Brussel, 1933.

GRAPOW, HERMANN, *Religiöse Urkunden, Urkunden des ägyptischen Altertums 5*, Leipzig, 1915–1917.

LANZONE, R., *Les Papyrus du Lac Moeris*, Turin, 1896.

MAYSTRE, CH., *Le Livre de la Vache du Ciel*, dans les tombes de la Vallée des Rois, in BIFAO 40 (1941), S. 53–115.

SETHE, KURT, *Die altägyptischen Pyramidentexte*, III. Bd., Leipzig, 1908 bis 1922.

SETHE, KURT und FIRCHOW, OTTO, *Thebanische Tempelinschriften*, Urkunden des ägyptischen Altertums 8, Leipzig, 1957.

IV. Textausgaben mit Übersetzung und Kommentar

ERICHSEN, W. und SCHOTT, S., *Fragmente memphitischer Theologie in demotischer Schrift*, Wiesbaden (Verlag der Akademie der Wissenschaften und der Literatur in Mainz), 1954.

JUNKER, HERMANN, *Die Götterlehre von Memphis* (Abhandlungen der Preußischen Akademie der Wissenschaften 1939), Berlin, 1940.

LEFEBVRE, GUSTAVE, *Le tombeau de Petosiris*, 3. Teil, Kairo (Service des Antiquités), 1923–1924.

PIANKOFF, ALEXANDER, *The Shrines of Tut-Ankh-Amon* (The Bollingen Series), New York, 1955.

ROEDER, G., *Zwei hieroglyphische Inschriften aus Hermopolis* in ASAE 52 (1954), S. 315–442.

WOLF, W., *Der Berliner Ptah-Hymnus* in Z Ae S 42 (1905), S. 12–42.

ZANDER, J., *De hymnen aan Amon van Papyrus*, Leyden, I, 350, 1958.

V. Aufsätze und Monographien

DE BUCK, A., *De Egyptische voorstellingen bettrefende den Oerheuvel*, Leyden, 1922, detaillierte Zusammenfassung in Englisch von HALL, in J E A 10 (1924), S. 185–187, in Deutsch von WRESZINSKI, in Orientalistische Literaturzeitung 26 (1923), S. 147–150.

DE BUCK, A., *Plaats en betekenis van Sjoe in de egyptische Theologie* (Mededeelingen der Koninklijke Nederlandsche Akademie van Wetenschappen, Afd. Letterkunde, N.R. 10, Nr. 9 S. 215–249), Amsterdam, 1947.

DRIOTON, E., *Les dédicaces de Ptolémée Evergète II sur le deuxième pylône de Karnak*, in ASAE 44 (1945) S. 111–162.

— *Und oudja à représentation hermopolitaine,* dans Revue d'Egyptologie I (1933), S. 81–85.

GARNOT, J., SAINTE FARE, *L'hommage aux dieux sous l'ancien Empire égyptien,* Paris, 1954.

GAUTHIER, HENRI, *Dictionnaire des noms géographiques contenus dans les textes hieroglyphiques,* Band VII, Kairo (Société de Géographie) 1925 bis 1929.

GRAPOW, HERMANN, *Die Welt vor der Schöpfung,* Ein Beitrag zur Religionsgeschichte, in ZAeS 67 (1931), S. 34–38.

HORNUNG, ERIK, *Chaotische Bereiche in der geordneten Welt,* in ASAE 81 (1956), S. 29–32.

KEES, HERMANN, *Die Feuerinsel in den Sargtexten und im Totenbuch,* in ZAeS 78 (1943), S. 49–53.

LEFEBVRE, GUSTAVE, *L'œuf divin d'Hermopolis,* in ZAeS 23 (1923), S. 65–67.

MORENZ, SIEGFRIED und SCHUBERT, JOHANNES, *Der Gott auf der Blume, eine ägyptische Kosmogonie und ihre weltweite Bildwirkung,* Ascona, 1954.

MORENZ, S., *Ägypten und die altorphische Kosmogonie,* in *Aus Antike und Orient* (Festschrift Wilhelm Schubert), Leipzig 1950, S. 64–111.

ROEDER, G., *Die Kosmogonie von Hermopolis,* in Egyptian Religion I (1933), S. 1–27.

SANDMAN-HOLMBERG (MAJ) *The God Ptah,* Lund-Kopenhagen, 1946.

SETHE, *Amun und die acht Urgötter von Hermopolis* (Abhandlungen der Preußischen Akademie der Wissenschaften 1929), Berlin, 1929.

VAN DE WALLE, B., und VERGOTE, J., *Traduction des Hieroglyphica d'Horapollon,* in *Chronique d'Egypte* XVIII, Nr. 35–36 (1943), S. 39–89 und 199–239.

VI. Abkürzungen der Zeitschriftentitel

(ASAE) Annales du Service des Antiquités de l'Egypte.

(BIFAO) Bulletin de l'Institut français d'Archéologie Orientale.

(JEA) Journal of Egyptian Archaeologie.

(RT) Recueil de travaux relatifs à la philologie et à l'archéologie égyptiennes et assyriennes.

(ZAeS) Zeitschrift für ägyptische Sprache und Altertumskunde.

SUMERISCHE SCHÖPFUNGSMYTHEN

Dilmunmythos

(BASOR) S. N. KRAMER, *Enki and Ninhursag* in *Bulletin of the American Schools od Oriental Research,* Supplementary Studies No. 1 (1945); grundlegende Studie, deren Übersetzung vom selben Autor nochmals bearbei-

tet ist in *Ancient Near Eastern Texts* (Pritchard), S. 34–41, und From
the Tablets of Sumer, S. 169–175.

M. WITZEL, *Orientalia* 15 (1946), S. 239–285.

M. LAMBERT / R. TOURNAY, O. P., *Revue d'Assyriologie* 43 (1949), S. 105
bis 136.

Erschaffung der Herden und der Getreidearten

Chiera, Sumerian Religious Texts, S. 27 sq.

(R.A.) CH. F. JEAN, Revue d'Assyriologie 26 (1929), S. 36 ff.

Neuere allgemeine Studien über sämtliche Texte

(S. M.) S. N. KRAMER, Sumerian Mythology: *A Study of Spiritual and
Literary Archievement in the third Millenium* (1944).

S. N. KRAMER, in *Journal of Cuneiform Studies 2*, S. 39–70, Rezension des
mesopotamischen Kapitels aus *Intellectual Adventure* (Jacobsen).

S. N. KRAMER, Kapitel XII «*Man's first Cosmogony and Cosmologie*» aus
From the Tablets of Sumer, S. 71–96.

M. LAMBERT / R. TOURNAY, Cahiers D'Art 24 (1949), S. 9–72.

(JNES) TH. JACOBSEN, *Journal N.E.S. V* (1946), S. 128–152, Rezension über *Sumerian Mythology* von S. N. KRAMER.

ADAM FALKENSTEIN, Sumerische und akkadische Hymnen und Gebete,
Zürich 1953.

AKKADISCHE SCHÖPFUNGSMYTHEN

Aus der reichen Literatur, die den akkadischen Kosmogonien gewidmet
ist, weisen wir nur auf einige neuere oder besonders bemerkenswerte
Arbeiten hin. Unter den wichtigsten Übersetzungen verdienen die folgenden aufgeführt zu werden:

R. LABAT, *Le poème babylonien de la création* (P.B.C.), Adrien Maisonneuve, Paris 1935.

E. SPEISER in *Ancient Near-eastern Texts relating to the Old Testament*,
erschienen bei James Pritchard, Princeton 1950.

A. HEIDEL, *The Babylonian Genesis*, Chicago 1954.

E. EBELING, in HUGO GRESSMANN, *Altorientalische Texte zum Alten Testament*, Berlin und Leipzig 1926.

PAUL DHORME, *Choix de textes religieux assyro-babyloniens*, Paris 1907,
S. 82 sq.

Die Schöpfung Eas und die Beschwörung gegen den Wurm, von
FRANÇOIS THUREAU-DANGIN, in *Rituels accadiens*, Paris 1921, S. 46, und
la *Revue d'Assyriologie* XXXVI, 1939, S. 1–10.

Eine Teilübersetzung des *Enuma elisch* mit hervorragenden Kommentaren versehen, wurde von Leo Oppenheim in *Orientalia XVI*, 1947,
S. 207 sq., besorgt.

Die Arbeiten von R. LABAT und A. HEIDEL bringen gleichfalls reichhaltige Kommentare und die wesentliche Bibliographie.

Man kann insbesondere die schon alten, aber immer noch dienlichen Arbeiten von L. W. KING, *The seven Tablets of Creation*, London, 1902, heranziehen sowie die von S. A. PALLIS, *The babylonian Akitu festival*, Kopenhagen 1926.

Die Arbeit von HENRI FRANCFORT, MRS. HENRI FRANCFORT, J. A. WILSON und TH. JACOBSEN, *Before Philosophy – The intellectual adventure of ancient man*, Penguin books 1949, enthält interessante Ansichten (der die Schöpfungsmythen behandelnde Teil ist besonders ausführlich, S. 182 sq).

Schließlich findet man nützliche Auskunft über diese Mythen in einigen allgemeinen Büchern über die Geschichte der mesopotamischen Religion, wie die von BRUNO MEISSNER, *Babylonien und Assyrien*, Heidelberg 1925, Band II; EDUARD DHORME, *Les religions de Babylonie et d'Assyrie*, collection «Mana», Paris 1945; oder JEAN BOTTERO, *La religion babylonienne*, P.U.F., Paris 1952.

SCHÖPFUNGSMYTHEN DER HURRITER UND HETHITER

OTTEN, H., *Mythen vom Gotte Kumarbi*.

— *Ein kanaanäischer Mythus aus Boghazköy*, in *Mitteilungen des Instituts für Orientforschungen*, I, S. 125–150.

— *Vorderasiatische Mythen als Vorläufer griechischer Mythenbildung*, in *Forschungen und Fortschritte*, 1949, 145 ff.

— *Mythen vom Gotte Kumarbi, Neue Fragmente* (Deutsche Akademie der Wissenschaften zu Berlin, Institut für Orientforschung, Nr. 3, 1950).

EISSFELDT, O., *Baal Zaphon*.

BARNETT, R. D., *The Epic of Kumarbi and the Theogony of Hesiod* in *Journal of Hellenic Studies*, XLV, 1945, 100f.

GÜTERBOCK, H. G., *Kumarbi, Mythen vom churritischen Kronos*, 100 ff.

— *The Hittite Version of the Hurrian Kumarpi Myths: Oriental Forerunners of Hesiod*, in *American Journal of Archaeology*, LII, 1948, 123–134.

— *The Song of Ullikummi, Journal of Cuneiform Studies*, 5, S. 135–161 und S. 8–42.

FORRER, E., *Eine Geschichte des Götterkönigtums aus dem Hatti-Reich* in *Annuaire de l'Institut de philologie et d'histoire orientales*, 4, 1936, 687–713.

PRITCHARD, J. B., *Ancient Near Eastern Texts relating to the Old Testament* (=ANET), 1950.

GURNEY, O. R., *The Hittites*, 1952.

MERIGGI, P., in *Athaeneum*, 1953.

THOMPSON, R. CAMPBELL, *A Dictionary of Assyrian Chemistry*.

TENNER, E., *Tages- und Nachtsonne bei den Hethitern* in *Zeitschrift für Assyriologie*, NF 4, 1929, 186–190.

Die Texte von Ras Schamra sind seit 1931 in der Zeitschrift *Syria* veröffentlicht und von CH. VIROLLAUD übersetzt worden. Die Texte sind
bequem zusammengestellt in *Ugaritic Manual* von C. H. GORDON, Rom
1955; seine Übersetzung hat er gesondert in *Ugaritic Literature*, Rom
1949, veröffentlicht. Die Transkription und die Übersetzung der mythologischen Dichtungen sind in einem Band von G. R. DRIVER, *Canaanite
Myths and Legends*, Edinburg 1956, zusammengefaßt. Über die Bezie-
hung zwischen Ras Schamra und dem Alten Testament ziehe man
R. DUSSAUD, *Les découvertes de Ras Schamra (Ugarit) et l'Ancien Testament*,
Paris 1941 (2. Auflage), zu Rate, auch J. GRAY, *The Legacy of Canaan, The
Ras Schamra Texts and their Relevance to the Old Testament*, Leyden 1957.
Der ugaritische Gott El ist Gegenstand von zwei Monographien:
O. EISSFELDT, *El im ugaritischen Pantheon, Berichte der sächsischen Akademie
zu Leipzig*, 1951, fasc. 4, und M. H. POPE, *El in the Ugaritic Texts*, Leiden
1955.

Der Text von Philo Byblius — Sanchunjaton ist häufig übersetzt und
kommentiert worden, wir verweisen auf *Etudes sur les religions sémitiques*,
von P. LAGRANGE, 2. Auflage, Paris 1905, p. 396 et sq. Für die Echtheit
Sanchunjatons hat sich O. EISSFELDT eingesetzt in *Ras Schamra und Sanchunjaton*, Halle 1939, *Taautos und Sanchunjaton, Sitzungsberichte der deutschen
Akademie zu Berlin*, 1952, fasc. 1, *Sanchunjaton von Berut und Ilumilku von
Ugarit*, Halle 1952; die gegenteilige Ansicht vertritt zuletzt P. NAUTIN in
den beiden Artikeln *Sanchuniaton chez Philon de Byblos et chez Porphyre* und
La valeur documentaire de l'Histoire phénicienne, *Revue biblique* 56, 1949, S.
259–273 und 573–578.

JÜDISCHE SCHÖPFUNGSMYTHEN

Neuere und sehr empfehlenswerte französische Bibelübersetzungen
sind: die sogenannte *Bible de Jérusalem*, die seit 1948 in den Editions du
Cerf erscheint und von einer Gruppe von Fachgelehrten herausgegeben
wird, die dem französischen Institut für Bibel und Archäologie nahe-
stehen; sodann die von E. DHORME und seinen Mitarbeitern für die
Edition de la Pléiade geschaffene Bibelübersetzung.

Die beste Einführung in die literarischen und historischen Probleme,
vor welcher uns die Entstehung der Bibel *(Altes Testament)* und die Ab-
fassung der verschiedenen darin überlieferten Bücher stellen, ist einmal
«*L'Introduction à l'Ancien Testament*» VON GAUTIER; die 3. Auflage ist
in zwei Bänden 1939 (Payot, Lausanne) erschienen; sodann die mehr
technische, vollständigere und neuere Arbeit von A. LODS «*Histoire de
la littérature hébraique et juive*» (Payot, Paris 1950). Hier findet man

alle notwendigen Literaturangaben bezüglich der Spezialkommentare zu den einzelnen Büchern der Bibel.

Eine der besten französischen Studien über die archäologische und historische Welt, in der die Israeliten und die Verfasser der biblischen Texte lebten, ist das zweibändige Werk von A. LODS «*Israel, des origines au milieu du VIII e siècle*» und «*Les prophètes d'Israel*» (Collection «*L'Evolution de l'humanité*», seit 1932 bei Albin Michel, Paris.)

Für die biblische Schöpfungslehre selbst ziehe man endlich die ausgezeichnete «*Théologie de l'Ancien Testament*» von E. JACOB (Delachaux et Niestlé, Neuchâtel–Paris, 1955), S. 110–121 und 122–147, zu Rate; hier findet man auch ein ausreichendes Literaturverzeichnis.

REGISTER

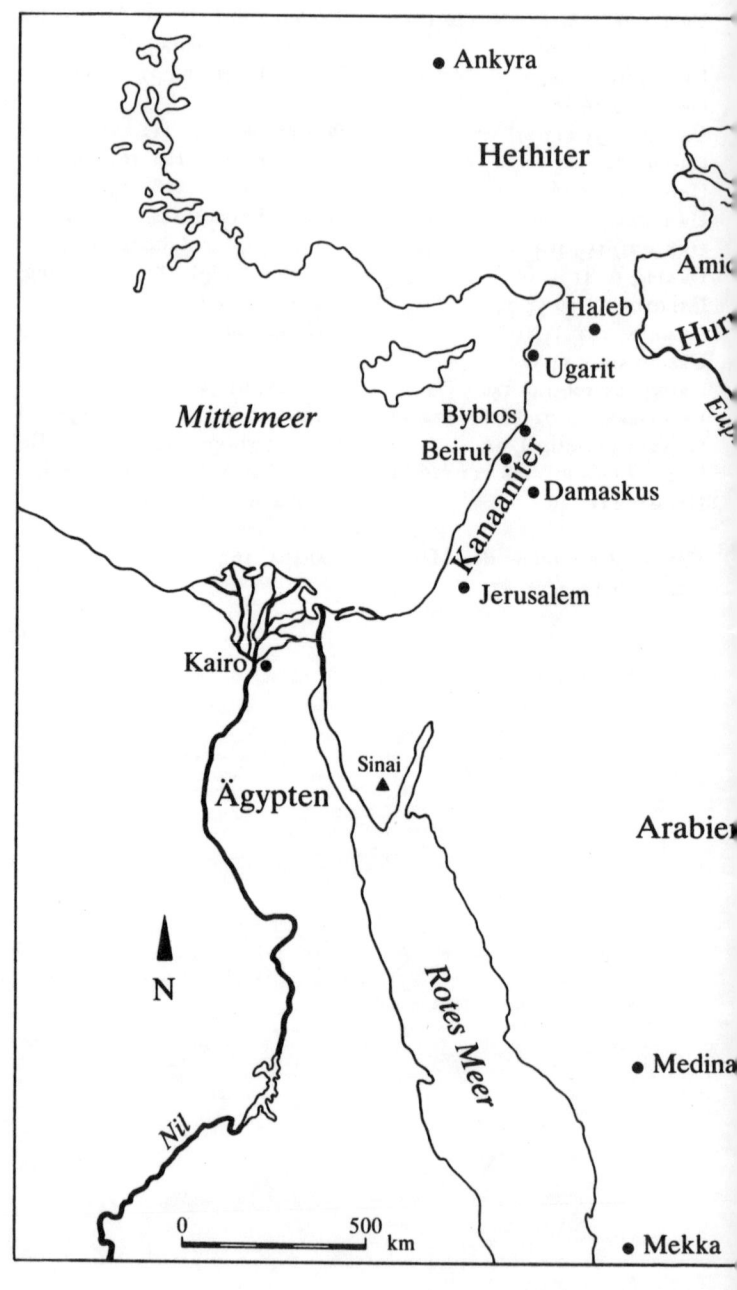

Ankyra

Hethiter

Amid

Haleb

Hurr

Ugarit

Mittelmeer

Eup

Byblos

Beirut

Kanaaniter

Damaskus

Jerusalem

Kairo

Ägypten

Sinai

Arabien

N

Rotes Meer

Medina

Nil

0   500 km

Mekka

Ararat

menien

Van-See

Kaspisches Meer

Ninive

Kurdistan

r

Tigris

Guran

kadien

Seleukeia (Opis)

Luristan

Iran

bar

Kisch

lon

Isfahan

ippa

Nippur

Susa

mer

Uruk

Ur

Persepolis

Karmanien

Persis

Persischer Golf

Vorderer Orient